KB177620

영어를
틀리지 않고
쓰는 법

영어를
틀리지 않고
쓰는 법

1판 1쇄 발행 2018년 5월 10일
2판 1쇄 발행 2020년 8월 14일

지은이 | 최승철
발행인 | 김태웅
편   집 | 황준
마케팅 | 나재승
제   작 | 현대순

발행처 ㈜동양북스
등   록 제2014-000055호
주   소 서울시 마포구 동교로 22길 14(04030)
전   화 (02) 337-1737
팩   스 (02) 334-6624

ISBN 979-11-5768-645-2

이 도서의 국립중앙도서관 출판예정도서목록(CIP)은 서지정보유통지원시스템 홈페이지(http://seoji.
nl.go.kr)와 국가자료종합목록 구축시스템(http://kolis-net.nl.go.kr)에서 이용하실 수 있습니다.
(CIP제어번호 : CIP2020030020)

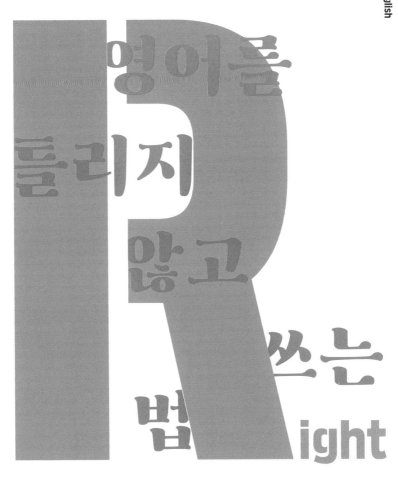

use
it

R영어를
틀리지
않고
쓰는
법ight

최승철 지음

A Practical Guide to Standard English

동양북스

머리말

Think in the language you speak.

위 영문을 우리말로 옮기면 '당신이 말하는 언어로 생각하라' 정도가 될 듯하다. 틀린 해석은 아니지만 그다지 자연스러운 표현은 아니다. 우리말답지 않기 때문이다. '자신의 언어로 사고하라' 또는 '자신이 쓰는(구사하는) 언어로 생각하라'가 더 우리말답다.

동사 speak는 '(입으로) 말하다'는 뜻으로 쓰이지만 '언어를 구사하다'는 의미로도 쓰인다. 원어민이 Can you speak English?라고 묻는다면 영어를 전반적으로 구사할 줄 아는지 궁금하다는 의미이지 듣기, 말하기, 읽기, 쓰기 중 유독 '말하기'에 능통한지 확인하려는 건 아니다.

영어 학습의 목적은 완벽한 문법 사용이 아니다. 문법상 완벽한 영어를 구사하는 건 원어민에게도 불가능한 일이다. 우리가 어느 때고 문법적으로 완벽한 우리말을 구사하지 못하는 것과 마찬가지다. 문제는 문법이 아니다. 문법상 전혀 결함이 없는 표현인데도 원어민의 귀에는 부자연스러운 영어로 들린다는 게 더 큰 문제다.

사실 모든 문법 사항을 세세하게 머릿속에 담을 필요도 없다. 우리도 한국말을 '자유자재로' 쓰긴 하지만 정작 우리말 문법을 꿰고 있는 경우는 거의 없는 것과 같은 이치다. 문제는 문법이 아니라는 말이다. 그런데도 문법만이 최상의 목표인 것처럼 매달리는 게 현실이다.

외국어로 얼마나 정확하게 의사를 전달하느냐는 상대방의 기대 수준이나 상황에 따라 달라진다. 완벽하진 않더라도 기본적인 의사 전달에 문제가 없으면 충분할 때가 있는 반면, 완성도를 요하는 상황도 있다. 일상생활에서 구어체로 소통하는 경우가 전자에 해당한다. 구어에서는 흠 없이 완벽한 말보다 상대방과 빠르게 의사를 주고받는 것이 중요하기 때문이다. 입밖으로 내보내는 말은 금방 휘발되기는 하지만 그때그때 정정하기가 쉽다. 영어로 글을 쓰는 상황은 다르다. 한 번 쓰면 오랫동안 남는 기록인 만큼 높은 완성도가 요구된다.

영어 학습의 핵심은 적당한 수준의 문법 지식과 자연스러운 영어 구사 능력의 균형을 꾀하는 데 있다. 그래야 구어와 문어라는 맥락을 파악한 후 그에 따른 단어와 문법을 골라 쓸 수 있기 때문이다. 하지만 그 전에 우리말로 먼저 생각하고 영어를 떠올리는 비효율적인 과정부터 탈피해야 한다.

한국인이든 영어권 원어민이든 각자의 모국어로 사고하는 건 당연하다. 그런 만큼 익숙한 우리말이 아닌 낯선 외국어로 사고한다는 게 말처럼 쉽지 않다. 그럼에도 개인적인 경험뿐 아니라 많은 언어 전문가들의 견해로 미뤄 보건대 절대 불가능한 일이 아니다. 오히려 입시 위주의 영어교육 풍토에 치여 그간 영어로 사고하는 법을 단련할 기회가 차단됐기 때문이라고 보는 게 타당할 것이다.

자신이 구사하고 싶은 언어로 사고하는 습관을 들일수록 자신의 언어로 빠르게 자리 잡을 수 있다. 실질적인 쓰임새와 무관한 '입시를 위한 영어교육'이 여전히 지배적인 우리나라에서는 더 피나는 노력이 수반돼야 한다. 하지만 똑같이 노력을 기울여도 접근법을 획기적으로 바꾸지 않으면 제자리에서 맴돌 수밖에 없다. 접근법의 변화가 무엇보다 중요한 이유다.

따라서 우리말로 먼저 생각하고 단어를 떠올린 뒤 이를 다시 영어로 옮기는 과정을 타파하는 사고의 대전환이 가장 시급하다. 이를테면 영영 사전으로 뜻풀이와 용례를 찾아보며 단어를 익히는 방법은 영어식 발상을 단련하고 영어다운 영어를 구사하는 습관을 들이는 데 매우 효과적이다. 영영 사전은 영어 원어민들의 전유물이 아니다. 영어 학습자 입장에서 영영 사전은 영어 학습의 거대한 보고寶庫나 다름없다.

어떤 일이든 마찬가지이지만 영어 공부에도 지름길은 없다. 하지만 '모국어를 거치지 않으면 외국어를 이해하지 못하는' 구태한 학습법부터 버리고 '영어식 발상으로 영어를 이해하는' 학습법으로 전환한다면 지름길에 버금가는 효과를 거둘

수 있다. 이 책에 경천동지할 만한 혁신적인 내용은 담겨 있지 않다.

하지만 그 지름길로 안내하는 역할은 충분히 해내리라 믿는다. 특히 학습자들이 대체로 잘못 알고 쓰는 오용 사례를 분석하여 우리말을 영어로 옮기는 과정에서 흔히 범하는 실수를 짚어가다 보면 자연스러운 영어를 체득할 수 있다는 점이 이 책의 가장 큰 미덕이다.

우리 속담에 '구슬이 서 말이라도 꿰어야 보배다'라는 말이 있다. 영어권에도 비슷한 의미의 표현으로 It takes more than pearls to make a necklace.라는 격언이 있다. 문법이 완벽한 문장과 자연스러운 문장은 별개다. 단어를 많이 아는 것과 문장을 잘 만드는 것 역시 별개다. 건물이나 언어나 잘 지어야 쓸모가 있다. 문장을 만드는 일을 건물을 세우는 일에 비유해 construction으로 표현하는 이유다. 건물과 마찬가지로 문장을 제대로 만들지 못하면 a house of cards사상누각에 그치기 쉽다.

모국어로 생각하는 단계 Think in the language you speak에서 마스터하고자 하는 언어로 생각하는 단계 Think in the language you are learning로 과감히 진화해야 한다. 이 책이 제자리에서 맴돌고 있다고 생각하는 학습자들에게 영어 학습법을 재발견할 수 있는 작지만 귀한 계기가 되기를 바란다.

사랑하는 유순희·최바다·최마리 가족, 캘리포니아의 손옥현, 박희준 글로벌이코노믹 편집국장, 박세진 연합뉴스 일본 특파원, 안지혜·한병용·정보문을 비롯해 조언을 아끼지 않고 함께해 준 모든 벗들에게 이 책을 바친다.

차례

#01

학문의 기초 basics와 기초적인 basic 학문은 같은 듯 다르다

Questions

난 기초 마케팅을 배우는 중이야.
I'm learning marketing basic/basics¹.

그는 기초 영어 문법을 무시할 때가 허다해.
He often ignores basic/the basics² of English grammar.

한영사전에서 우리말 표제어 '기초'를 찾으면 base, basis, foundation 등이 제시된다. 하지만 문맥을 따지지 않고 세 단어를 무조건 '기초'라고 직역하면 오해를 부르기 쉽다. 가령 '영어의 기초'에서 '기초'는 '기본, 토대'를 뜻한다. 한국인이라면 십중팔구 the basic of English라고 옮길 텐데, 결론부터 말하면 어색한 표현이다. 단수형 basic이 아니라 복수형 basics를 써야 하기 때문이다.

basic은 명사보다 형용사로 쓰이는 빈도가 훨씬 높다. 형용사 basic의 의미는 Cambridge Dictionary에 따르면 simple and not complicated, so able to provide the base or starting point from which something can develop 단순하고 복잡하지 않아 어떤 것이 발전할 만한 토대나 출발점으로 삼을 수 있는이다. 따라서 '영어의 기초'는 명사 English를 수식하는 basic English 기초 영어 형태가 문법적으로나 의미상 더 자연스럽다.

Merriam-Webster Dictionary에 따르면 명사 basic은 something that is basic 기초적인(기본적인, 필수적인) 것을 뜻하고, YourDictionary에 따르면 something that is necessary to know or learn 반드시 알아두거나 배워야 하는 것을 가리킨다. 다음과 같은 경우라면 단수형 basic을 쓴다.

1 Water is **a basic** of life. (= Water is **a basic** of survival for all.)
물은 사는 데 꼭 필요한 것이다.

2 Freedom of speech is **a basic** of humanity.
(= Freedom of speech is **a basic** human right.)
표현의 자유는 인간의 기본권이다.

3 Electricity is **basic**. In fact, it's **a basic** of **basics** for a properly functioning country.
전기는 필수다. 실제로 국가가 정상적으로 작동하는 데 필수 중의 필수다.

1, 2, 3에서 셀 수 있는 단수명사 a basic은 '필수적이고 기본적인 것', 즉 물이나 표현의 자유, 전기 등 하나의 특정한 대상을 지칭한다. 반면 3의 basic은 '필수적인'을 뜻하는 형용사로 쓰였다.

하지만 이외에 명사 basic은 복수형인 basics로 쓴다. Merriam-Webster Learner's Dictionary에 따르면 basics는 the simplest and most important parts of something such as a subject of study 학과목 등에서 가장 단순하면서도 중요한 부분를 뜻하고, Oxford Dictionary에 따르면 essential food and other supplies 음식을 비롯한 생필품를 가리킨다.

Life, love and death are the **basics** of life.
살고 사랑하고 죽는 것은 삶의 필수다.
Food and water are the **basics** for survival.
음식과 물은 생존을 위한 필수품이다.

위의 경우 복수형 basics는 '필수적인 것, 필수품'이라는 의미로 여러 가지를 포괄하는 복수 개념을 나타낸다. 다시 말해, 살고 사랑하고 죽는 것을 하나씩 지칭할 때는 basic, 음식과 물이라는 각 개념을 지칭하는 basic이 합쳐진 것이 basics다.

한편 '연구하는 대상, 과목, 전공, 학문' 등을 지칭할 때는 단수형 basic이 아닌 복수형 basics를 써서 '초보자나 입문자를 위한 기초'라는 뜻을 나타낸다. 가령 특정 과목의 기초는 한 가지의 basic이 아니라 여러 가지 개념이 한데 엮인 basics로 이뤄져 있다고 생각하는 게 영어식 발상이다.

> Mathematics is the **basics** of economics.
> 수학은 경제학의 기초다.
>
> She's teaching me the **basics** of French cooking.
> 그 여자 분한테서 기초 프랑스 요리 과정을 배우고 있어.
>
> He wants to learn the **basics** of English from scratch.
> 그는 영어를 기초부터 다시 배우고 싶어해.

따라서 '영어의 기초'는 the basics of English라고 해야 자연스럽다. '기초 영문법'도 the basics of English grammar라고 한다. 사실 '기초 영문법'이나 '영문법의 기초'나 결국 같은 말이니 English grammar basics라고 바꿔 써도 무방하다.

> This is a great class for learning the **basics** of marketing.
> (= This is a great class for learning marketing basics.)
> 이 강좌는 마케팅 기초를 배우는 데 딱이야.
>
> Can you teach me the **basics** of C programming language?
> (= Can you teach me C programming language basics?)
> C 프로그래밍 언어 기초를 가르쳐 줄 수 있어?

basics가 쓰인 관용 표현인 go back to (the) basics, get back to (the) basics 기본(원점, 초심)으로 돌아가다를 알아두는 것도 유용하다.

> Going back to the **basics** strengthens our foundation.
> 초심으로 돌아가야 기반이 튼튼해진다.
>
> Improvement doesn't have to be complex. Sometimes you have to go back to the **basics**.
> 개선이라는 게 꼭 복잡할 필요는 없다. 가끔은 기본으로 돌아가야 할 때도 있다.

참고로 많은 이들이 basic의 발음을 '베이직'으로 알고 있다. '베이직'은 '베이식'의 비표준어다. 형용사 basic이든 명사 basic이든 프로그래밍 언어 BASIC이든 올바른 발음은 '베이직'['beizik]이 아닌 '베이식'['beisik]에 가깝다. 따라서 명사 basics도 ['beisiks]로 발음한다.

Answers   1 basics   2 the basics

#02 would는 will의 과거만은 아니다

Questions

가능하다면 하겠지만 불가능한 일이라 못하겠어.
I will/would¹ do it if I could, but I will/would² not because I cannot.

사장한테 내일 회사에 안 나오겠다고 하면 어떻게 될까?
What will/would³ happen if I said to my boss I will not come to work tomorrow?

보통 would를 will의 과거형으로만 알고 있는 경우가 많다. 영어 학습자들을 혼란스럽게 하는 대표적인 골칫거리가 would/will인 것도 이 때문이다. 문어체뿐 아니라 구어체에서도 사용 빈도가 높아 더 주의를 기울여 가려 써야 한다.

Cambridge Dictionary에 따르면 will은 넓은 의미로 what is going to happen in the future 앞으로 일어날 가능성이 있는 일를 뜻할 때 쓰고, 좁은 의미로는 things that you are certain about or things that are planned 확신하는 일 또는 예정된 일를 뜻할 때 쓴다. 일어날 수도, 아닐 수도 있다는 게 핵심이 아니라 실현 가능성(확신)이 크다는 점이 중요하다.

반면 would는 a situation that you can imagine happening 일어날 법하다고 생각하는 상황을 묘사할 때 쓴다. 실제로 실현 가능성이 있다기보다 말하는 사람이 그런 상황을 가정한다는 게 더 중요하다. will은 예상되는 일의 실현 가능성이 클 때 쓰는데 반해 would는 예상되는 일이나 상상하는 일의 실현 가능성이 크지 않을 때 쓴다는 점에서 사뭇 다르다. 그래서 would는 어떤 일이 일어나는 상황을 가정하는 조건문 conditional sentence에서 자주 쓰인다.

'조건 condition'이란 something that must happen first, so that something else can take place 어떤 일이 일어나기 전에 그에 앞서 반드시 일어나야 하는 일를 뜻한다. 어

떤 조건이 충족돼야 그 일이 실현된다는 점을 강조할 때 would를 쓴다는 말이다. 조건을 붙이는 것 자체가 will에 비해 실현 가능성이 적은 상황에 어울린다는 점을 보여준다. 가령 Will you be there?거기에 갈 거야?라고 물었을 때 상대방이 다음과 같이 답했다고 치자.

> I **will** be there. 갈 거야.
> I **would** be there. 갈 것 같아.

will을 쓴 응답은 갈 가능성이 크거나 갈 생각이 있다는 뜻을 나타내는 반면, would를 쓴 응답은 갈 수도 안 갈 수도 있어서 확신하긴 어렵다는 의미를 나타낸다. 여기에 조건을 달면 would의 의미가 더 분명해진다.

> I **would** be there if I could.
> I **would** be there if possible. 갈 수 있으면 갈게.

물론 과거의 일을 가정할 수도 있다. 이때는 과거분사를 쓴다.

> I **would have been** there if I **had lived** closer. 가까운 데 살았으면 갔을 거야.

희망을 담은 가정을 표현하거나 가능성을 크게 보지 않아 조심스럽게 의견을 말하는 경우에도 would를 쓴다. 가령 What will you be when you grow up?넌 장래 희망이 뭐니?라는 질문에는 다음과 같이 답할 수 있다.

> I **will** be a scientist.(= I **am going to** be a scientist.) 난 과학자가 될 거야.
> I **would** be a cook. 난 요리사가 될 거야.

will을 쓴 문장은 나이가 비교적 어린 사람이, would를 쓴 문장은 그보다 연령이 높은 사람의 응답일 가능성이 크다. 대체로 나이가 어릴수록 자신감이 강하고 나이가 많을수록 자신감이 떨어지는 경향이 있기 때문이다. 참고로 이때 will 대신 be going to를 써도 자신감을 나타낼 수 있다.

Answers   1 would   2 will   3 would

#03

선약appointment과 일정schedule은 다르다

Questions

오늘은 약속이 있지만 내일은 별일 없어요.
I have a(n) schedule/appointment[1] today, but I will be free tomorrow.

저도 같이 저녁 식사 하고 싶은데 하필 약속이 있어요.
I'd like to join you for dinner, but I have a(n) promise/appointment[2].

'약속'이라는 우리말을 영어에 그대로 대입해 쓸 경우 문맥에 따라 부자연스럽게 들릴 때가 있다. 보통 '다른 사람과의 만남'이라는 의미를 나타내긴 하지만 '맹세'나 '서약'이라는 의미로도 쓰이기 때문이다. 특히 식사 약속, 회의 약속, 데이트 약속 등 '정해진 만남'이라는 의미를 나타내는 경우 '일정'과 의미가 겹친다.

우리말에서는 이처럼 다양한 의미를 '약속'이라는 말로 포괄하지만 영어에서는 상황에 따라 단어를 구분해 써야 한다. Cambridge Dictionary에 따르면 우리가 흔히 '약속'으로만 알고 있는 promise는 something that you say you will definitely do 확실히 하겠다고 밝힌 일를 가리킨다.

> He kept his **promise** to visit the hospital after the election.
> 그는 선거 후에 그 병원을 방문하겠다는 약속을 지켰다.

'다른 사람과 어떤 날을 정하여 함께하는 것'이라는 의미를 나타낼 때는 promise 대신 appointment를 쓴다. Cambridge Dictionary에 따르면 appointment는 an arrangement to meet or visit someone at a particular time and place 특정 시간이나 장소에서 만나기로 정한 일를 뜻한다. Merriam-Webster Dictionary의 풀이는 이보다 더 간단한 an arrangement for a meeting 서로 만나기로 정한 일을 뜻한다.

격식을 차려야 할 때는 engagement, commitment 등을 쓰기도 한다.

> Do you have ~~a promise~~ tomorrow?
> Do you have **an appointment** tomorrow?
> Do you have a previous[prior] **engagement** tomorrow?
> Do you have a previous[prior] **commitment** tomorrow?
> 내일 약속 있어요?

그럼 appointment 대신 '일정'이라는 의미의 schedule을 써서 Do you have a schedule tomorrow?라고 해도 될까.

그렇지 않다. Cambridge Dictionary에 따르면 schedule은 a list of the times when events are planned to happen시간이 정해져 있는 여러 일들(일정)을 모아 놓은 것이라는 의미다. 구체적인 계획이나 정해진 일들을 한데 모아놓은 개념이므로 schedule 자체가 하나의 계획이나 정해진 한 가지 일은 가리킬 수 없다. 따라서 "내일 일정[약속] 있어?"를 Do you have a schedule tomorrow?라고 하면 어색한 영어가 된다.

한편 Do you have a schedule for the summer?는 '(다가오는) 여름을 어떻게 보낼지에 대한 계획들이 마련돼 있는지'를 묻는 말이므로 의미상 '사람과 사람이 만나는 약속'과는 거리가 있다.

따라서 "내일 일정(약속) 있으세요?"는 다음과 같이 표현해야 한다.

> Do you have a ~~schedule~~ tomorrow?
> Do you **have anything scheduled** for tomorrow?
> **Are** you **scheduled to** do anything tomorrow?

다만 단순히 사람을 만난다는 의미의 약속이 아니라 넓은 의미의 일정이나 계획을 가리키는 경우라면 I have a schedule for tomorrow.라고 써도 된다.

Questions

내가 얘기할 때는 귀 기울여 주면 좋겠어.
I hope you'll hear/listen to¹ me carefully when I talk to you.

잘 안 들리니 크게 말씀해 주시면 감사하겠습니다.
I would appreciate if you could speak up because I can't hear/listen to² you.

hear/listen은 영어 학습자들이 헷갈려 하는 대표적인 단어 쌍 중 하나다. 영어에서는 두 단어를 엄밀하게 구분해 hear는 '수동', listen은 '능동'을 나타낼 때 쓴다.

Macmillan Dictionary에 따르면 hear는 realize that someone or something is making a sound 누군가 또는 무언가 내는 소리를 알아차리다라는 의미다. 애써 들으려고 한다기보다 자연스럽게 들리는 상태를 나타낸다. 반면 listen은 try to hear a sound 애써 소리를 들으려 하다라는 뜻으로 쓰여 주체의 능동성을 보다 강조한다. '굳이 의식하지 않아도 자연스레 들리는 것'이 hear이라면 '의식적으로 듣는 것'이 listen 이라는 말이다.

단적인 예로 I hear you.는 상대방의 목소리나 말이 들리는 수동적인 상황을 나타내지만(맥락에 따라 '네 말 똑똑히 알아들었어'라는 의미의 관용 표현으로 쓰이기도 한다) I listen to you.는 상대방의 말을 경청한다는 의미를 나타낸다.

3명이 모인 자리에서 2명이 대화를 나누는 경우라면 나머지 1명에게 두 사람의 대화가 자연스럽게 들리겠지만 hear, 일부러 듣는 것 listen은 아니라는 게 영어식 발상이다. 따라서 의식적인 행동이냐 아니냐에 따라 두 동사를 가려 써야 한다.

I'm trying to ~~hear~~, but I can't ~~listen to~~ anything at all.
I'm trying to **listen**, but I can't **hear** anything at all.
들으려고 하는데 아무 소리도 안 들려.

Did you by any chance **hear** the song? 그 노래 혹시 들었어요?
- Yes, I did. But I didn't **listen to** it.
듣긴 했는데 귀 기울여 듣진 않았어요.

hear는 can/can't와 자주 어울려 쓰이지만 현재진행형으로는 잘 쓰이지 않는 반면, listen은 현재진행형으로 나타낼 수 있다는 차이도 있다.

I'm ~~hearing~~ you well.
I **can hear** you well.
잘 들려요.

I'm ~~hearing~~ you.
I'm **listening to** you. (= I'm paying attention to what you're saying.)
네 말 듣고 있어.

다음 두 예문도 의도하는 바에 따라 미묘한 차이가 있다.

Did you **hear** Donald Trump's funny interview on the radio last night?
Did you **listen to** Donald Trump's funny interview on the radio last night?
어젯밤에 나온 도널드 트럼프 라디오 인터뷰 웃기던데 들었어?

첫 번째는 '도널드 트럼프의 인터뷰'에 초점을 맞춘 문장이지만, 두 번째는 '자세히 들었느냐'에 중점을 두고 있다.

Answers   1 listen to 2 hear

Questions

보고 있는데 안 보여.

I'm seeing/looking[1], but I don't see/watch[2] it.

어젯밤에 전화했을 때 그는 잠실에서 퀸의 공연을 보고 있었다.

He was seeing/watching[3] Queen perform in Jamsil when I called him last night.

hear/listen만큼이나 헷갈리기 쉬운 단어 쌍이 바로 see/watch다. 이 두 단어도 마찬가지로 see는 '수동'을, watch는 '능동'을 나타낸다는 점이 다르다.

Oxford Dictionary에 따르면 see는 perceive with the eyes 눈으로 느끼거나 인지하다라는 뜻이다. 노력해서 어렵사리 본다는 뜻이 아니라 애쓰지 않아도 저절로 눈에 띈다는 의미다. 반면 watch는 look at attentively 신경을 써서 보다라는 의미이므로 능동성을 강조할 때 쓴다. 이와 비슷한 의미로 쓰이는 look은 Macmillan Dictionary에 따르면 direct your eyes towards someone or something 어떤 것[사람]에 시선을 향하게 하다을 나타낸다.

쉽게 말해 '의식하지 않아도 보이는 상태'가 see라면 '의식적으로 보는 행위'가 watch/look이다. 가령 I see you.는 상대방의 모습이 눈에 저절로 보인다는 수동적인 의미를 나타내는데 반해 I watch you. / I look at you.는 상대방의 모습을 의식적으로 보려고 애쓴다는 능동적인 의미다.

> I'm **looking**, but I don't **see** it.
> 보고 있는데 잘 안 보여.

단순히 신문의 행방을 묻고 싶은 거라면 Did you see the newspaper? 혹시 신문 봤어? 라고 쓰고 신문을 꼼꼼히 살펴본다는 의미를 전달하고 싶다면 My father likes to look at the newspaper every morning. 아버지는 아침마다 신문 읽는 걸 좋아하신다고 쓴다. 가령 똑같이 해돋이를 구경해도 동사에 따라 의도가 달라질 수 있다.

> I **saw** the sun rise.
> (= I happened to see the sun rise.)
> 해가 떠오르는 모습을 (우연히) 봤어.
> I **watched** the sun rise.
> (= I deliberately saw the action of the sun rising.)
> 해가 떠오르는 모습을 (일부러) 지켜봤어.

　see/watch는 쓰임새도 다르다. see는 영화, 연극, 공연, 스포츠 등 주로 야외에서 벌어지는 행사를 보는 행위를 나타낼 때, watch는 TV/동영상 시청 등 실내 환경에서 무언가 보는 행위를 나타낼 때 주로 쓰인다.

> I **saw** a movie at a theater yesterday.
> 어제 극장에서 영화를 봤어.
> He **watched** a movie at home last night.
> 그는 어젯밤에 집에서 영화를 봤다.

　see/watch의 차이를 알면 맥락을 파악하기도 쉽다.

> I **watched** *Phantom of the Opera* last night (on Youtube).
> 어젯밤에 (집에서 유튜브로) 〈오페라의 유령〉을 봤어.
> I **saw** *Phantom of the Opera* last night (at a theater).
> 어젯밤에 (극장에서) 〈오페라의 유령〉을 봤어.

　look/watch의 의미가 완전히 똑같은 건 아니다. watch가 look보다 더 주의 깊게, 더 오랜 시간에 걸쳐 보는 동작에 가깝기 때문이다. 가령 시계 바늘이나 TV 화면처럼 계속 변화하는 사물/사건을 지켜보는 행위가 watch다. 그래서 끝날 때만 기다리며 시시때때로 시계만 쳐다보는 사람을 clockwatcher 퇴근 시간만 기다리는 사람 이라고 한다.

반면 look은 주로 움직이지 않는 사물을 능동적으로 보는 행위를 나타낸다. 이때 목적어 앞에는 반드시 전치사 at를 써야 한다.

> I **looked at** the clock to find out what time it is.
> 몇 시인지 궁금해서 시계를 봤어.
> He's been **watching** the clock all day. He must be a clockwatcher.
> 저 사람 하루 종일 시계만 처다보는걸 보니 퇴근만 목 빠지게 기다리는 모양이네.

참고로 watch는 현재진행형으로 표현할 수 있지만 see는 불가능하다.

> I **saw** Madonna perform in concert last night.
> 지젯밤에 마돈나 공연을 봤어.
> I **was watching** Madonna live when you called me.
> 네가 전화했을 때 마돈나 공연을 보던 중이었어.

Answers 1 looking 2 see 3 watching

#06
기분이 좋은 feel good 것과
건강이 좋은 feel well 것은
다르다

Questions

난 건강히 잘 지내.
I'm good/well¹.

그녀는 아들의 학교 성적이 신통치 않다는 얘기를 듣고 마음이 불편했다.
She didn't feel good/well² when she learned her son wasn't doing well at school.

상대방이 How are you?라고 안부(건강 상태)를 물을 때 I'm good.이라고 해야 할지 I'm well.이라고 답해야 할지 헷갈릴 때가 있다. 사실 이 문제는 문법을 중시하는 사람들과 그렇지 않은 사람들이 오랫동안 논쟁을 거듭해 온 논란거리다.

English is a democracy. 영어는 민주주의다는 말이 있다. 얼핏 그럴듯하게 들리지만 실상 영어의 뿌리가 워낙 다양하다 보니 예외가 지나치게 많아 절대 원칙을 세우기 어렵다는 속뜻이 담겨 있다. good과 well을 둘러싼 논란도 마찬가지다.

하지만 일반적으로 통용되는 최소 원칙은 있다. 보통 good은 형용사로 쓰여 명사를 수식하고, well은 부사로 쓰여 동사를 수식한다. Oxford Dictionary에 따르면 good은 be desired or approved of 마음에 흡족한 또는 용납할 수 있을 만한, well은 in a good way 잘, 제대로라는 뜻으로, 둘의 의미는 비슷하다. 가령 다음 예문에서 good과 well을 뒤바꾸면 이상한 영어가 된다.

You did a ~~well~~ job.
You did a **good** job.
You did ~~good~~.
You did **well**.
잘 했어.

He's a ~~well~~ writer.
He's a **good** writer.
He writes ~~good~~.
He writes **well**.
그는 글을 잘 쓴다.

두 단어의 대조적인 쓰임새를 한 문장에 나타내면 다음과 같다.

> If you had a **good** day, then your day went **well**.
> 좋은 하루를 보냈으면 하루를 잘 보낸 것이다.

문제는 well이 부사로 쓰이지 않는 경우다. 가령 I feel good.과 I feel well.은 의미가 비슷할까 다를까.

두 문장은 뜻도, 쓰이는 맥락도 다르다. I feel good.은 기분 등 심리적인 상태가 좋다는 뜻인 반면, I feel well.은 신체적인 건강 상태가 좋다는 뜻이기 때문이다. well이 '건강한 상태인'이라는 의미의 형용사로 쓰인다는 점이 함정인 셈이다.

또 다른 함정은 동사 feel이다. 여기서 feel은 동작을 나타내는 동작동사 action verb가 아니라 주어와 술어 predicate의 관계를 대등하게(=) 연결해 술어가 주어의 상태를 나타내는 연결동사 linking verb로 쓰였다. 이 같은 연결동사로는 be동사, become, seem, feel, look, appear, smell, taste, sound 등이 있다.

> He **is** sad. (he = sad)
> 그는 슬퍼하고 있어.
> She **seems** angry. (she = angry)
> 그녀가 화난 것 같아.
> They **became** rich. (they = rich)
> 그들은 부자가 되었다.
> I **feel** good. (I = good)
> 기분이 좋아.
> You **look** good. (you = good)
> 너 좋아 보이는구나.
> This coffee **smells** good. (this coffee = good)
> 이 커피 향 좋은데.

명사를 수식하는 한정 형용사 attributive adjective인 good이 연결동사 뒤에 나오면 서술 형용사 predicative adjective로 성격이 바뀐다. 부사 well 역시 연결동사 뒤에 나오면 서술 형용사로 변하는데, Oxford Dictionary에도 in good health 건강한 상태의

라는 의미의 서술 형용사 용법이 제시돼 있다.

I **feel good** because I won the lottery.
복권에 당첨되니 기분이 날아갈 듯해.
I don't **feel well** because I have a cold.
감기 때문에 컨디션이 안 좋아.

I didn't ~~feel good~~ yesterday.
I didn't **feel well** yesterday.
어제 몸이 안 좋았어.

She doesn't ~~feel well~~ about her government.
She doesn't **feel good** about her government.
그녀는 정권에 불만이 있다.

How are you?에 대한 응답 역시 I'm good./I'm well. 모두 가능하다. 다만 건강 상태를 묻는 의도라면 I'm well.이라고 답하고, 기분을 묻는 의도라면 I'm good.이라고 답한다.

연결동사를 썼다는 점에서 I'm good.과 I feel good.은 사실상 같은 의미를 나타낸다. I'm well.과 I feel well.도 마찬가지다.

Answers　1 well　2 good

#07 안 좋은 냄새가 나는 smell bad 것과 냄새를 잘 못 맡는 smell badly 것은 다르다

Questions

지금 이 얘기를 꺼내서 미안하지만 더 늦기 전에 해야겠어.
I feel bad/badly[1] about saying it now, but I have to before it's too late.

내가 절실하게 필요할 때 그녀 곁을 떠나게 돼서 마음이 안 좋았어.
I felt bad/badly[2] about leaving her when she wanted me bad/badly[3].

---

bad는 형용사 good의 반대말로, not good 안 좋은, unwell 기분[건강]이 좋지 않은이라는 의미를 나타낸다. badly는 in a bad way 좋지 않은 상태로, poorly 형편없이라는 뜻의 부사다. 품사는 다르지만 의미는 크게 다르지 않은 셈이다.

> He's a **bad** driver.
> He drives **badly**. 그는 운전을 잘 못해.
>
> The kid's behavior is **bad**.
> The kid behaves **badly**. 그 애는 품행이 안 좋아.

그럼 '기분이 별로야'는 어떻게 표현할까. I feel bad. 일까, I feel badly. 일까.

도널드 트럼프가 TV에 등장해 리얼리티 프로그램을 진행하던 시절, 출연자 중 한 명이었던 가수 신디 로퍼가 I feel bad. 라고 말하자 You feel badly. 라고 정정해 준 일화가 회자된 적이 있다. 동사 뒤에 부사가 오는 게 당연하다고 생각한 트럼프가 틀린 표현을 옳다고 착각해 자신 있게 고쳐 주는 모습이 웃음거리가 된 것이다.

문법적으로 I feel badly. 는 문제가 없다. 다만 몸이 좋지 않아 감각을 제대로 느낄 수 없는 경우에만 타당한 표현이다. 따라서 '기분이 별로야'라고 할 때는 I feel bad.라고 써야 한다.

> He feels **badly** because his fingers are frozen.
> 그는 손가락이 얼어 제대로 감각을 느낄 수 없다.
> She felt **bad** about her son's exam results.
> 그녀는 아들의 시험 점수를 보고 기분이 좋지 않았다.

핵심은 'bad냐 badly냐 그것이 문제로다'가 아니다. 주인공은 다름 아닌 동사 feel이기 때문이다. 여기서도 feel은 동작동사가 아닌 연결동사로 쓰였다는 데 유의해야 한다.

앞서 살펴봤듯 연결동사 다음에는 부사가 아닌 서술 형용사가 나와 주어의 상태를 설명해 준다. 쉽게 말해 I = bad라는 의미로, 여기서 bad는 feel을 수식하는 부사가 아니라 주어 I를 설명해 주는 형용사로 쓰인 것이다.

연결동사인지 아닌지 직관적으로 파악하기 어려운 경우 이를 구분하는 간단한 방법이 있다. 연결동사 자리에 be동사를 넣어 말이 되는지 확인해 보는 것이다. 가령 I feel bad.를 I am bad.로 바꿔 보자. 동사를 바꿔도 '내가 기분이 안 좋은 상태'라는 의미는 여전히 통한다.

반면 트럼프의 I feel badly.는 I am badly.로 바꾸면 의미가 통하지 않는다. 여기서 feel은 연결동사가 아니라는 말이다. 같은 이유에서 I feel sadly.나 I feel angrily.도 틀린 표현이며, 각각 I feel sad. / I feel angry.라고 해야 맥락에 알맞은 표현이 된다.

이처럼 '연결동사 뒤에는 반드시 서술 형용사(술어)가 나오며 이 형용사는 주어의 상태를 설명해 준다'는 연결동사의 특수 용법이 '동사 뒤에는 부사가 나온다'는 일반적인 문법 상식과 충돌해 혼란을 일으키는 것이다.

물론 연결동사가 없다면 badly는 본래의 부사적 의미를 나타낸다.

> Cyndi Lauper sings **badly**.
> 신디 로퍼는 노래를 잘 못해.
> I'm sorry if I treated you **badly**.
> 내가 함부로 대했다면 미안해.

연결동사로만 쓰이는 동사be동사, become, seem 등이 있는 반면, 연결동사와 동작동사로 모두 쓰이는 동사feel, appear, look, smell, sound, taste, grow, turn 등이 있다는 점도 혼동을 일으키는 또 다른 이유다.

따라서 연결동사 뒤에는 형용사가, 동작동사 뒤에는 부사가 나오며 문장의 의미도 그에 따라 달라진다는 점을 기억해 두어야 한다.

연결동사
His dog **smells bad**. (his dog = bad)
그의 개는 안 좋은 냄새가 나.
동작동사
His dog **smells badly**. (his dog ≠ badly)
그의 개는 냄새를 잘 못 맡아.

연결동사
The stranger **looked suspicious** to me. (the stranger = suspicious)
내 눈엔 그 낯선 사람이 수상해 보였어.
동작동사
I **looked suspiciously** at the stranger. (I ≠ suspiciously)
나는 그 낯선 사람을 의심 어린 눈초리로 쳐다 봤다.

주어가 사람인지 아닌지도 중요하다. 사물이 감각을 느끼는 건 불가능하기 때문이다.

동작동사
This water **tastes** ~~badly~~.
연결동사
This water **tastes bad**.
물 맛이 이상해.

동작동사
This house **smells** ~~badly~~.
연결동사
This house **smells bad**.
이 집에서 이상한 냄새가 나.

참고로 부사 badly는 want/need 등의 동사를 수식하는 부사로 쓰이면 very much 매우를 뜻한다.

I **want** this job **badly**.
난 이 일자리가 절실해.
The room **badly needs** to be repaired.
그 방은 제대로 손을 봐야 해.

예외적이긴 하지만 이 경우 구어체에서는 badly 대신 bad를 쓰기도 한다. 이때 bad는 형용사가 아닌 부사처럼 쓰였지만 표준 영어 _{standard English}는 아니라는 점에 유의해야 한다.

> It hurt real **bad**. (= It hurt really badly.)
> 정말 아팠단 말이야.
>
> He wanted it **bad** enough to steal it.
> (= He wanted it badly enough to steal it.)
> 그는 너무 간절한 나머지 그걸 훔치고 말았다.

Answers 1 bad   2 bad   3 badly

#08 멋있는 look good 것과 건강한 look well 것은 다르다

그 친구 최근에 수술한 사람치고는 꽤 건강해 보이던데.
He looked pretty good/well[1] for someone who had surgery recently.

주선해 줘서 고마워. 그 남자 얼마나 멋었던지 가슴이 터질 것처럼 두근거리더라.
Thanks for introducing me to him. He looked so good/well[2] I thought my heart was going to explode.

feel이 연결동사냐 동작동사냐에 따라 뒤이은 단어의 의미가 달라진다면 look good/look well은 어떨까. 뜻이 비슷할까, 아니면 달라질까.

look도 연결동사와 동작동사로 모두 쓰일 수 있다. look이 연결동사로 쓰이면 good/well 모두 서술 형용사가 된다. 이때 well은 형용사로 쓰여 in good health 건강한라는 뜻을 나타내지만 good은 good-looking 외모가 멋진이라는 뜻을 나타낸다. 요컨대 look good/look well의 의미는 feel good/feel well과 다르다는 말이다.

연결동사로 쓰인 be동사 I'm well./ feel I feel well./ look I look well. 뒤에 well이 나오면 모두 '건강한 상태'를 뜻한다. 반면 good은 좀 까다롭다. I'm good./I feel good. 이 '기분이 좋다'는 뜻이라면 I look good.은 '외모가 멋지다'는 의미를 나타내기 때문이다.

> He **looks well**. 그는 건강해 보여.
> (= He appears healthy.)
> He **looks good**. 그는 멋있어.
> (= He appears good-looking.)

look이 동작동사로 쓰일 경우 look good은 성립할 수 없다. 형용사인 good이 동사를 수식할 수 없기 때문이다. 반면 look well은 문법적으로 문제는 없지만 look carefully 자세히 살펴보다, have a good sense of sight 눈(시력)이 좋다는 전혀 다른 의미를 뜻하며, 사실상 이런 의미로 통용되는 경우도 드물다.

> If you **look well**, you'll see it.
> (= If you look closely, you'll see it.)
> 잘 보면 보일 거야.

반대로 look이 연결동사로 쓰이면 뒤에 반드시 형용사가 나오며, 부사는 쓸 수 없다. 이때 주어는 사물/사람 모두 가능하다.

> She **looks** ~~well~~ in her new dress.
> She **looks good** in her new dress.
> 새 드레스가 걔한테 잘 어울리는 것 같아.
>
> Those glasses **look** ~~well~~ on you.
> Those glasses **look good** on you.
> 그 안경 너한테 잘 어울리네.
>
> Which of the applicants should we hire?
> 어느 지원자를 뽑는 게 좋을까요?
> - I think Mr. Kim **looks good**.
> 제가 보기엔 김 씨가 괜찮던데요.

물론 마지막에 쓰인 look good은 '외모가 훌륭하다'는 뜻이 아니라 '자격이 충분하다'를 의미한다.

Answers 1 well 2 good

#09 초보자beginner와 실력자starter는 다르다

Questions

이 컴퓨터는 생소해서 켜는 데 애를 좀 먹었어.
I had difficulty beginning/starting¹ this computer because it's new to me.

이제 얘기는 그만하고 바깥에 있는 자동차 시동 좀 걸어 놓을래?
Why don't you stop talking and begin/start² the car outside?

Cambridge Dictionary에 따르면 begin은 start to do something, start는 begin doing something이라는 의미로, 둘 다 '어떤 일을 시작하다'를 뜻한다. 뜻이 비슷한 만큼 대개 바꿔 써도 무방할 때가 많다.

> It's time to **begin[start]** work.
> 이제 일할 시간이에요.
> The class will **begin[start]** soon.
> 곧 수업이 시작돼.
> When did the concert **begin[start]**?
> 공연이 언제 시작한 거야?

begin/start는 동명사v-ing/to부정사to+V 모두 목적어로 취할 수 있고 어떤 형태가 와도 뜻은 바뀌지 않는다.

> It **began** to rain.
> It **began** raining.
> It **started** to rain.
> It **started** raining.
> 비가 오기 시작했다.

다만 begin이 문어체에 더 가까운 편이다. 이를테면 Can we begin?은 Can we start?보다 더 공손한 표현이다. begin은 동사로만 쓰이는 반면, start는 동사와 명사로 쓰인다는 점도 다르다.

> That was the **start** of it all.
> That was where it all **began**.
> 모든 일이 거기서 비롯됐다.

begin/start 모두 한 문장에 쓸 수 있다. 단, 동사로만 쓰이는 begin은 문맥에 따라 명사 형태로 바꿔야 한다. 이때 두 단어의 위치가 바뀌어도 뜻은 달라지지 않는다.

> Let's **start** from the **beginning**.
> Let's **begin** from the **start**.
> Let's **begin** at the **starting** point.
> 원점에서 시작합시다.

참고로 starting point의 starting은 start에 -ing를 붙인 형용사형이다.

한편 begin의 반대 개념은 end, start의 반대 개념은 finish다. Macmillan Dictionatry에 따르면 end는 reach a final point 마지막에 다다르다이지만 finish는 do the last part of something so that it is complete 어떤 일을 마무리하다에 가깝다.

> from the **beginning** to the **end**
> from **start** to **finish**
> 처음부터 끝까지

그런데 start만 쓸 때도 있다. 멀리 여행을 떠나는 경우, 멈춰 있는 자동차나 꺼진 기계 등을 가동시키는 경우, 없던 사업체나 조직을 만드는 경우에는 begin이 아닌 start를 써야 한다.

> The ship **started a journey** of thousands of miles.
> 그 선박은 수천 마일의 여정에 돌입했다.

My laptop won't start after a Windows update.
원도우를 업데이트한 다음부터 노트북이 켜지질 않아.

He **started a restaurant** right after college.
그는 대학을 마치자마자 식당을 열었어.

There is never a perfect time to **start a business**.
사업을 시작하는 데 완벽한 때라는 건 없어.

begin/start가 진행형be동사+V-ing으로 쓰일 경우 이어지는 본동사는 진행형을 쓰지 않는 게 원칙이중 -ing 제약이다.

It was beginning[starting] ~~snowing~~.
It was beginning[starting] to snow.
눈이 내리기 시작했다.

그런데 -er을 붙여 동작의 주체를 나타낸 명사 beginner/starter는 뜻이 전혀 다르다. beginner는 '초보자, 입문자'를 뜻하지만 starter는 '전채요리appetizer, 경주에 나가는 선수, 어떤 일을 시작하는 사람' 등 다양한 의미로 쓰인다. 특히 스포츠 분야에서는 기량이 좋아 먼저 출전하는 선수를 후보 선수back-up player와 구별해 starter라고 하며, 야구에서는 선발 투수starting pitcher를 starter라고 부른다. 뿌리는 같지만 starter가 '실력이 좋은 사람', beginner는 '초보자'라는 상반된 의미로 쓰이는 점이 흥미롭다.

Don't worry, he's just a **beginner**.
걱정하지 마, 저 사람 그냥 초보야.

He was an early **starter** in the world of business.
그 사람은 일찌감치 사업에 뛰어들었다.

The New York Yankees acquired **starter** Jaime Garcia from the Minnesota Twins.
뉴욕양키스가 미네소타트윈스의 선발 투수 제이미 가르시아를 영입했다.

start work와 start to work/start working의 의미 차이도 주의해야 한다. start work는 '공식적으로 출근하다'는 의미의 관용어인 반면, start to work/

start working은 '실제로 일에 돌입하다'라는 의미를 나타낸다.

> What time do you **start work**?
> 공식적인 출근 시간이 몇 시예요?
>
> - I come to work at 9:00, but really **start working** at 10:00.
> 출근은 9시까지인데요. 사실상 일은 10시부터 하죠.

Answers   1 starting   2 start

Questions

저 사람은 50대 만학도야.
He's in his 50s and he's still at/in¹ school.

걔가 한 건 아니야. 그때 수업을 듣고 있었거든.
He didn't do it. He was at/in² school at that time.

'우리 아들은 아직 학교에 있어요'라는 말은 영어로 어떻게 표현할까. 직관적으로 다음과 같이 두 가지 문장이 떠오를 것이다.

> My son is still **at school**.
> My son is still **in school**.

이때 '아직 학교에 있다'라는 말은 사실 두 가지 상황을 암시한다. '수업이 끝나지 않아 아직 학교에 남아 있는 상태'라는 의미와 '아직 졸업을 하지 않은 상태'라는 의미가 그것이다.

be at school은 '등교해 수업을 듣고 있다'는 뜻인데 반해 be in school은 be a student, 즉 '공부하는 학생 신분이다'는 뜻을 나타낸다. at school이 학교라는 물리적인 '장소'에 초점을 둔 표현이라면 in school은 '학교'의 기능에 초점을 둔 셈이다. 따라서 위 두 문장은 다음처럼 바꿔 표현할 수 있다.

> My son is not back from school yet.
> (= My son is still **at school**.)
> My son is still a student./My son has not finished school yet.
> (= My son is still **in school**.)

in school은 다양한 교육 과정을 나타낼 때 쓰기도 한다.

> I'm **in elementary[middle/high] school.** 전 초등학생[중학생/고등학생]이에요.
> I'm **in college.** 전 대학생이에요.

위 경우 첫 번째 문장을 I'm at an elementary school. / I'm at the elementary school.으로 표현하면 의미가 완전히 달라진다. 각각 '어떤 초등학교를 방문해 그곳에 있다'와 '(상대방이 알고 있는) 그 초등학교를 방문해 그곳에 있다'는 의미를 나타내기 때문이다.

in school의 범위도 미국 영어와 영국 영어에 차이가 있다. 미국 영어에서 in school은 '유치원 교육부터 대학 교육에 이르는 모든 교육 과정'을 가리킨다. 따라서 대학에 다녀도 in school을 쓸 수 있다. 반면 영국 영어에서는 이보다 제한적인 대학 이전의 교육 과정만 in school로 나타낸다.

'대학'이라는 명칭의 쓰임도 다르다. 미국에서는 college가 대학을 통칭하는 표현이다. 학부 전공이 다양하고 대학원까지 갖춘 큰 규모의 대학을 university로, 학사 학위를 제공하지만 주로 인문교양을 가르치는 곳을 college로 구분하기는 해도 우리나라처럼 분명한 기준이나 법적인 구속이 없어 어떤 대학을 가리키는지 정확히 알기 어렵다. 반면 영국에서는 학사 학위 이상을 제공하는 고등 교육기관을 통틀어 university라고 한다. '대학에 들어가다'는 말을 미국인과 영국인이 다르게 표현하는 이유다.

> He was the first in his family to **go to college.** (미국)
> He was the first in his family to **go to university.** (영국)
> 그 집안에서 대학에 들어간 사람은 그가 처음이다.

'대학에 다니다/대학에 재학 중이다'라는 표현도 마찬가지다. Merriam-Webster Dictionary에 따르면 미국 영어에서는 대체로 be in college가 '대학에 다니다'는 뜻으로 쓰인다. '대학원에 재학 중이다'는 be in graduate school을 쓴다.

college 대신 university로 바꿔 쓸 수도 있다. 다만 이때는 in이 아닌 at을 쓴다는 게 Merriam-Webster Dictionary의 설명이다.

They met while they were ~~at~~ college.
They met while they were **in college**.
They met while they were ~~in~~ university.
They met while they were **at university**.
그들은 대학 시절에 만난 사이다.

그런데 Where is he now?개 지금 어디 있어?라고 위치를 묻는 말이라면 답이 조금 달라진다.

He's **at the college[university]**.
그는 (대화 참여자가 모두 아는) 그 대학교(를 방문해 거기)에 있어.
He's **at a college[university]**.
그는 (어떤) 대학교(를 방문해 거기)에 있어.

참고로 학교명 등 구체적인 정보를 나타낼 때는 at을 써서 표현한다.

I'm **at Harvard University**.
전 하버드대에 재학 중이에요.
He studies **at the University of Chicago**.
그는 시카고대에 재학 중이야.
They work **at a small college** in Texas.
그들은 텍사스 주에 있는 작은 대학에서 일해.

Answers 1 in 2 at

#11 근무 중인at work 것과 근무지에 있는at the office 것은 같다

Questions

전화기를 사무실에 놓고 온 것 같아.
I think I left my phone at the work/office[1].

동료들이 야근한다고 나도 꼭 해야 되는 거야?
Should I stay late in office/at the office[2] just because my coworkers do?

'직장'을 뜻하는 대표적인 단어가 work다. Macmillan Dictionary에 따르면 work는 a place where someone goes to do their job 일을 하기 위해 가는 곳이자 activity that involves physical or mental effort (돈을 벌기 위해 하는) 육체적 또는 정신적 수고를 동반하는 활동, 즉 '일'을 뜻한다.

> I go to **work** at 7 o'clock.
> 저는 7시에 출근합니다.
> He started **work** as a secretary.
> 그 사람은 비서로 직장 생활을 시작했어.

work와 비슷한 개념으로 office가 있다. Collins Dictionary에 따르면 office는 a room or a part of a building where people work sitting at desks 사람들이 책상에 앉아 일하는 방이나 건물 내 공간, 즉 '사무실'이다. Macmillan Dictionary에 따르면 where you work every day 매일 근무하는 곳(직장)라는 의미로 확장돼 be at the office가 '근무 중이다'는 의미를 나타내기도 한다.

workplace도 언뜻 '직장'과 비슷하지만 place라는 단어로 알 수 있듯 사무실이나 공장 등 주로 물리적인 장소를 가리킨다. 하지만 우리말에서 '직장이 서울이야'

라고 말하는 것처럼 영어로 직장을 표현할 때도 도시 전체를 직장으로 나타내 My workplace is LA.라고 쓰면 안 된다. 'LA에서 근무한다I work in LA.'라는 뜻이므로 My workplace is in LA.가 올바른 표현이다.

명사 work/office를 써서 '일하고 있다, 근무하다'라고 할 때는 흔히 at work/at the office를 쓴다.

> He's **working**.
> He's **at work**.
> He's **at the office**.
> 그 사람은 근무 중이다.

'물리적인 장소'를 강조할 때도 at을 쓸 수 있다.

> **At my friend's office**, everybody works silently at desks all day.
> 내 친구 회사에서는 모두 하루 종일 책상에 앉아 쥐 죽은 듯 일한다.

다만 '(직장에서) 일하는[근무] 중이다'는 다음과 같이 쓸 수 없다.

> He's ~~at[in] office~~.
> He's ~~at[in] the work~~.
> He's ~~in work~~.

우선 at the office가 중의적인 의미를 나타낸다는 데 유의해야 한다. 말하는 사람이 실제로 사무실 책상에 앉아 있는지와는 무관하게 직장workplace에서 일하고 있다는 뜻을 나타내기도 하므로 '사무실에 있다'와 '일하는 중이다'라는 두 가지 의미로 읽힐 수 있다.

in the office는 말하는 사람이 '사무실에 있다'는 점을 구체적으로 강조한다. 사무실 안에 있는지를 굳이 밝혀야 하는 경우가 아니라면 at the office를 쓰는 게 일반적이다. 만일 사무실 밖 주차장에 있다면 다음 표현도 가능하다.

> I'm **at the office**, but I'm not **in the office**.
> 출근했는데 지금은 바깥에 나와 있어.

'일하다'는 의미가 아니라 '사무실'이라는 물리적인 장소를 강조한다면 at the office/in the office 둘 다 쓸 수 있다. 다만 at the office가 넓은 의미의 사무실을 지칭하는 말인 데 반해 in the office는 사무실 안이라는 구체적인 공간을 지칭한다는 점이 다르다. 가령 상대방이 Where's your cell phone? 너 핸드폰 어디에 뒀어? 이라고 물으면 다음과 같은 답이 가능하다.

> I left it **at the office**. (= I left it somewhere near my office or in it.)
> 회사에 놓고 왔어.
> I left it **in the office**. (= My office is a room and I left it in that room.)
> 사무실에 놓고 왔어.

반면 at work는 특정 공간을 지칭하지 않으면서 '일하고 있다'를 뜻한다. 한마디로 be working과 뜻이 같다. 어디에 있든 일하는 중이거나 작업 중이라면 at work를 쓸 수 있다.

한편 '(직장에서) 일하다'의 반대 개념은 '(집에서) 쉬다'로 볼 수 있으므로 be at the office/at work의 반대 표현은 be at home이다.

> Most of us spend more time **at work** than **at home**.
> 대부분은 집보다 직장에서 보내는 시간이 더 많다.

또한 in the office/in office을 혼동해선 안 된다. in office는 in a position with power (공직자 등이) 권력(권한)을 행사하는 위치에 있거나 임기 중인를 나타내므로 뜻이 전혀 달라진다.

> President Barack Obama **was in office** from 2009 to 2017.
> 버락 오바마 전 대통령은 2009~2017년까지 재임했다.

Answers 1 office 2 at the office

직장work at과 고용주work for는 다를 수 있다

Questions

우리 아들은 그 회사에 근무한 지 10년이 넘었어요.
My son has been working with/at[1] the company for over ten years.

지금 우리한테는 공직 경험이 있는 사람이 필요해.
What we need now is someone who has worked at/for[2] the government.

Where do you work? 어디에서 일하세요?는 사실 두 가지를 뜻한다. 다니는 회사가 어떤 곳인지Who do you work for? / What company do you work for?를 묻는 말일 수도, 말 그대로 일하는 장소가 어디인지Where do you work?를 묻는 말일 수도 있기 때문이다. 이때 장소에 초점을 둔다면 work 뒤에 at/in을 쓴다.

> He **works at** a bank.
> 그는 은행에서 일해요.
> He **works in** a bank.
> 그는 은행에서(은행 안에서) 일해요.

구체적인 회사명을 밝히는 경우라면 어떨까. 가령 '저는 구글에서 근무합니다'를 영어로 말해 보자. '직장이 구글'이라는 데 초점을 둔다면 I work at Google.이라고 쓰고, '고용-피고용 관계'를 밝히는 게 의도라면 I work for Google.을 쓴다.

'일하는 곳(직장)'을 표현할 때는 주로 전치사 at/for/in을 쓴다. 이중 for가 가장 흔히 쓰이는데, 의미가 분명해 다른 뜻으로 해석될 여지가 적기 때문이다.

> He **works at** a bank.
> He **works in** a bank.
> He **works for** a bank.

세 예문 모두 He's an employee of the bank./He's employed by the bank. 그 사람은 그 은행 직원이다는 의미다. 이때 전치사를 바꿔 써도 큰 차이는 없지만 의미가 미묘하게 달라진다.

우선 work for을 쓰면 은행 직원일 가능성이 가장 크다. for가 '고용주(사용자)를 위해' 일한다는 의미를 나타내기 때문이다. 다만 은행에 고용된 입장이라 하더라도 근무지가 꼭 은행일 필요는 없다. 업무에 따라 은행 안에서 일할 수도 있고 은행 바깥에 있는 공간에서 일할 수도 있기 때문이다.

반면 work at/in은 일하는 장소에 초점을 둔다. work at은 '~(장소)에서 근무한다'를 뜻하는 가장 일반적인 표현이다. work in은 '물리적 공간' 내에서 일한다는 점을 더 강조한 표현이다.

보통 work at 다음에 나오는 장소가 일의 성격을 나타내긴 하지만, 반드시 일하는 장소를 가리킨다고도 볼 순 없다. 가령 은행 규모가 크다면 내부에 은행 본연의 업무를 보는 곳뿐 아니라 음식점이나 카페 등 부대시설도 있을 수 있다.

work for/in/at는 주로 다음과 같은 용법으로 쓰인다.

work for a company as an employee
(피고용인으로서) 어떤 회사를 위해 일하다
She **worked for** the United Nations. 그녀는 유엔에서 일했어.
She **worked for** the hospital as a nurse. 그녀는 그 병원에서 간호사로 일했어.

work in a department or field of employment
조직 내 어떤 부서나 고용된 분야에서 일하다
She **worked in** banking. 그녀는 금융업에 종사했어.
She **worked in** public relations. 그녀는 홍보 분야에서 일했어. (홍보회사에서 일했다)
She **worked in** the film industry. 그녀는 영화 분야에서 일했어. (영화산업에 종사했다)

work at a location
어떤 근무처에서 일하다
She **worked at** numerous restaurants in Bangkok.
그녀는 방콕의 여러 식당에서 근무했어.
She **worked at** Intel in Santa Clara.
그녀는 인텔 산타클라라 지사에서 일했어.

at/for는 대체로 바꿔 써도 무방하다. 근무하는 물리적인 장소를 주로 회사로 보기 때문이다.

> He **works at** Google.
> He **works for** Google.
> 그는 구글에서 일해.

그러나 고용인과 피고용인 관계 employee-employer relationship가 아니라면 for를 잘 쓰지 않는다. 지점이나 공장 자체 등 특정 장소가 고용주가 될 순 없기 때문이다.

> He **works** ~~for~~ the Google Tel Aviv campus.
> He works at the Google Tel Aviv campus.
> 그는 구글 텔아비브 지사에서 근무해요.

가령 특정 공간에 매이지 않고 독자적으로 일하는 자영업자면서 work for oneself./be a self-employed worker 어느 대학 교수에 고용된 입장이라면 교수를 위해 일하는 work for 동시에 대학에서 일하는 work at 셈이자 특정 대학의 사무실에서 일하는 work in 것 이기도 하다. 즉 대학교라는 공간에서 일하긴 하지만 해당 대학에 고용된 게 아니라 교수에 고용된 상태라면 다음처럼 표현할 수 있다.

> I **work for** a professor.
> 저는 교수 밑에서 일합니다.
> I **work at** the university in his office.
> 저는 그 대학에 있는 그의 사무실에서 근무합니다.
> I **work in** his office at the university of Pennsylvania.
> 저는 펜실베이아대에 있는 그의 사무실에서 근무합니다.

in은 종사하는 '분야'를 나타내기도 한다. 군대나 정부 등 특정 조직도 하나의 장소라기보다는 분야 field / sector로 보기 때문에 work in을 쓸 수 있다.

> She **works in** the army.
> 그녀는 군대에서 일해.
> The lawyer **works in** the government, non-profit, and private sectors.
> 그 변호사는 정부 기관, 비영리 및 민간 부문에서 활동한다.

참고로 work for 대신 be with를 쓸 수도 있다.

> He **has been with** the company for as long as twenty years.
> 그는 그 회사에 자그마치 20년째 근무 중이다.
> She's a veteran agent who **has been with** the intelligence agency since 1990.
> 그녀는 1990년부터 정보기관에 몸담고 있는 베테랑 요원이다.

언뜻 work with와 뜻은 비슷해 보이지만 work with는 수직 관계가 아닌 '수평적 관계에서 함께 일하는 것'을 뜻하므로 쓰임새가 완전히 같다고는 할 수 없다.

Answers   1 at   2 for

#13 집home이 생각보다 편하지at home 않은 이유

Questions

그들은 보스턴 시내나 그 주변에 있는 고급 주택을 물색하는 중이야.
They are looking for an expensive home/house¹ in or around Boston.

집에 있으면 마음이 편해지는 건 당연하다.
It's natural you feel at home/house² when you're home/house³.

다음 예문처럼 at home이 '(집처럼) 편한comfortable / relaxed'이라는 의미로도 쓰이는 이유는 굳이 말하지 않아도 이해가 될 것이다.

> Make yourself **at home**.
> (집에 온 손님에게) 편히 계세요.
> We are making huge efforts to make guests feel **at home**.
> 저희는 손님들이 집처럼 편안히 지내실 수 있도록 최선을 다해 노력하고 있습니다.

사실 home의 쓰임새는 매우 까다로운 편이다. 상식으로 통하는 문법과는 다른 예외가 많기 때문이다.

명사 home의 뜻은 Cambridge Dictionary에 따르면 the house where you live, especially with your family 특히 가족과 함께 사는 집이다. 이와 유사한 house는 a building that people live in 사람이 사는 건물을 뜻한다.

이렇게 풀이만 읽어서는 별 차이가 없어 보이지만 함축된 의미는 다르다. house는 여러 형태의 건축물 가운데 집이라는 특정 건축 양식을 가리키는 구체적이고 좁은 의미를 나타내는 말이다. 반면 home은 이처럼 단순히 물리적인 건물이나 특정 부동산 유형을 가리키는 게 아니라 사람이 사는 곳, 특히 유대감과 소속감을 느끼는 가족과 함께 지내는 곳이라는 정서를 자극하는 추상적이고 넓은 의미를 나타낸다. 쉽게 말해 house는 '집', home은 '가정'에 가깝다.

> They moved to a little **house** outside of New York.
> 그들은 뉴욕 외곽에 있는 작은 집으로 이사했다.
> I really want to have a happy **home**.
> 난 정말이지 행복한 가정을 꾸리고 싶어 .

이러한 의미 차이는 다음 관용 표현에서도 확연히 드러난다.

> A **house** is not a **home**.
> 집과 가정은 다르다.

집과 관련된 표현 중 가장 흔히 쓰면서도 헷갈리는 말이 바로 '집에 있다'는 표현이다. 이를 영어로 표현해 보라고 하면 대체로 다음과 같은 문장을 떠올린다.

> I'm **home**.
> I'm **at home**.
> I'm **at my home[house]**. (= I'm somewhere near my house or in it.)
> I'm **in my home[house]**. (= I'm inside my house.)
> I'm **at my place**.
> I'm **at the house[home]**.
> (= I'm at the house we talked about the other day.)
> I'm **in the house[home]**.
> (= I'm inside the house we talked about the other day.)
> I'm ~~in my place~~.
> I'm ~~at house~~.
> I'm ~~in home~~.

be home/be at home/be at my home[house] 모두 '집에 있다' 또는 '집이라는 장소에 있다'를 뜻한다. 다만 at my home[house]가 집 안팎을 엄밀히 구분하지 않은 일반적인 표현인 데 반해, in my home[house]는 구체적으로 집 '안에'를 뜻하므로 의미가 다소 다르다고 할 수 있다.

한편 at my place/in my place는 뜻이 전혀 다르다. be at my place가 '집에 있다'는 뜻인 반면, in someone's place는 as a substitute for누군가를 대신해, in someone's position or situation누군가의 입장이나 상황에 놓인이라는 의미다.

> He went to the meeting **in my place**.
> (= He went to the meeting instead of me.)
> 그 사람이 내 대신 회의에 참석했어.
> I wouldn't do that if I were **in his place**.
> (= I wouldn't do that if I were him.)
> 내가 그 사람이었다면 그렇게 안 했을 거야.

home은 '자택, 가정, 본국, 본고장' 등의 뜻으로도 쓰인다.

> Always keep first aid kits in the **home**.
> 가정에 비상약을 상비해 두세요.
> Greece is called the **home** of democracy.
> 그리스는 민주주의의 본고장으로 불린다.
> From peace in the **home** to peace in the world.
> 자국의 평화에서 세계의 평화로 (유엔팔레스타인난민구호기구 구호)

home을 단독으로 쓸 때는 특히 주의해야 한다. home은 전치사 없이도 전치사를 포함한 의미를 나타내기 때문이다. home은 전치사의 의미가 녹아 있어 at the place where you live/in the place where you live/to the place where you live라는 부사적 의미를 나타낸다.

> I'm going[coming] ~~to home~~ early.
> I'm going[coming] **home** early. 나 집에 일찍 들어갈 거야.
>
> My husband came ~~to home~~ late.
> My husband came **home** late. 남편의 귀가가 늦었다.
>
> Will you pick up some bread on your way ~~to home~~?
> Will you pick up some bread on your way **home**?
> 집에 오는 길에 빵 좀 사다 줄래?

home이 '집이라는 장소에 있다'는 부사적 의미로도 쓰이지만 맥락에 따라 '(집이 주는 안락함 덕에) 마음이 편하다'라는 의미를 나타내기도 한다. '집에 있다'는 뜻의 at home과는 달리 정서적인 의미를 띠는 셈이다.

I'm glad I'm ~~at home~~.
I'm glad I'm **home**.
집에 마음 편하게 있으니 좋구나.

다음 표현도 마찬가지다. 문자 그대로 해석해 말하는 사람의 물리적인 위치에 초점을 둔 말로 이해하면 안 된다.

Honey, I'm ~~at home~~.
Honey, I'm **home**.
여보, 나 왔어요.

I'm home.은 '외출했다 돌아옴'을 집안에 있는 다른 식구에게 알릴 때 쓰는 인사말로, '다녀왔습니다'라는 의미의 관용 표현이다.

Answers 1 house 2 home 3 home

Questions

안 믿기겠지만 그는 하버드대에서 법학을 전공했어.
Believe it or not, he studied law in/at[1] Harvard University.

식사 자리에 있어야 할 사람들은 모두 자리에 앉았다.
Everybody was in/at[2] the table who needs to be in/at[3] the table.

'나는 식당에서 일한다'는 영어로 다음과 같이 표현할 수 있다.

> I work **at a restaurant**.
> I work **in a restaurant**.

각기 다른 전치사를 썼지만 둘 다 문법적으로 문제가 없고 모두 I work for a restaurant.라는 뜻을 나타낸다. 그런데 엄밀히 말하면 의미가 조금 다르다.

at은 어떤 장소를 '폭넓게' 가리키지만 in은 '구체적으로' 지칭한다. 즉 at은 in or near the location그 장소 안이나 근처에, 즉 실내/실외를 구분하지 않은 특정 장소를 가리키는 반면, in은 inside the location그 장소 내에, 즉 어떤 장소의 내부나 실내를 가리키는 말이다.

쉽게 말해 work at a restaurant는 '식당 안이든 밖이든 그 식당(직장)에서 일한다'라는 의미다. 규모가 큰 식당이라 주차 담당이 따로 있다면 가능한 표현이다. 반면 work in a restaurant는 식당이라는 공간 '안'에서 일한다는 물리적 느낌이 더 강하다. 가리키는 공간의 범위로 따지면 at이 in보다 넓은 셈이다.

> He is **at his office**. 그는 사무실에 있다. (안이든 밖이든 사무실 근처에 있다)
> He is **in his office**. 그는 사무실 안에 있다.

> He is **at the house**. 그는 집에 있다. (안이든 밖이든 집 근처에 있다)
> He is **in the house**. 그는 집 안에 있다.
>
> He is **at the elevator**. 그는 엘리베이터에 있다. (안이든 밖이든 엘리베이터 근처에 있다)
> He is **in the elevator**. 그는 엘리베이터 안에 있다.

이런 분명한 차이점에도 여전히 at과 in의 용법을 헷갈려 하는 사람들이 많다. 이 같은 쓰임새와 모순되는 용법으로 쓰일 때도 있기 때문이다.

in이 국가, 도시 등을 비롯해 상대적으로 큰 단위의 넓은 장소larger areas를 지칭할 때 쓰이고, at은 상대적으로 좁거나 구체적인 장소smaller, specific locations를 지칭할 때 쓰이는 게 더 일반적이다. 그렇다면 가리키는 공간의 범위가 앞서 말한 것과 정반대나 다름없다.

> I am **in the United States**. 나 미국에 있어.
> I live **in Manhattan** in New York. 전 뉴욕 맨해튼에서 살아요.
>
> I am **at the entrance**. 나 입구에 있어.
> I am **at the Empire State building** in New York.
> 나 뉴욕 엠파이어스테이트 빌딩에 있어.

위 경우 at과 in을 바꿔 쓰면 틀린 표현이 된다.

> I am ~~at the United States~~.
> I live ~~at Manhattan~~ in New York.

다음 예들도 마찬가지다.

> 1 My car is ~~in my house~~.
>   My car is at my house.
>   내 차는 집에 뒀어.
> 2 He is waiting ~~in the bus stop~~.
>   He is waiting at the bus stop.
>   그는 버스 정류장에서 기다리고 있다.

3 I heard a knock ~~in~~ the front door.
I heard a knock at the front door.
현관문을 노크하는 소리가 들렸다.

1의 경우 상식적으로 차가 집 안에 있을 수는 없으며, '집'이라는 테두리 안에 놓여 있다고 봐야 한다. 2 역시 사방이 트인 버스 정류장 '안'에서 기다린다는 말은 성립되지 않는다. 3의 경우 현관 '바깥'에서 노크 소리가 들리는 것이지 현관 '안'에서 소리 나는 것이 아니다. 다음 예들도 이와 마찬가지다.

1 Your book is ~~at the box~~.
Your book is in the box.
네 책은 그 상자 안에 있어.
2 She is sitting ~~in her desk~~.
She is sitting at her desk.
그녀는 책상에 앉아 있다.
3 She sat ~~at her chair~~.
She sat in her chair.
그녀는 의자에 앉았다.

1의 경우 책은 상자 '속'에 넣는 것이다. 2에서 책상 '안'에 앉는다는 말 역시 어색하다. 반대로 3에서처럼 의자는 '안'에 앉는다고 표현한다.
다음 문장은 이처럼 미묘하게 다른 at/in의 쓰임새를 한눈에 보여준다.

He is working **at his desk in his chair in his office**.
그는 사무실 의자에 앉아 책상에서 일하고 있다.

at은 stop과 어울려 쓰여 장소를 나타내거나 기업, 학교 등의 고유명사 또는 파티나 공연 등의 행사를 가리킬 때 쓰인다.

This train **stops at every station**.
이 열차는 모든 역에 정차합니다.
I made **a quick stop at his office** on my way home.
귀갓길에 그 친구 사무실에 잠깐 들렀어.

I am an English major **at Harvard**.

전 하버드대에서 영문학을 전공하고 있습니다.

She is a professor **at the London School of Economics**.

그녀는 런던정경대 교수다.

I was **at the party** last night too.

나도 어제 그 파티에 있었어.

We really had fun **at the concert** yesterday.

어제 공연 정말 즐거웠어.

Answers 1 at 2 at 3 at

#15 학교에 다니는go to school 것과 학교에 가는go to the school 것은 다르다

Questions

그 사람이 그저 돈 때문에 일을 하는 건 아니라고 봐.
I don't think money is the only reason he goes to work/the work[1].

그녀는 우리가 맨체스터에서 함께 공부하던 시절을 아직도 생생하게 기억하고 있어.
She still clearly remembers us goint to school/the school[2] together in Manchester.

'식당에 간다'는 말은 영어로 어떻게 할까. 상대방에게 식당 이름을 처음 말하거나 굳이 밝힐 필요가 없다면 I go to a restaurant., 반대로 상대방이 알고 있다면 I go to the restaurant.라고 한다. 이처럼 어떤 명사를 이전에 언급한 적이 없거나 특정하지 않을 경우 명사 앞에 부정관사 a/an를 쓰고, 언급한 적이 있거나 특정하는 경우라면 정관사 the를 쓰는 게 원칙이다.

그런데 관용 표현 중에서는 이 원칙을 따르지 않는 경우가 있다. 학교school가 대표적이다. 가령 '(수업을 들으러) 학교에 가다'는 관사 없이 I go to school.이라고 쓰고 I go to the school.이라고 하지 않는다.

go to school 학교에 가다(학교에 다니다)
He ~~goes to the school~~ by bus while I walk to school.
He **goes to school** by bus while I walk to school.
학교에 갈 때 그는 버스를 타고 난 걸어간다.

go to work 회사에 가다(출근하다)
Most people ~~go to the work~~ because that's how they make money.
Most people **go to work** because that's how they make money.
대다수는 돈을 벌기 위해 회사를 다닌다.

go to college[university] 대학에 가다
She ~~went to the college~~ for acting.
She **went to college** for acting. 그녀는 연기를 공부하려고 대학에 진학했어.

go to hospital 병원에 가다
They ~~went to the hospital~~ with serious injuries.
They **went to hospital** with serious injuries. 그들은 심한 부상을 입어 병원에 실려 갔다.

go to jail[prison] 감옥에 가다*
Can you ~~go to the jail~~ for downloading?
Can you **go to jail** for downloading? (불법) 다운로드하면 감옥에 가나요?

*jail은 미결수나 경범죄자를 단기간 가두는 곳으로 '구치소'와 비슷한 반면, prison은 중범죄를 저질러 형이 확정된 사람이 장기간 복역하는 곳

go to bed 자다
It's not such a good idea to use smartphones right before ~~going to the bed~~.
It's not such a good idea to use smartphones right before **going to bed**.
잠들기 직전에 스마트폰을 사용하는 건 별로 좋지 않다.

그렇다고 무조건 관사를 쓰지 않는 건 아니다. 관사를 쓰면 관용어로서의 성격이 사라져 뜻이 달라질 뿐이다.

I **went to the school** in Tokyo. (대화 당사자가 모두 아는 그 학교에 볼일이 있어 방문했다)
I **went to the college**. (대화 당사자가 모두 아는 그 대학에 볼일이 있어 방문했다)
I **went to the jail**. (대화 당사자가 모두 아는 그 감옥에 볼일이 있어 방문했다)
I **went to the bed** where he was sleeping. (볼일이 있어 그 사람 침대로 갔다)
I **went to the hospital**. (그 병원에 볼일이 있어 방문했다)

참고로 몸이 아파 병원에 가든 다른 볼일로 병원에 가든 미국 영어에서는 go to the hospital로 통일해 쓴다. the hospital을 특정 병원이 아니라 '아무 병원any hospital'으로 여기는 셈이다.

Answers 1 work 2 school

Questions

새 일자리를 구하기가 점점 더 어려워지고 있어.
It's getting harder to find a new job/work[1].

그는 근무 중엔 전화를 받지 않아.
He doesn't answer calls when he's at job/work[2].

다음 예문은 모두 '잘 했어'라는 의미로, 상대방이 한 일을 칭찬할 때 쓴다.

Good[Great] job!   Good[Great] work!
You did good[great] work.   You did a good[great] job.
You've done a good[great] job.   You've done good[great]work.

이때 job/work는 뜻이 같다.

Why do you go to work? 회사엔 왜 나가세요?
 - To work.
   To do my job.
일하려고요.

따라서 '일'을 나타낼 때는 보통 job/work을 바꿔 쓰기도 한다.

Her work[job] is very stressful.
그녀가 하는 일은 스트레스가 심해.
I started work[my job] as a journalist.
전 기자로 사회생활을 시작했어요.

그럼 work/job은 언제든 바꿔 써도 되는 걸까. 결론부터 말하면, 그렇지 않다. 가령 다음 예문처럼 두 단어를 바꿔 쓰면 뜻이 통하지 않는 경우도 있다.

> I am at ~~job~~.
> I am at **work**. 저 근무 중이에요.
>
> He goes to ~~job~~ early.
> He goes to **work** early. 그는 일찍 출근해.
>
> What is your ~~work~~?
> What is your job? 하는 일이 뭔가요?
>
> Let's get back to ~~job~~.
> Let's get back to **work**. 다시 일들 합시다.
>
> We are at her place of ~~job~~.
> We are at her place of **work**. 우린 그녀의 직장에 와 있다.

두 단어의 의미 차이는 영영 사전 뜻풀이를 보면 쉽게 알 수 있다. Cambridge Dictionary에 따르면 work는 an activity that a person uses physical or mental efforts to do 육체적 또는 정신적 수고를 들이는 활동이며, 대표적인 예가 job이다. 반대로 job은 a particular piece of work 어떤 특정한 업무, 즉 work의 일부에 해당하는 개념이다.

게다가 work는 동사로도 쓰이지만 job은 명사로만 쓰인다. 가령 다음 예문은 주어(He)가 근무 중이라는 사실은 나타내지만 구체적인 업무가 무엇인지는 알 수 없다.

> He's at **work**. (= He's working.)
> 그는 일하고 있어.

원어민에게 이렇게 말하면 아마 What does he do?/What does he do for a living?/What is his job? 그 사람은 직업이 뭐야?라고 뒤이어 질문할 것이다. 이처럼

구체적인 일[업무]를 나타낼 때는 job을 쓴다.

> His **job** is to drive a bus.
> His **job** is driving a bus.
> = He drives a bus.
> = He's a bus driver.
> 그는 버스 운전을 해. (그는 버스기사야)

실제로 일상생활에서는 He drives a bus. / He's a bus driver.를 더 흔히 쓴다. 다음 표현도 마찬가지다.

> ~~His **job** is a cook.~~
> His **job** is **cooking[to cook]**. (= He's a cook.)
> 그 사람은 요리사입니다.

사람이 아닌 일이 요리사가 될 수는 없으므로 첫 번째 문장은 틀린 표현이다. 이처럼 work는 포괄적이고 일반적인 반면, job은 단기적이고 구체적인 의미를 나타낸다. 따라서 work는 셀 수 없는 명사로, job은 셀 수 있는 명사로 주로 쓰인다.

이런 의미 차이 때문에 job은 '직업 profession/occupation'이라는 뜻으로 흔히 쓰여 job opening/job opportunity 공석/채용공고/취업기회, job hunt/job search 구직 등 직업과 관련한 표현들에 자주 등장한다.

> I have **urgent work** to do.
> I have **an urgent job** to do.
> 급히 처리할 일이 있어.
>
> There are **a lot of work** to be done.
> There are **a lot of jobs** to be done.
> 처리해야 될 일이 쌓여 있어.
>
> Being a firefighter is **a hard job**.
> Being a firefighter is **hard work**.
> 소방관은 힘든 직업이야.

He's been looking for **work** for a year.
He's been looking for **a job** for a year.
그 사람은 1년째 구직 중이야.

한편 job이 동작action에 가까운 반면, work는 결과result에 가깝다는 점도 다르다. 그런 의미에서 work가 '작품, 저작물'을 의미하기도 한다.

His **work** is in the permanent collections of the Louvre Museum.
그의 작품은 루브르 박물관의 영구 소장품이다.

이처럼 work가 솜씨나 기량 등 결과물을 기준으로 한 심미적인aesthetic 개념을 나타낸다면 job은 동작이나 임무 등이 완료됐거나 성공적으로 마무리됐음을 뜻하는 개념이라는 점에서 Good work! / Good job!은 미묘한 차이가 있다는 견해도 있다.

#17 찾는 과정 look for과 찾아낸 결과 find는 다르다

찾으려면 구해야 한다.
You have to look for/find¹ it to look for/find² it.

지금 고양이를 찾는 중이야. 찾아야 할 텐데.
I'm looking for/finding³ my cat. I hope I look for/find⁴ her.

영어 과외 교사를 구하는 상황이라고 치자. 이 맥락에서 우리말 동사는 대개 '구하다' 또는 '찾다'를 쓸 것이다. 영어로 옮기자면 I'm finding an English tutor. 또는 I'm looking for an English tutor. 정도가 떠오를 텐데, 결론부터 말하면 둘 중 하나만 맞는 표현이다. 국어사전에서도 '구하다'의 뜻풀이에 '찾다'라는 동사를, '찾다'의 뜻풀이에 '구하다'라는 동사를 쓴 만큼 헷갈릴 만도 하다. 사정이 이렇다 보니 한영사전에도 마찬가지로 find와 look for 모두 표제어 '찾다'에 포함돼 있다.

I'm finding an English tutor.가 문법적으로 틀린 말은 아니지만 원어민이라면 어색한 영어라고 생각할 것이다. 영영사전을 찾아보면 find와 look for의 의미 차이가 분명히 드러난다. find는 Cambridge Dictionary에 따르면 discover something or someone that you have been looking for 찾고 있던 사람이나 물건을 발견하다를 뜻한다. '결국 찾아냈다'라는 의미의 '결과'를 나타내는 셈이다. 쉽게 말해 우리말로는 '찾았다'라는 의미에 가깝다.

When you **find** something, it means you notice it or have it.
무언가를 찾았다는 것은 그것을 알아차리거나 소유한다는 뜻이다.

반면 Macmillan Dictionary에 따르면 look for는 search for someone or something 누군가 또는 무언가를 찾으러 다니다을 뜻한다. 즉 '찾는 과정'을 강조하는 셈이다. 마침내 찾아냈다는 '결과'를 나타내는 것이 아니라 찾아내기 전의 '과정'을 가리키는 것이다.

> Hide quickly! The crazy man is **looking for** you.
> 빨리 숨어. 그 미친 자가 널 찾고 있어.

look for는 '찾는 과정'을, find는 '찾아낸 결과'에 방점을 둔 개념을 나타내므로 find는 현재 진행 중인 과정을 나타내는 현재진행형과는 어울리지 않는다.

> I can't **find** my phone. 핸드폰을 못 찾겠어.
> I'm ~~finding~~ my phone. I can't ~~look for~~ it.
> I'm looking for my phone. I can't find it.
> 핸드폰을 찾는 중인데, 영 안 보이네.

다만 find를 '찾는 과정'을 나타내고 싶다면 I'm trying to find my phone. 처럼 표현할 수 있다. (참고로 결국 찾아냈다면 I've found it. 을, 찾아내지는 못했지만 찾아봤다면 I've looked for it. 라고 나타낸다.) 따라서 직장을 구한다면 '찾아낸 결과'가 아닌 '찾는 과정'에 해당하므로 look for를 써야 자연스럽다.

> He's ~~finding~~ a new job.
> He's trying to **find** a new job.
> He's **looking for** a new job.
> 그 친구는 새 직장을 알아보는 중이야.

한편 find는 think or feel a particular way about someone or something 누군가 또는 무언가에 대해 특정한 방식으로 생각하거나 느끼다이라는 전혀 다른 의미로 쓰인다.

> I asked her if she was **finding** me boring.
> (= I asked her if she **found** me boring.)
> 나를 따분한 사람이라 생각하는지 그녀에게 물었어.

Answers 1 look for 2 find 3 looking for 4 find

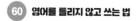

#18 일생의 연인 love of my life과
삶에 대한 애착 love for my life은
다르다

Questions

그는 일생의 연인인가요?
Is he the love of/for[1] your life?

부모의 자식 사랑은 세상 그 무엇과도 비교할 수 없다.
Parents' love of/for[2] their children is like nothing else in the world.

love of my life는 Queen의 노래 제목으로 더 유명한 표현이다. 하지만 막상 우리말로 옮기려고 하면 의외로 까다롭다.

love of my life는 the greatest love partner of one's life 평생 가장 사랑한(사랑하는) 사람를 뜻한다. love of my life는 한 사람일 수도, 여러 사람일 수도 있고 없을 수도 있다. 배우자일 수도 있고 아닐 수도 있다. 우리말로는 '일생의 연인'이나 '일생의 사랑'으로 옮기면 적당할 듯싶다.

그런데 of 자리에 for가 오면 의미가 전혀 달라진다.

Is he the **love for your life**?
Is he the **love of your life**?
그는 일생의 연인인가요?

My children were left with no father and I lost the **love for my life**.
My children were left with no father and I lost the **love of my life**.
아이들은 아버지를 잃었고 난 평생의 배우자를 잃었어.

love for my life는 일종의 시적 표현으로, '내 인생을 향한 사랑' 또는 '내 삶에 대한 애착'을 뜻한다.

I love myself. Actually, I have more **love for my life** than ever.
난 내 자신을 사랑해. 그 어느 때보다 내 삶이 소중하단 말이지.

사실 전치사 of와 for의 쓰임새가 워낙 다양하고 광범위한 만큼 문맥에 따라 비슷하게, 또는 다르게 쓰이기도 한다. 실제로 love of와 love for을 바꿔 써도 의미상 차이가 없을 때도 있다.

He has a **love of** eating.
He has a **love for** eating.
그는 먹는 걸 좋아해(매우 즐겨).

My **love of** music was even greater than my love for girls.
My **love for** music was even greater than my love for girls.
음악을 향한 내 사랑은 심지어 여자에 대한 관심보다도 컸다.

She got her **love of** reading from her parents.
She got her **love for** reading from her parents.
그녀는 부모님 덕분에 독서를 좋아하게 되었다.

하지만 대체로 of는 대상이 포괄적일 때, for는 대상이 구체적일 때 쓰는 경향이 있다. 다시 말해 love of는 사랑하는 것뿐 아니라 좋아하거나 즐기는 것까지를 폭넓게 가리킨다면, love for는 사람에 대한 애정을 주로 가리킨다. 즉 대상이 사람이 아니면 love of, 사람이면 love for가 자연스럽다.

Nothing's gonna change **my love of you**.
Nothing's gonna change **my love for you**.
그 무엇도 당신을 향한 내 마음을 바꿀 순 없을 거야.

She finally confessed **her love of him**.
She finally confessed **her love for him**.
그녀는 마침내 그에게 사랑을 고백했다.

His **love of Marie** is deeper than the deepest ocean.
His **love for Marie** is deeper than the deepest ocean.
마리를 향한 그의 사랑은 가장 깊은 바다보다도 깊다.

love of가 문법상 틀린 표현이라기보다 맥락상 love for가 더 자연스럽다는 말이다. 물론 of와 for를 바꿔 쓰면 의미가 반대가 될 때도 있다.

가령 the love of God는 '신의 사랑', 즉 신이 우리를 사랑하는 것 God's loving us 을 뜻하지만 the love for God는 '신을 향한 사랑', 즉 우리가 신을 사랑하는 것 our loving God을 뜻한다.

> Their love for money is more than their **love of̶ God**.
> Their love for money is more than their **love for God**.
> 돈을 사랑하는 그들의 마음은 신을 향한 사랑보다 크다.
>
> **My love for God** is strong. (= I love God very much.)
> 나는 신을 열렬히 사랑한다.

한편 of 뒤에 오는 말이 '주어' 역할을, for 뒤에 오는 말은 '목적어' 역할을 하기도 한다. 가령 the love of children for their parents는 사랑하는 '대상'인 부모와 사랑하는 '주체'인 자식을 한데 표현한 말이다. 이 경우 the love of children of their parents라고 하면 부자연스럽다.

> The **love o̶f̶** children of their parents is not as great as the **love o̶f̶** parents of their children.
> The **love of** children for their parents is not as great as the **love of** parents for their children.
> = Children's **love for** their parents is not as great as parents **love for** their children.
> 부모를 향한 자식의 사랑은 자식을 향한 부모의 사랑에 미치지 못한다.

물론 관용구는 시간이 흐르면서 굳어진 표현이므로 문법을 엄격하게 적용하긴 어렵다. 가령 for the love of는 사랑과는 아무런 관련이 없으며 for the sake of[for the good of] ~를 위하여, ~의 이익을 위하여를 뜻한다.

> I just did it **for the love f̶o̶r̶ kids**.
> I just did it **for the love of kids**.
> 다 아이들 잘되라고 그랬을 뿐이라고요.

Most parents work hard **for the love ~~for~~ their children**.
Most parents work hard **for the love of their children**.
대다수 부모들은 자식을 위해(자식들 잘되라고) 열심히 일한다.

참고로 for the love of God[Pete/Mike]는 an exclamation of surprise, frustration or anger 놀라움, 당혹감, 분노를 나타내는 감탄사를 가리키며, for God's[Pete's/Mike's] sake 제발, 대체, 도대체, 대관절와 의미가 같다.

For the love of God, how could you do that?
세상에, 너 어떻게 그럴 수가 있어?

Answers 1 of 2 for

Questions

정말로 그녀를 볼 수 있게 되다니 실감이 안 나는걸.
I can't believe I'm really/actually[1] going to get to see her.

걔도 실은 즐거웠다고 인정하더라.
He really/actually[2] admitted that he enjoyed it.

문맥이나 상황에 따라 really와 actually는 서로 바꿔 써도 큰 의미 차이가 없다.

What did he **really** say?
What did he **actually** say?
걔가 진짜로 뭐라고 했는데?

Tell me what **really** happened.
Tell me what **actually** happened.
실제로 무슨 일이 있었던 건지 얘기해 봐.

하지만 늘 그런 건 아니다. really는 '강조하는 말'이라는 차이점이 있기 때문이다.

I'm ~~actually~~ sorry about that.
I'm **really** sorry about that.
정말 미안해.

It's ~~actually~~ a beautiful day.
It's **really** a beautiful day.
오늘 날씨가 정말 좋은데.

반면 Cambridge Dictionary에 따르면 actually는 used as a way of making a sentence slightly more polite when you are expressing an opposing opinion, correcting what someone else has said, or refusing an offer 상대방이 말한 내용과 배치되는 의견이나 사양의 뜻을 다소 정중하게 표할 때 쓰는 말 또는 used in sentences in which there is information that is in some way surprising or the opposite of what most people would expect 대다수 사람들의 예상과 반대되거나 다소 놀라운 정보를 전달할 때 쓰는 말라고 정의돼 있다. 즉 앞서 거론한 내용을 더 정확하게 부연하거나 그에 배치되는 정보를 추가하거나 부정할 때 쓰는 말이다. 앞서 한 말을 철회하고 다른 의견을 표명할 때도 사용한다. 따라서 같은 표현도 다른 의미를 전달할 수 있다.

> I'm ~~really~~ sorry about that.
> I'm **actually** sorry about that.
> 실은 그 일은 미안하게 됐어.

다음 문장도 집안에 있을 땐 몰랐지만 막상 밖에 나와 보니 날씨가 좋거나 일기예보에서는 날씨가 흐리다고 하더니 실제로 나와 보니 날씨가 좋을 때 쓸 수 있는 말이다.

> It's ~~really~~ a beautiful day out here.
> It's **actually** a beautiful day out here.
> (= A beautiful day was not expected.)
> 실제로 나와 보니까 오늘 날씨 좋네.

actually가 앞서 거론된 것을 고쳐 말하거나 부정하는 경우 '사실은, 실제로'라는 의미를 나타낸다. 이때는 actually와 really를 바꿔 쓰면 곤란하다.

> He's **really** a good student. (= He's such a good student.)
> 그는 정말 훌륭한 학생이야.
> He's **actually** a good student. (= In fact, he's a good student.)
> 그는 실제론 훌륭한 학생이야.

It was **really** fun. 정말 재미있더라.
It was **actually** quite fun. 실제로 보니 꽤 재밌던데.

I'm not Japanese, ~~really~~. I'm Korean.
I'm not Japanese, **actually**. I'm Korean.
사실 저는 일본 사람이 아니라 한국 사람이에요.

~~Really~~, I don't think it's such a good idea.
Actually, I don't think it's such a good idea.
사실 그렇게 좋은 생각은 아닌 것 같아.

They won't ~~really~~ arrive in time.
They won't **actually** arrive in time.
그 사람들 실제론 제시간에 도착하진 못할 거야.

마지막 문장은 애초에 제시간에 도착하리라 예상했지만 그 사이에 사정이 생겨서 그러지 못할 것임을 암시한다.

엊저녁 파티에는 사람이 얼마나 왔어?
Do you know how many persons/people[1] showed up at the party last night?

총기를 소유한 사람은 1983년도 무기법에 따라 면허가 있어야 한다.
All persons/people[2] in possession of a firearm must hold a license in accordance with the 1983 Arms Act.

우리말이든 영어든 '사람'이라는 말만큼 자주 쓰는 단어도 많지 않을 것이다. '사람'을 뜻하는 대표적인 일반명사로는 person, man, human, human being 등이 있고, 이보다 넓은 의미의 '인류'를 나타내는 말로는 humanity, humankind, mankind 등이 있다.

이 중에서 일상적으로 가장 자주 쓰는 말이 person과 man이다. 다만 man이 '남성'이라는 의미로도 흔히 쓰이고 있어 남녀를 통칭할 수 있는 '성 중립적 gender neutral'인 표현으로 보기 어렵다는 의견이 우세해 남녀를 구분하지 않고 일상적으로 쓰는 표현은 단수형인 person이다.

> I'm a **person**, not an object. 난 사람이지 물건이 아니야.
> Everybody knows she's the only **person** who can do this.
> 이 일을 감당할 사람은 그녀밖에 없다는 건 다 알지.

그럼 '2명 이상'을 가리킬 때는 뭐라고 할까. person의 복수형인 persons외에 people을 쓴다. '사람(들)'이라는 우리말 뜻이 똑같다 보니 persons와 people을 바꿔 쓰는 경향이 있는데, 사실 현대 영어에서는 persons와 people의 쓰임새가 달라 문맥에 따라 구분해 써야 한다.

이를테면 일상적인 상황에서in ordinary contexts person의 복수형, 즉 '사람(들)'*을 나타낼 때는 특수한 경우가 아닌 한 persons가 아닌 people을 쓴다. persons가 person의 복수형으로서 기능을 상실한 지 오래다 보니 person의 복수형이 persons라는 사실조차 설명하지 않는 영어 사전도 있다. 다만 격식을 요하는 공식 문서에서는 여전히 복수형 persons를 쓰는데, 특히 법률 분야의 문어체에서 in legal contexts 주로 쓰인다.

> * 우리말에서 '-들'의 쓰임은 문법적으로 엄격하지 않기 때문에 '여럿'일 때도 복수를 나타내는 '-들'을 대체로 붙이지 않는다.

따라서 일상생활에서 대화를 나누거나 글을 쓰는 경우 people을 써야 할 자리에 persons를 쓰면 어색하다. 〈AP 스타일북AP Stylebook〉, 〈시카고 매뉴얼Chicago Manual of Style〉, 〈뉴욕타임스 매뉴얼New York Times Manual of Style and Usage〉 등 현대 영어의 표기 원칙을 제시하는 주요 지침서에서도 people을 person의 복수형으로 명시하고 있다.

그렇다 보니 식당을 예약하는 일상적인 맥락에서 persons를 쓰면 '상황에 맞지 않게 문자를 쓴다'는 오해를 받을 수 있다. 그저 사람이 많다는 말을 하면서 persons라는 거창한 표현을 쓴다고 생각하기 때문이다.

I'd like to book a table for **five ~~persons~~**.
I'd like to book a table for **five people**.
다섯 명 자리를 예약하고 싶습니다.

There are **a lot of ~~persons~~** out there in the park.
There are **a lot of people** out there in the park.
저기 공원에 사람들이 엄청나게 많아.

people은 '국민', '지지자', 부모를 비롯한 '가족' 등을 지칭할 때도 쓴다. 이 경우 보통 법정 용어로 쓰이는 persons를 쓰면 어색하다.

The American ~~persons~~ are angry.
The American people are angry. 미국 국민이 뿔났다.

Tell **my ~~persons~~** that I love them.
Tell **my people** that I love them. 국민들을 사랑한다고 전해주시오.

persons가 person의 복수형으로 쓰이던 때도 있었다. 원래 person은 사람 수를 나타낼 때 작은 단위를 개별적으로 가리키는 individual 개념으로 쓰인 반면 people은 개인이 아닌 일단의 사람 a group of persons을 뭉뚱그려 표현하는 개념으로 사용했다. 그러나 수백 년을 거치면서 이 같은 경계가 흐려졌고 결국 persons가 people에 복수형 자리를 내줬다.

다만 법률 등 일부 전문 분야에서 쓰는 문서를 비롯해 문어체로 작성되는 공식 문서, 공공시설 안내문, 사전의 뜻풀이를 비롯한 다양한 학술 문헌 등 대중의 혼동을 방지할 수 있도록 의미를 정확하게 전달해야 할 필요가 있는 분야에서는 여전히 사용되고 있다.

No **persons** other than the operator are permitted to ride on this elevator.
운영자 외에는 본 엘리베이터의 이용을 금합니다.
This vehicle is licensed to carry up to six **persons**.
이 차량에는 최대 6인까지 탑승할 수 있습니다.
Persons in possession of illegal drugs will be prosecuted.
불법 마약을 소지한 자는 사법 처리 대상이다.

특히 person of interest 용의자, displaced person 난민, missing person 실종자 등의 일부 법률 용어는 각각 people of interest, displaced people, missing people 등 people을 쓴 순화 표현으로 나타낼 수 있다.

Two **persons[people] of interest** are being questioned over an armed robbery.
무장 강도 사건과 관련한 용의자 두 명이 (경찰) 조사를 받고 있다.
There are an estimated 7.6 million internally **displaced persons[people]** in Syria.
시리아의 자국 내 실향민은 7백 6십만 명으로 추산되고 있다.
For families of **missing persons[people]**, not knowing if their loved one is safe is a traumatic experience.
실종자 가족 입장에서는 실종자가 무사한지 알 수 없는 상황 자체가 큰 충격이다.

Answers 1 people 2 persons

#21

닭 chickens과 닭고기 chicken는 천양지차다

Questions

우리 딸이 좋아하는 동물은 고양이에요.
A cat/Cats[1] are my daughter's favorite animal.

책은 세상을 보여주는 창이다.
A book/Books[2] are windows to the world.

한국 사람이라면 What is your favorite animal? 어떤 동물을 좋아하세요?라는 질문에 어떻게 답할까. 우리말은 영어처럼 관사와 복수형이 발달하지 않았으므로 대다수는 아마 아래의 첫 번째 문장으로 응답할 것이다.

> 1 I like **dog**.
> 2 I like **dogs**.
> 3 I like **a dog**.
> 4 I like **the dog**.

그런데 첫 번째 문장은 큰 오해를 낳을 수 있다. 원어민이라면 개를 사랑스러운 반려동물 dog as a loving companion이 아니라 먹을거리, 즉 개고기를 좋아한다는 말로 이해할 가능성이 크기 때문이다. 이와 유사하게 I like chicken.라고 하면 '닭고기'라는 음식을 좋아한다'는 뜻이 된다.

관사를 쓰지 않은 dog을 '개고기'로, chicken을 '닭고기'로 이해하는 건 왜일까. 같은 보통명사라도 '셀 수 있느냐 없느냐'에 따라 동물을 뜻할 수도, 음식을 뜻할 수도 있기 때문이다. 2의 dogs는 '모든 종류의 개 all kinds of dogs'를 뜻한다. 영어에서 복수형은 해당 명사에 속한 모든 부류를 한데 모아 총칭하는 기능을 하기 때문이다. 따라서 I like dogs.는 I like all dogs./I like dogs in general.을 동시에 뜻할
수 있다. chickens도 마찬가지다.

> I like **dogs**. 나는 개를 좋아해.
> **Tigers** are striped. 호랑이는 줄무늬가 있다.
> **Dogs** bark. 개는 짖는다.
> **Cats** purr. 고양이는 가르랑거린다.
> **Dodos** are extinct. 도도새는 멸종했다.

부정관사 a를 쓴 3의 dog은 말하는 사람이 염두에 둔 어떤 개 a certain dog를 지칭
하며 개 일반을 좋아한다는 의미가 아니다. 보통명사에 부정관사를 붙여 어떤 대
상을 총칭하는 경우도 있지만 이 문맥에서는 다르다. '한 마리의 도도새가 멸종했
다 A dodo is extinct.'가 말이 안 되는 것과 같다.

> **Tigers** are striped. = **A tiger** is striped.
> **Dogs** bark. = **A dog** barks.
> **Cats** purr. = **A cat** purrs.
> **Dodos** are extinct. ≠ **A dodo** is extinct.
> I like **dogs** .≠ I like **a dog**.

4 역시 대화 참여자가 모두 아는 구체적인 개를 좋아한다는 의미로, 개 일반을
좋아한다는 의미가 아니다.

> **Tigers** are striped. = **A tiger** is striped. = **The tiger** is striped.
> **Dogs** bark. = **A dog** barks. = **The dog** barks.
> **Cats** purr. = **A cat** purrs. = **The cat** purrs.
> **Dodos** are extinct. = **The dodo** is extinct.≠ **A dodo** is extinct.
> I like **dogs**.≠ I like **a dog**.≠ I like **the dog**.

보통명사에 정관사 the를 써서 명사 '일반'을 총칭하는 경우도 있긴 하지만 보통
은 학술적이고 격식을 차린 표현으로 여겨 구어체에서는 잘 쓰지 않는다.

The computer is a machine. = **Computers** are machines.
컴퓨터는 기계다.
The lion has a mane. = **Lions** have manes.
사자는 갈기가 있다.

　명사의 범위를 제한하는 한정사나 수식어 없이 dog만 쓴 1은 비문이다. 의미상 동사 like는 주로 '범주, 부류category'를 총칭하는 말(목적어)과 어울려 쓰이고, 이때 목적어 자리에는 복수형 가산명사와 불가산명사uncountable noun/물질명사mass noun 만 올 수 있기 때문이다.

단수 가산명사
I like ~~person~~.
복수 가산명사
I like people.
부정관사+단수 가산명사
I like ~~a person~~. 나는 사람을 좋아한다.

부정관사+단수 가산명사
I like ~~a car~~.
단수 가산명사
I like ~~car~~.
복수 가산명사
I like cars. 나는 자동차를 좋아한다.

부정관사+단수 가산명사
I like ~~a cake~~.
복수 가산명사
I like cakes.
단수 불가산명사
I like cake. 나는 케이크를 좋아한다.

불 가산명사
I like ~~chicken~~. (닭고기를 좋아한다)
복수 가산명사
I like chickens. 나는 닭을 좋아한다.

　케이크 등의 사물이 가산명사(식탁에 오르는 완성품으로서의 케이크)와 불가산명사(재료나 성분으로서의 케이크)로 모두 쓰이는 경우라면 like 뒤에 복수형과 단수형 둘 다 올 수 있다. 다만 동물은 살아 숨 쉬는 개체, 즉 셀 수 있는 대상이므로 원칙적으로 복수형을 써야 한다. 그런데 I like chicken. 에서 chincken은 단수이므로 물질명사, 즉 셀 수 없는 '고기'를 가리킨다. I like beef. 난 쇠고기를 좋아해/I like cake. 난 케이크를 좋아해 와 같은 이치다.

‘양계장의 살아있는 닭’을 총칭한다면 복수형 chickens가 맞지만, ‘주방에 있는 닭고기’는 식재료를 말하며 재료는 셀 수 없는 물질명사다. 동물은 ‘살아 숨 쉬는 개체’일 때 셀 수 있는 명사로 여기지만 ‘음식’일 때는 셀 수 없는 물질명사로 보는 게 영어식 사고법이다.

실제로도 Merriam-Webster Dictionary에 따르면 ‘닭’은 a bird that is raised by people for its eggs and meat 알을 낳게 하거나 먹기 위해 키우는 새라는 의미의 셀 수 있는 보통명사인 동시에 the meat of the chicken used as food 음식으로 사용되는 닭의 고기라는 의미의 셀 수 없는 물질명사로도 쓰인다. 기타 식용 동물도 마찬가지다. 따라서 내가 좋아하는 ‘음식’으로 답한다면 chickens가 아닌 chicken을 써야 한다.

참고로 X is Y 구조에서 be동사는 주어에 따라 달라지므로 My favorite food is chickens.도 문법상 맞긴 하지만 원어민들은 단수형 be동사 뒤에 복수형이 있으면 Chickens are my favorite food.처럼 주술 관계를 바꿔 쓰는 것을 선호한다.

다만 fish는 예외다. 개체로서의 생선(복수형 보통명사)과 음식으로서의 생선(단수 물질명사)을 엄격히 구분하지 않아 문맥을 살펴보는 수밖에 없다.

> I saw **a strange fish** while swimming.
> 수영하다가 이상한 물고기를 봤어.
> We had **fish** for lunch today.
> 우리는 오늘 점심으로 생선을 먹었어.

결국 똑같은 명사라도 어울려 쓰인 동사와 셀 수 있는지의 여부에 따라 의미가 달라진다는 말이다. 이때 셀 수 있는지의 여부는 구성하는 물질 mass, substance로 보느냐 형태를 갖춘 특정 음식 dish으로 보느냐에 따라 달라진다. 특히 고기, 야채, 과일을 비롯한 음식이 잘리거나 cut 나뉘어 divided 부분적인 형태만 남는 것은 셀 수 없는 명사로 본다.

> I peeled more than **ten oranges**.
> 오렌지를 10개 넘게 깠다. (개체로서의 오렌지)
> My mother wanted to bake a couple of cakes with **orange**.
> 엄마는 오렌지가 들어간 케이크를 몇 개 만들고 싶어 하셨다.
> (케이크 재료로서의 부분적인 오렌지)

I like **chocolate cake.**
난 초콜릿 케이크를 좋아해. (일반적인 케이크)
Why don't you bake **some cakes** for me?
케이크 몇 개 만들어 주면 안 될까? (구체적인 케이크)

This basket is full of **fruit.** (일반적인 과일. 한 가지 종류의 과일일 가능성 있음)
This basket is full of **fruits.** (구체적인 과일/여러 가지 종류의 과일일 가능성 있음)
이 바구니에 과일이 가득 차 있다.

셀 수 있는 보통명사 앞에 관사 등의 한정사를 쓰는 건 물질명사와 구별하기 위해서다. 가령 '사과 (일반)을 좋아한다'는 I like apples.라고 쓴다. 그렇다면 다음 문장들은 어떨까.

1 I like **an apple.**
2 I like **the apple.**
3 I like **apple.**

1은 말하는 사람이 염두에 둔 특정 사과를 좋아한다는 뜻이다. 2 역시 대화 당사자들만 아는 특정 사과를 지칭한다. 장미목 장미과에 속하는 apple을 학술적으로 총칭해 the apple로 표현할 수도 있겠지만 문맥에 맞지도 않을 뿐더러 실제로 그렇게 이해할 사람은 많지 않다. 3에서 apple은 단수형이므로 물질명사로 봐야 하는데, 이 겨우 해석이 애매하다. I like apple.은 요리한 상태의 사과cooked apple나 사과 맛을 나타낼 때만 가능하다.

I like **apples, bananas,** and **strawberries.**
사과, 바나나, 딸기를 좋아해요.
I like **apple, banana,** and **strawberry.**
사과 맛, 바나나 맛, 딸기 맛을 좋아해요.

한편 want를 쓰면 얘기가 달라진다. 가령 want는 어떤 대상 일반을 가리키는 like와 달리 목적어로 반드시 복수형을 취할 필요는 없다. 하지만 관사 없이 단수형을 쓰면 형체 없는 물질명사를 가리켜 뜻이 모호해진다.

> I want ~~apple~~.
> I want **an apple**. 사과 하나 먹고 싶어.
> I want **many apples**. 사과를 많이 먹고 싶어.

참고로 I like a dog. / I like an apple. 은 어색하지만 I would like a dog. 개를 한 마리 갖고 싶어요. / I would like an apple. 사과 한 개 부탁해요. 는 공손하고 자연스러운 표현이다. 첫 번째 문장은 자녀가 부모에게 할 만한 말이고 두 번째 문장은 어떤 과일을 먹겠느냐는 질문에 적절한 답이다.

결국 같은 말도 형태가 있어 셀 수 있는 개체 specific item, 즉 구체적인 개념 specific idea으로 보느냐, 형태가 없어 셀 수 없는 덩어리 mass, 즉 구체적이지 않은 개 일반 general idea으로 보느냐, 동사가 무엇이냐에 따라 의미가 달라진다는 점에 유의해야 한다.

Answers 1 Cats 2 Books

#22 음식food과 식사meal와 요리dish는 다르다

Questions

체중을 감량하려고 식사를 거르는 것은 권장하지 않습니다.
You're not encouraged to skip meals/food[1] to lose weight.

풀코스 만찬에서는 보통 세 가지 이상의 요리가 나옵니다.
A full-course dinner usually consists of more than three meals/courses[2].

'먹는 것'을 일컫는 말로 음식, 식사, 끼니, 요리, 식품 등 여러 가지가 있다. 영어에서는 food가 음식을 지칭하는 가장 일반적인 표현으로, Collins Dictionary에 따르면 what people and animals eat 사람과 동물이 먹는 것이라는 뜻이다. 좋아하는 음식을 물을 때도 흔히 food를 쓴다.

> What is your favorite **food**?
> What is your favorite **food** to eat?
> What kind of **food** do you like[prefer/enjoy] most?
> What **food** do you like most?
> 네가 제일 좋아하는 음식은 뭐야?

원래 food는 조리된 음식뿐만 아니라 식재료까지 아우르는 광범위한 말이다. 식물이든 동물이든, 야채든 고기든, 빵이든 쌀이든 먹는 것은 모두 food가 될 수 있다. Longman Dictionary에 나온 food의 종류만 해도 fast food 패스트푸드, junk food 정크푸드. 인스턴트 식품, organic food 유기농 식품, health food 건강 식품, superfood 슈퍼푸드. 웰빙 식품, vegetarian food 채식, processed food 가공 식품, genetically modified food 유전자변형 식품, canned food 통조림 식품, baby food 이유식,

dog food 개먹이, cat food 고양이먹이, bird food 새먹이, pet food 애완동물먹이 등 그 범주가 넓다.

일반적인 음식을 뜻하는 food는 셀 수 없는 물질명사이므로 단수형을 쓴다. one food, two foods, three foods처럼 쓸 수 없다는 말이다. 다만 셀 수 있는 구체적인 음식이나 식품을 지칭하는 경우에는 복수형도 가능하다.

> People eat **food** to survive. 사람은 살기 위해 먹는다.
> Would you like **some food**? 뭐 좀 드시겠어요?
> The fridge keeps **food** fresh. 냉장고는 음식을 신선하게 유지시켜 준다.
> I had **too much food** for lunch today. 오늘 점심 식사가 과했어.
> Pizza is one of my favorite **foods**. 피자가 제일 좋아하는 음식 중 하나죠.
> I don't understand why pizza is not **a health food**.
> 피자가 왜 건강에 안 좋은 음식이라고 하는지 모르겠어.
> **Which foods** should I avoid when I'm pregnant?
> 임신 중에는 어떤 음식들을 피해야 하나요?

food의 일종인 fruit도 물질명사이므로 원칙적으로는 단수형을 쓰지만 셀 수 있는 구체적인 과일을 가리킬 때는 복수형도 쓸 수 있다.

> I had **fruit** for dessert.
> 후식으로 과일을 먹었어.
> It's good to eat different kinds of **fruits** and vegetables.
> 과일이나 채소를 다양하게 먹는 게 몸에 좋아.

한편 food 외에도 '음식'을 뜻하는 다양한 표현이 있다. 특히 food/dish/meal의 쓰임새를 혼동하는 경우가 많다. meal은 Cambridge Dictionary에 따르면 an occasion when food is eaten, or the food that is eaten on such an occasion 식사를 하는 자리 또는 그런 자리에서 먹는 음식이라는 뜻이다. '때가 되면 먹는 음식'을 의미하는 '끼(니)'와 비슷하며, 일정한 시간에 자리에 앉아 음식을 섭취하는 구체적인 행위를 뜻한다. 한마디로 breakfast, lunch, dinner에 해당하는 삼시 세끼가 meal이다. 삼시 세끼는 오랫동안 이어져 온 관습이기도 해 traditional meal

이라고도 한다.

> Many people believe it is healthy to eat **three meals** a day.
> 하루에 세끼를 먹는 게 건강에 좋다고 생각하는 사람들이 많다.

따라서 meal은 문맥에 따라 '끼니'와 '음식'이라는 두 가지 뜻으로 해석해야 한다.

> What's your favorite **meal**? 어떤 음식을 좋아해요?
> (= What's your favorite dish?)
> - Steak. 스테이크요.
> What's your favorite **meal**? 하루 세끼 중 뭐가 좋아요?
> (= What's your favorite meal of the day?)
> - Dinner when everyone is home.
> 가족 모두가 집에 있는 저녁 식사죠.

dish는 Longman Dictionary에 따르면 a type of food that is cooked in a particular way and served as part of a meal 끼니(식사)를 위해 특정한 방식으로 조리돼 제공되는 음식이라는 뜻으로, 쉽게 말해 구체적인 요리를 의미한다. food가 dish를 위한 식재료 또는 넓은 의미의 음식이라면, dish는 food를 이용해 조리 과정을 거쳐 만든 구체적인 음식이라고 이해하면 된다.

가령 스파게티를 좋아하는 사람에게 What's your favorite food?라고 물으면 Spaghetti(넓은 의미의 스파게티)라고 답할 것이고, What's your favorite dish? 라고 물으면 Spaghetti Carbonara(구체적인 메뉴)라고 답할 가능성이 크다.

말하자면 한 가지 이상의 dish로 차려지는 식사가 meal이다. 따라서 dish는 meal이라는 행사 event를 구성하는 요소로 볼 수 있다.

> Most people have three ~~dishes~~ a day.
> Most people have three **meals** a day.
> 대부분의 사람들은 하루에 세끼를 먹는다.

> My mother always told me to wash my hands before ~~dishes~~.
> My mother always told me to wash my hands before **meals**.
> 어머니는 항상 식사 전에 손을 씻으라고 하셨다.

> We went out for a ~~dish~~.
> We went out for a **meal**.
> 우리는 외식을 하러 나갔다.

한편 '식사 자리'를 가리킬 경우 dish가 아닌 meal을 쓴다.

> If you're invited to a ~~dish~~ with your boss, he or she will pay for your ~~dish~~ in most cases.
> If you're invited to a **meal** with your boss, he or she will pay for your **meal** in most cases.
> 상사가 식사에 초대할 경우 대개 상사가 계산을 한다.
>
> Any employer will think you're rude if you constantly check you phone at a ~~dish~~ with him or her.
> Any employer will think you're rude if you constantly check you phone at a **meal** with him or her.
> 사장과 함께 식사하는 자리에서 전화기를 붙들고 있으면 누구든 무례하다고 여길 것이다.

'식사 자리에서 먹는 음식'을 의미할 때는 meal/dish 모두 쓸 수 있다.

> The chef prepared a special **meal[dish]** for the newly-wed couple.
> 요리사는 신혼부부를 위해 특별 요리를 준비했다.
> Do they have vegetarian **meal[dish]** at the restaurant?
> 그 식당에서는 채식도 나오나요?
> They are healthy Asian **meal[dish]**.
> 그 음식들은 아시아 건강식이야.

참고로 snack은 Cambridge Dictionary에 따르면 a small amount of food that is eaten between meals 끼니 사이에 먹는 적은 양의 음식이다. cuisine 역시 '음식, 요리'를 뜻하지만 비교적 고급 식당에서 내놓은 요리나 Italian cuisine, French cuisine처럼 요리법을 품격 있게 표현할 때 주로 쓴다. menu는 식사 자리 meal에 앉은 사람이 고를 수 있는 요리 이름이 나와 있는 명단 a list of dishes, 또는 식사 때 나오는 음식 a dish served at a meal을 뜻한다.

> You can try out a new **menu** item if you can't choose what to eat.
> 뭘 먹을지 못 고르겠으면 메뉴에 새로 나온 요리를 한번 먹어 봐.

course는 meal을 구성하는 요리나 음식이라는 점에서 dish와 같지만 '정해진 순서에 따라 나오는' 음식이라는 점에서 '한 번에 제공되는' dish와는 다르다. 가령 한 가지 음식으로 구성된 식사는 one-dish meal, 두 가지 음식이 나오는 식사는 two-dish meal이라고 한다. 반면 세 가지 요리가 순서대로 나오는 식사는 three-course meal, 다섯 가지 요리가 순서대로 나오는 만찬은 five-course dinner라고 한다.

> **Two-dish meals** are popular here.
> 여기선 두 가지 요리로 구성된 식사가 인기죠.
> Please be informed that **a four-course dinner** will be served.
> 네 가지 코스의 저녁 만찬이 제공될 예정입니다.

그런데 dish/course 모두 한 끼 식사를 구성하는 요리라는 점은 같기 때문에 three-dish course나 four-course dish 등의 중복 표현은 어색하다.

> Most people eat **dishes** prepared with food in their daily **meals**: breakfast, lunch, and dinner.
> 대부분의 사람은 식재료를 조리해 만든 음식을 아침. 점심. 저녁에 삼시 세끼로 먹는다.

Answers 1 meals   2 courses

#23 경력experience과 경험experiences은 다르다

나 큰일 났어. 도움이 필요해.
I think I'm in big/a big[1] trouble. I really need help/helps[2].

지난해에 (예전보다) 더 많은 업체가 폐업했다.
More business/businesses[3] went out of business/businesses[4] last year.

영어와 우리말의 가장 큰 차이점 중 하나가 바로 명사를 말하는 방식이다. 가령 우리말에서는 명사를 지칭할 때 엄격하게 단수형/복수형을 구분해 표현하지 않는다. 영어는 반대다. 셀 수 없는 대상이 아닌 한 개수를 꼭 밝혀야 한다.

> There is **a dog** there.
> 저기에 개 한 마리가 있어.
> There are **(some) dogs** there.
> 저기에 (몇 마리의) 개가 있어.

그러면 셀 수 없는 명사인 불가산명사와 물질명사는 어떻게 나타내면 될까. 가령 셀 수 있는 명사인 dog도 관사 없이 단수로 나타내 셀 수 없는 명사처럼 쓰이기도 한다. 다만 뜻이 '개고기'로 달라질 뿐이다. 셀 수 있는 명사인 '닭'도 관사를 쓴 단수형과 복수형으로 나타내 a chicken/chickens라고 쓸 수 있지만 셀 수 없는 명사로서의 식재료를 가리키는 닭고기는 chicken이라고 한다.

> It's not because I like **chickens** that I like **chicken**. It's because **chicken** tastes good.
> 닭을 좋아해서 닭고기를 좋아하는 건 아니지. 맛이 있어서 좋아하는 거지.

반려동물에 대한 관심이 커지면서 개고기 문화가 사라지고 있는 상황도 이처럼 단수형/복수형을 써서 나타낼 수 있다.

It is because Koreans like **dogs** that they don't like **dog**.
= Koreans don't like **dog** because they like **dogs**.
한국인이 개고기를 좋아하지 않는 이유는 개를 좋아하기 때문이다.

원칙적으로 불가산명사는 부정관사나 숫자를 써서 수식할 수 없고 복수형도 쓸 수 없다. 그런데 불가산명사가 가산명사로 쓰이기도 해 헷갈리는 경우가 있다.

Do you want **a beer**? (= Do you want a glass[bottle] of beer?)
맥주 한 잔(한 병) 줄까?
I ordered **two coffees**. (= I ordered two cups of coffee.)
커피 두 잔 시켰어.

사실상 '문맥에만 걸맞으면' 셀 수 없는 명사도 얼마든지 셀 수 있는 명사처럼 쓸 수 있다는 말이다. 이렇게 보면 셀 수 없기도 하고 셀 수 있기도 한 물질명사가 수없이 많은 셈이다. 물론 '불가산'과 '가산'으로 구분해 나타내면 뜻이 달라진다.

Cedars are the source of **cedar**.
= **Cedar** trees are the source of **cedar** wood.
(식물로서의) 삼나무는 (목재로서의) 삼나무의 재료다.

식물 삼나무를 뜻하는 cedars는 가산명사이고 목재 삼나무인 cedar는 불가산명사다. 셀 수 있는 식물 삼나무가 구체적인 개념이라면 셀 수 없는 목재 삼나무는 일반적인 개념이라 할 수 있다. 즉 불가산명사는 일반적인 의미를, 가산명사는 구체적인 뜻을 나타낸다는 점이 중요하다.

불가산명사
I like **tea**.
전 차를 좋아해요.
가산명사
I would like **a tea**, please.
차 한 잔 주세요.

불가산명사
Coffee is grown in a tropical climate.
커피는 열대지방에서 자란다.
가산명사
We had **three iced coffees**. (= We had three cups of iced coffee.)
아이스커피를 세 잔 마셨다.

불가산명사
I want to learn to brew **beer** at home.
하우스 맥주 만드는 법을 배우고 싶어.
가산명사
The bar has more than **30 different beers**.
(= The bar has more than 30 different brands of beer.)
그 술집은 맥주 종류가 30가지가 넘어.

불가산명사
She has blonde **hair**. 그 여자는 금발이야.
가산명사
I found **a hair** in my food. 내 음식에서 머리카락 한 올이 나왔어.

차, 커피, 맥주 등을 불가산명사로 나타내면 물질적인 측면을 강조하거나 재료의 성격을 띠고, 가산명사로 나타내면 이를 재료로 삼아 가공해 만든 것을 뜻한다. 한편 머리카락 자체는 불가산명사로, 머리카락 한 올은 가산명사로 나타낸다.

불가산명사
He drinks **a lot of water**. 그 사람은 (평소에) 물을 많이 마신다.
가산명사
I bought **two waters**. (= I bought two bottles of water.) 물을 두 병 샀다.
가산명사
The waters of the Pacific Ocean are getting warmer.
태평양의 수온이 점차 오르고 있다.

불가산명사
Beer bottles are made of **glass**. 맥주병은 유리로 만든다.
가산명사
Bring me **a glass** of water. 물 한 잔 갖다 줘.
가산명사
I've been wearing **glasses** for over ten years.
안경을 쓴 지 10년도 더 됐다.

이처럼 문맥에 따라 '식수 water'가 '바닷물 water'로, '유리 glass'가 '안경 glasses'을 의미할 수 있으므로 불가산명사와 가산명사를 유연하게 해석할 수 있어야 한다.

불가산명사
I need some **paper** to write on. 좀 적을 종이가 필요한데.
가산명사
I buy **a paper** on a regular basis. 난 신문을 꼬박꼬박 사서 봐.
가산명사
I'll prepare **papers** for you. 네 서류는 내가 준비해 놓을게.

You have **so much work** [불가산명사] to do.

할 일이 너무 많으시네요.

The *Mona Lisa* is **a work** [가산명사] of Leonardo da Vinci.

〈모나리자〉는 레오나르도 다 빈치의 작품이다.

The choir will perform **the works** [가산명사] of Bach.

합창단은 바흐의 작품을 부를 예정이다.

Nothing travels faster than **light** [불가산명사]. 빛보다 빨리 움직이는 건 없다.

A light [가산명사] has gone out, but the hope he gave us will burn forever.

하나의 불빛이 꺼졌다. 하지만 그가 우리에게 주었던 희망은 영원히 불타오를 것이다.

The audience held their breath when **the lights** [가산명사] went down.

불이 꺼지자 관중은 숨을 죽였다.

Take your **time** [불가산명사]. There's no hurry. 급할 거 없으니 천천히 하세요.

We had such **a wonderful time** [가산명사] in Bangkok.

우린 방콕에서 즐거운 시간을 보냈어.

How many times [가산명사] have you been to Singapore?

싱가포르엔 몇 번 가 봤나요?

I don't have **much experience** [불가산명사]. 전 경력이 많지 않아요.

It was such **a fun experience** [가산명사] working with him.

그 사람과 일한 건 정말 재미있는 경험이었어.

His **experiences** [가산명사] in the war were interesting.

그의 전쟁 경험담은 흥미로웠다.

He had no **difficulty** [불가산명사] making himself understood in English.

그는 영어로 의사를 표현하는 데 전혀 문제가 없었다.

There is **a difficulty** [가산명사] with your proposal.

당신의 제안에는 한 가지 문제점이 있네요.

Find someone to help you if you're having **difficulties** [가산명사] at work.

직장에서 애로사항이 있으면 도움을 줄 사람을 찾으세요.

There is **truth** [불가산명사] in what you say.

네 말에 일리가 있어.

The book has revealed **many hidden truths** [가산명사] about the politician.

그 정치인에 대한 숨겨진 사실들이 그 책에서 상당수 드러났다.

It takes more than **a good memory**〔가산명사〕 to have **good memories**〔가산명사〕.

아름다운 추억은 좋은 기억력만으로 간직할 수 있는 건 아니다.

I really needed **help**〔불가산명사〕 and he was there for me. He was **a big help**〔가산명사〕.

도움이 절실했을 때 그가 곁에 있어 줬어요. 그 사람이 큰 도움이 됐죠.

The **trouble**〔불가산명사〕 with you is you don't care about people.

네 문제는 사람들한테 무관심하다는 거야.

He kept **all his troubles**〔가산명사〕 to himself.

그 사람은 고민거리를 혼자 짊어졌다.

다만 trouble 앞에는 부정관사와 숫자를 쓰지 않는다.

I have ~~a trouble~~ hearing because I have a problem with my ears.

I have **trouble** hearing because I have a problem with my ears.

귀에 문제가 좀 있어서 잘 안 들려.

#24 좋아하는 like 것과 원하는 would like 것은 다르다

난 네가 그 일을 안 했으면 싶은데.
I would like/like[1] it if you did not do that.

주말에 외식하는 걸 좋아하나요?
Would/Do[2] you like to eat out on the weekends?

I like coffee./I would like coffee.는 비슷한 뜻일까 다른 뜻일까. I like to drink coffee./I would like to drink coffee.는 같은 말일까 다른 말일까. 조동사 would 뒤에 like가 오면 뜻이 어떻게 달라질까.

결론부터 말하면 like/would like는 의미도 쓰임새도 매우 다르다. Oxford Dictionary에 따르면 like는 find enjoyable 좋아하다, wish to have 갖고 싶다를 뜻한다. want와 의미가 비슷하지만 뉘앙스는 다르다. 전에도 그랬고 지금도 좋아하고 앞으로도 변함없으리라는, 다시 말해 '언제나 always/일반적으로 in general' 어떤 대상을 좋아하고 즐긴다는 의미가 있다. 이처럼 일반적인 진술 general statement을 나타낸다는 특성 때문에 like의 목적어로 보통명사가 올 경우 명사 전반을 두루 일컫는 복수형을 써야 한다.

> I like **apples**. 난 사과를 좋아해.
> (사과라는 과일 일반을 좋아한다)
> I like **computers**. 난 컴퓨터를 좋아해.
> (컴퓨터라는 기계 일반을 좋아한다)

물론 사물이 아닌 사람이 오는 경우는 다르다. 가령 '여자 일반을 좋아한다' I like

girls.'와 '마음에 두고 있는 한 여자를 좋아한다I like a girl.'는 큰 차이가 있다.

> I like **girls**. 여자를 좋아해요.
> (일반적으로 여자라는 존재를 좋아한다)
> I like **a girl**. 어떤 여자를 좋아해요.
> (마음에 두고 있는 어떤 여자를 좋아한다)

하지만 사물인 경우 like의 목적어로 단수가 오면 의미가 모호해진다.

> I like **an apple**. 난 어떤 사과를 좋아해.
> I like **a computer**. 난 어떤 컴퓨터를 좋아해.

같은 이유로 구체적인 시점을 언급하거나 미래의 일을 나타낼 때도 like를 쓰면 부자연스럽다.

> I ~~like~~ hamburgers today.
> I ~~like~~ to go fishing tomorrow.

like/want가 의미상 비슷해 보이지만 실제 쓰임새가 다른 것도 이 때문이다.

> I **want an apple**. 사과 한 개가 갖고 싶어.
> I **want a computer**. 컴퓨터 한 대가 갖고 싶어.

want는 like와는 달리 '구체적인 대상을 갖고 싶다'는 의미를 나타낸다. 실제로 Cambridge Dictionary에 따르면 want는 wish for a particular thing 특정한 것을 바라다이라는 뜻이다.

want는 would like와 비슷하다. would like가 과거가 아닌 지금 또는 미래에 특정 대상을 갖거나 누리고 싶다는 욕망present or future desires을 나타내기 때문이다. 다만 want는 편하게 지내는 사이에서 직설적으로 표현할 수 있는 구어체인데 반해 would like는 공손하고 격식을 갖춘 표현이라는 점이 다르다.

I would like an apple.
사과 한 개 주세요.

I would like a computer.
컴퓨터 한 대 주세요. (컴퓨터가 한 대 있으면 좋겠어요)

I would like you to help him. (= I want you to help him.)
당신이 그 사람을 도와 줬으면 해요.

I will get some coffee if you **would like**. (= I will get some coffee if you want.)
커피 드시고 싶으시면 타 드리겠습니다.

이처럼 즐기거나 누리고 싶은 미래의 일을 표현할 때는 would like를 쓰며, 이 경우 like를 쓰면 뜻이 통하지 않는다. 'would like + 명사' 대신 'would like to + 동사원형'을 써도 같은 의미를 나타낼 수 있다

I would like to have a drink with you. (= I would like to drink with you.)
당신과 한잔 하고 싶네요.

I would like to go out for dinner.
저녁에는 외식을 하고 싶어요.

would like to가 아닌 like to를 쓰면 일반적인 일을 나타내며, 따라서 미래에 일어날 일에는 어울리지 않는다.

I like to have a drink with you. (= I like to drink with you./I like having a drink with you./I like drinking with you.)
난 너랑 한잔 하는 게 좋더라.

I like to study English. (= I like studying English.)
난 영어 공부가 좋아요.

I like to go out for dinner.
난 저녁에 외식하는 걸 좋아해.

like 뒤에는 to부정사/동명사 둘 다 올 수 있으며 의미도 달라지지 않는다. 반면 would like 뒤에는 to부정사만 올 수 있다.

I like to drink wine.(= I like drinking wine./I like wine.)
나는 포도주를 좋아해. (포도주를 즐겨 마셔)

I **would like** ~~drinking~~ wine.
I **would like to** drink wine.
포도주를 마시고 싶어요.

I **would like** wine.
(메뉴 중에서) 포도주 부탁합니다.

한편 would like는 어떤 일을 가정하거나 실현 불가능한 일을 나타낼 때도 쓰인다.

~~**Do**~~ you ~~**like to**~~ be rich in the future?
Would you **like to** get rich in the future?
나중에 부자가 되고 싶으세요?

I ~~**like**~~ to travel around the world if I were rich.
I **would like to** travel around the world if I were rich.
부자가 되면 전 세계를 돌아다니고 싶어요.

Answers　1 would like　2 Do

#25 possibly는 확실하지 않지만 probably는 거의 확실하다

Questions

누구라도 부자가 될 수 있지만 누구나 가능한 일은 아니다.
It is possible/probable[1], but not possible/probable[2], for anyone to become wealthy.

사람들이 당신을 비웃는다면 십중팔구 옳은 행동을 하고 있다는 뜻이다.
If people make fun of you, that possibly/probably[3] means you're doing something right.

영한 사전에 따르면 possible은 '가능한, 일어날 수 있는'이라는 뜻이고 probable은 '있을 수 있는, 개연성 있는'이라는 뜻이다. 우리말로는 어감이 크게 다르지 않다. 그런데 영영 사전 뜻풀이는 다르다. Oxford Dictionary에 따르면 possible은 that may exist or happen, but that is not certain or probable 일어날 수도 있는. 그러나 확실하지 않거나 개연성이 없는이다. 같은 사전에 따르면 probable은 likely to happen 일어날 가능성이 있는이다. 각 단어의 부사형을 살펴보면 그 차이가 더 분명히 드러난다. 같은 사전에 따르면 possibly는 perhaps (used to indicate doubt or hesitancy) (의구심이나 주저함을 나타내는 취지에서) 아마도라는 의미인 반면, probably는 almost certainly 거의 확실하게라는 뜻이다.

If you don't buy a lottery ticket, it's not **possible** to win the lottery.
= If you don't buy a lottery ticket, it's not **possible** that you will win the lottery.
　복권을 사지 않으면 당첨될 가능성이 없다.(복권을 사지 않고 복권에 당첨되는 건 불가능하다)

If you buy a lottery ticket, it is **possible** to win the lottery. But it is not **probable** to do so.
= If you buy a lottery ticket, it is **possible** that you will win the lottery. But it is not **probable** that you will do so.
　복권을 사면 복권에 당첨될 가능성이 생긴다. 꼭 당첨된다는 건 아니다.

probable은 확률로 따져보면 일어날 가능성을 50% 이상으로 보지만 100%에는 미치지 못할 때를 가리킨다. 일어나지 않을 가능성보다 일어날 가능성이 크다는 말이다. 가령 미 축구팀에서는 선수별로 출전 확률을 점칠 때 가장 높은 'probable' 등급을 75% 이상으로 본다. '일어날 가능성이 크다<small>Something is very likely to happen.</small>'는 말인데, 우리말로 표현하자면 '십중팔구'에 가깝다.

반면 possible은 가능성이 0%는 아니지만 실제론 '불가능하지는 않아도 실현될지는 알 수 없다<small>Something may or may not happen.</small>' 또는 '불가능한 건 아니지만 실현 가능성은 적은<small>possible but not probable</small>'이라는 의미에 가깝다.

참고로 100%에 가까운 가능성은 certain, definite 등으로 나타낸다.

> Just because anything is **possible** doesn't mean it is **probable**.
> '불가능은 없다'는 말이 현실적으로 가능하다는 얘기는 아니다.
>
> Rain is **possible** tomorrow.
> = It is **possible** that it will rain tomorrow.
> = It will **possibly** rain tomorrow.
> 내일 비가 올 수(도 아닐 수도) 있다.
>
> Rain is **probable** tomorrow.
> = It is **probable** that it will rain tomorrow.
> = It will **probably** rain tomorrow.
> 내일 비가 올 가능성이 크다.

possible/probable의 부사형도 본질적인 의미는 같다. possibly는 가능성을 배제할 수는 없지만 실제로는 maybe/perhaps보다 가능성이 낮을 때, probably는 maybe/perhaps보다 가능성이 클 때 쓴다.

> If I buy a lottery ticket, it's **possible** that I will win the lottery. But I **probably** won't because the probability is very low.
> = If I buy a lottery ticket, I will **possibly** win the lottery. But I **probably** won't because the probability is very low.
> 복권을 사면 당첨될 수도 있겠지만 당첨 확률이 매우 낮기 때문에 실제로 당첨되는 일은 없을 거야.

My son will **possibly** come to visit us this weekend.

(확실하게 모르지만) 주말에 아들이 올 수도 있어.

My son will **probably** come to visit us this weekend.

주말에 아들이 올 것 같아. (올 가능성이 크다)

We will **possibly** move to Canada next year.

(확실하진 않지만) 우리 내년에 캐나다로 이민 갈 수도 있어.

We will **probably** move to Canada next year.

우리 내년에 캐나다로 이민 갈 것 같아. (다른 데로 갈 수도 있겠지만 실제로는 캐나다로 갈 가능성이 크다)

Do you think she will come to the party? 그녀가 파티에 올까?

- **Possibly**. 올지도 모르지. (잘 모르겠다)/**Probably**. 아마 그럴 거야. (올 것 같다)

한편 possibly는 조동사 can/could과 함께 쓰여 동사를 강조하거나 정중하게 부탁하는 어감을 나타내기도 한다.

I'm so full that I **can't possibly** eat another bite.

너무 배가 불러서 더 못 먹겠어요.

How **could** anyone **possibly** be stupid enough to believe such a thing?

어떻게 사람이 그걸 믿을 만큼 어리석을 수 있죠?

I **can't possibly** give up eating meat.

고기는 도저히 끊을 수가 없어.

I felt he would possibly become the next president, but I **can't possibly** believe he made it to the White House.

그가 차기 대통령이 되질 말란 법은 없단 생각은 했지만 실제로 되다니 도저히 믿기지 않아.

Could you **possibly** help me with this?

혹시 이것 좀 도와주실 수 있으세요?

Answers   1 possible   2 probable   3 probably

Questions

흠을 잡기는 쉽지만 그보다 잘하기는 어려울지도 몰라.
It is easy to find a fault, but it maybe/may be[1] difficult to do better.

오늘 수업 취소될지도 모른대.
Maybe/May be[2] class will be cancelled today.

'아마도, 어쩌면'이라는 뜻의 부사 maybe/perhaps는 서로 바꿔 써도 크게 문제될 건 없다. 그런데 '아마도'에 함축된 개연성의 범위를 어디까지로 봐야 할까. 구체적인 기준이 있을까. 같은 의미를 나타내는 부사 probably/possibly와는 어떻게 다른 걸까.

'아마도'는 거칠게 말하면 I think something is possible, but I am not certain. 가능성이 있다고 생각하지만 확신은 없다을 나타낸다. 굳이 확률을 따지자면 50% 이상의 높은 가능성을 의미하는 probable보다는 낮고, 0% 이상의 가능성을 의미하는 possible보다는 높은 것이 maybe/perhaps다. 범위를 구체적으로 더 좁히면 절반, 즉 50% 전후의 가능성을 의미한다.

미 중앙정보국 출신의 저명한 정보 분석가로 유명한 셔먼 켄트 전 예일대 교수가 제시한 가능성 척도를 참고해 보자. 그에 따르면 100%는 certain, 93%는 almost certain, 75%는 probable, 30%는 probably not, 7%는 almost certain not이다. 등급을 나누면 probable > maybe/perhaps > probably not으로 볼 수 있다. 가능성이 적은 것부터 큰 것까지 0%~100%로 나타내면 대략 다음과 같다.

certainly/definitely	100%
probably/likely	↓
maybe/perhaps	50%
probably not/unlikely	↓
possibly	0%

이처럼 50% 안팎의 가능성을 나타내는 말이 maybe/perhaps이지만 사실상 possibly와 비슷한 의미로 폭넓게 쓰이는 게 현실이다. 확실히 모르거나 단정하기 어려울 때 쓰기 때문이다.

Would you like to see a movie? 영화 보러 갈래?
- **Maybe** 극쎄 (본지 안 본지 잔 묘금/그 ㅏㅍ 인 ䷀ 누노 있음)
  Perhaps I'm wrong. 내가 틀린 걸 수도 있지. (틀린 건지 아닌지 확실히 모름)
  Maybe she will come. 그녀가 올 수도 있지. (올지 안 올지는 확실히 모름)

maybe/perhaps의 의미 차이가 없다면 쓰임새도 비슷한 걸까. 그렇진 않다. maybe가 구어체에 가깝다면 perhaps는 문어체에 가깝다는 게 가장 큰 차이다. 격식을 갖춰야 하는 상황이라면 maybe보다 perhaps가 적절하다.

That **perhaps** requires some explanation.
그 점에 대해서는 아마 해명이 필요할 겁니다.
Perhaps it was the most impressive thing any president has ever done.
그건 어쩌면 어떤 대통령도 보여주지 못한 매우 인상적인 행동일 것이다.
Urbanization is the natural, **perhaps** inevitable, result of industrialization.
도시화는 산업화에 따른 자연스러운, 어쩌면 불가피한 결과다.

또 maybe는 주로 문두에 위치하는 반면 perhaps는 비교적 위치가 자유롭다.

Maybe that's my fault. 그건 내 잘못일지도 몰라.
Maybe she will call you tomorrow. 그녀가 내일 전화할 수도 있어.
We will know the truth **perhaps** someday.
언젠간 진실을 알게 되겠지.
Let's meet in Tokyo, **perhaps** at the end of this month.
이달 말쯤 도쿄에서 봅시다.

문맥에 따라 maybe 대신 may be를 쓸 때도 있다. 이때 may be는 might be/could be라는 의미의 동사 표현이다.

> He **may be** a genius. (= He **could be** a genius./**Maybe** he is a genius.)
> 그 사람 천재일 수도 있어.
> **Maybe** she's right. (= She **could be** right./She **may be** right.)
> 그 여자 말이 맞을지도 몰라.

maybe는 부사, may be는 동사 표현이므로 혼동하지 않도록 주의해야 한다.

> I ~~maybe~~ late to the party.
> I **may be** late to the party.
> = I **could be** late to the party.
> = **Maybe** I'll be late to the party. 나 파티에 늦을지도 몰라.
>
> There ~~maybe~~ a strike next month.
> There **may be** a strike next month.
> = There **could be** a strike next month.
> = **Maybe** there will be a strike next month. 다음 달에 파업이 있을지도 몰라.
>
> She is ~~may be~~ thirty.
> She is **maybe** thirty.
> = She **could be** thirty.
> = **Maybe** she is thirty. 그 여자는 30세쯤 될 듯해.

한편 maybe는 perhaps와 달리 명사로도 쓰인다. 가령 a big maybe는 '성패를 예측하기가 매우 어려운 일'을 의미한다.

> The new iPhone's scanning technology is getting **a big maybe**.
> 새 아이폰의 스캐닝 기술에 대한 의구심이 커지고 있다.
> I'm tired of your ifs, buts, and **maybes**. It's time for action now.
> 네 핑계는 이제 지긋지긋해. 이제 실행할 때라고.

Answers 1 may be 2 Maybe

#27 likely와 probably는 닮은 듯 다르다

Questions

언제고 설득력 없는 가능성보다는 그럴듯한 불가능성이 낫다.
A possible/likely¹ impossibility is always preferable to an unconvincing possibility.

우주 여행이 가까운 미래에 현실로 다가올 가능성이 크다.
Space travel is probable/likely² to be a reality in the near future.

likely/probably는 사실상 같은 말이다. 영영 사전에도 likely = probably로 나와 있는 데다 미 법원에서 "probable과 likely는 동의어다 Probable and likely are synonyms."라고 유권 해석을 한 적이 있을 정도다. 그만큼 얼마든 바꿔 쓸 수 있다는 말이다. 확률로 따지면 두 단어 모두 50% 이상의 높은 가능성을 나타내며, may be/could be보다 가능성이 크다.

> Today is a result of yesterday. 오늘은 어제의 결과다.
> Today is **probably[likely]** a result of yesterday.
> 오늘은 어제의 결과일 가능성이 크다.
> Today **may[could]** be a result of yesterday.
> 오늘은 어제의 결과일 수도 있다. (그럴 수도 아닐 수도 있음).

특히 that절(목적어)이 가능성을 나타낼 경우 주절에 쓰인 likely/probable는 같은 의미를 나타낸다. 부사 probably도 두 단어와 의미가 같다. 반대말인 unlikely/improbable/improbably도 서로 의미가 비슷하다.

> It is **probable[likely]** that it will rain tomorrow.
> = It will **probably** rain tomorrow.

= There is **a good chance** that it will rain tomorrow.
내일 (십중팔구) 비가 올 것 같다.

It doesn't seem **probable** that Donald Trump will be America's next president.
= It seems **improbable** that Donald Trump will be America's next president.
= Donald Trump will **improbably** be America's next president.
= It doesn't seem **likely** that Donald Trump will be America's next president.
= It seems **unlikely** that Donald Trump will be America's next president.
= Donald Trump does**n't** have a good chance of being America's next president. 도널드 트럼프가 미국의 차기 대통령이 될 가능성은 크지 않아 보인다.

그렇다고 쓰임새까지 똑같은 건 아니다. likely는 부사/형용사로 쓰이지만 probably는 부사로만 쓰이고 형용사형 probable은 따로 있다는 점이 다르다.

Scientists say that climate change is the most ~~probably~~ cause of the disaster.
Scientists say that climate change is the most **likely** cause of the disaster.
= Scientists say that climate change is the most **probable** cause of the disaster. 과학자들은 지구온난화가 이번 재해의 가장 큰 원인일 수 있다고 말한다.

게다가 형용사 likely는 to부정사와 어울려 쓰여 '~할 가능성이 큰'이라는 의미를 나타내지만 probable은 그렇게 쓰일 수 없다.

The president is ~~probable~~ to agree.
The president is **likely to** agree.
= It is **likely** that the president will agree.
= The president has **a good chance** of agreeing.
대통령이 동의할 가능성이 큽니다.

「be동사+likely to부정사」 대신 「will likely + 동사원형」을 쓰기도 한다. 여기서 「be동사+ likely to부정사」의 likely는 형용사인 반면 「will likely+동사원형」

의 likely는 부사로 쓰였으며, will과 동사 사이에 위치한다고 해서 '중간 부사mid-position adverb'라고도 한다. 중간 부사는 특히 미국 영어에서 흔히 쓰인다.

> It will **likely** snow tonight.
> = It **is likely to** snow tonight.
> = It is **likely[probable]** that it will snow tonight.
> = It will **probably** snow tonight.
> = There is **a good chance** of snow tonight.
> 오늘밤엔 (십중팔구) 눈이 내릴 것 같다.

> The new law will **likely** benefit millions of workers.
> = The new law **is likely** to benefit millions of workers.
> = The new law will **probably** benefit millions of workers.
> = It is **likely** that the new law will benefit millions of workers.
> = The new law has **a good chance** of benefitting millions of workers.
> 새 법률로 인해 수백만 명의 근로자가 혜택을 입게 될 공산이 크다.

영국 영어에서는 likely 앞에 항상 very/quite/more/most 등 강조어qualifying word 가 있어야 한다는 규칙이 있다. 이 규칙을 중시하는 영국인이라면 It will likely snow.보다는 It will very likely snow.로, The new law will likely benefit millions of workers.보다는 The new law will quite[very/most] likely benefit millions of workers.로 쓸 것이다.

참고로 가짜 주어 it를 쓰고 to부정사 이하에 진짜 주어가 나오는 구문에서는 likely to를 쓸 수 없다.

> **It** is ~~likely[probable]~~ for me **to** get promoted next month.
> I am **likely** to get promoted next month.
> I will **likely** get promoted next month.
> 다음 달에 (십중팔구) 승진할 것 같아.

Answers   1 likely   2 likely

#28 might의 가능성은 may보다 적다

그는 인터뷰 당일에 일찍 도착할지도 모른다고 말했다.
He said he may/might[1] arrive early on the day of the interview.

경찰이 몇 시간 일찍 도착했더라면 훨씬 더 많은 사람을 구했을지도 모른다.
If the police had arrived a few hours earlier, much more lives may/might[2] have been saved.

may/might 둘 다 확실하지는 않지만 가능성이 있는 상황을 묘사할 때 쓰인다는 점에서 바꿔 써도 무방하다. 다만 might가 구어체에 더 가깝다.

It **may[might]** rain today.
= It is **possible** that it will rain today.
= It will **possibly** rain today.
오늘 비가 올지도 몰라. (올 수도 안 올 수도 있음)

I **may[might]** go the theater tonight.
= It is **possible** that I will go to the theater tonight.
= I will **possibly** go the theater tonight.
밤에 영화 보러 갈지도 몰라. (갈 수도 안 갈 수도 있다)

두 경우 모두 '그럴 가능성이 아예 없는 건 아닌 possible'이라는 의미이지만 가능성이 높은 것도 아니다. may/might는 probable/likely보다 가능성이 낮다.
엄밀하게 구분하긴 어렵지만 may/might를 비롯해 가능성을 의미하는 다양한 표현들의 '실현 가능성'을 대략 나타내면 다음과 같다.

I will **certainly do** it. 분명히 할 거야.   100%

I will **do** it. 할 거야(내가 하겠다는 생각이야).

I will **likely[probably] do** it. (십중팔구) 할 것 같아.

Maybe[Perhaps] I will **do** it. 아마도 할 것 같아. (두고 봐야 알겠지만)

I **may[might/could] do** it. 할지도 모르겠어.

I will **unlikely do** it. (십중팔구) 하지 않을 것 같아.

I will **possibly do** it. 할 수는 있겠지.   0%

certainly의 가능성이 100%에 가깝다면 possibly는 0% 이상, 즉 전적으로 불가능하진 않지만 가능성이 거의 없을 때 주로 쓰인다. 부사 maybe와 perhaps, 조동사 may와 might의 어감도 크게 다르지 않아 원어민 역시 Maybe[Perhaps] I will do it.과 I may[might/could] do it.를 혼용하기도 한다.

그럼 may/might는 의미나 쓰임새에 전혀 차이가 없는 걸까. 대다수 문법서는 may가 비교적 가능성이 더 높은 상황에서 쓰인다고 설명하고 있지만 그 차이가 미묘해 문맥이나 상황을 잘 살펴봐야 한다.

He **may** arrive tomorrow.

= He **might** arrive tomorrow.

그 사람 내일 도착할지도 몰라.

I **may** travel around the world someday.

= I **might** travel around the world someday.

언젠가 세계 일주를 할 수도 있겠지.

이처럼 둘 다 어떤 일이 일어날 가능성이 아예 없진 않다는 뜻을 나타내고 may/might의 어감 차이가 뚜렷하진 않아 실제로는 두 단어를 바꿔 써도 상관없는 경우가 대부분이다.

might가 may의 과거형이므로 과거 시점이라면 might를, 현재 시점이라면 may를 써야 한다는 규칙도 사실 해묵은 문법이다. 이 역시 경계가 분명하지 않아 거의 같은 의미로 쓰인다.

> He **may** think I am foolish.
> = He **might** think I am foolish.
> 그가 날 바보라고 생각할지도 몰라. (현재시제)
>
> He **might have** thought I was foolish.
> = He **may have** thought I was foolish.
> 그가 날 바보라고 생각했을지도 몰라. (과거시제)

한편 may는 '~해도 괜찮다'라는 의미의 '허락'을 나타낼 때도 쓰지만 점차 빈도가 줄어드는 추세다. can으로 대체할 수 있기 때문이다.

> You **may** go now.
> = You **can** go now. 이젠 가도 좋아.

위 맥락에서 may를 쓰면 오히려 의미가 불분명해질 수 있으니 유의해야 한다. '가능성'을 뜻하는지 '허가'를 뜻하는지 모호하기 때문이다. 모호함을 피하고 싶다면 의미를 분명하게 전달하는 동사를 쓰는 게 낫다.

> I **may** go to the party.
> = I **might** go to the party. 나 파티에 갈지도 몰라. (막연한 가능성)
> = I **am allowed to** go the party. 나 파티에 가도 돼. (부모님이 허락하셨어)

다만 간접화법에서는 주절의 시제에 따라 might를 써야 할 때도 있다.

> He said, "I **may** go to the party."
> = He said he **might** go to the party.
> 그는 파티에 갈지도 모른다고 말했다.

이처럼 may/might는 결정적인 차이가 없긴 하지만 '실현 가능성이 있었던 일을 사후에 언급할 때'는 의미가 달라진다. '실현 가능성은 있었지만 실제로는 일어나지 않은 일'을 나타낼 때는 might를 쓰고, '실현 가능성이 있었지만 결과는 알 수 없는 일'을 가리킬 때는 둘 다 쓸 수 있다.

I think what you said **might[may] have** offended her.
네가 한 말 때문에 그녀가 기분이 상했을지도 몰라. (실제로 기분이 상했는지 아닌지는 알 수 없음)

We haven't heard from him for months. He **may[might] have** moved to another country.
그 친구 몇 달째 소식이 없어. 외국으로 떠난 건 아닌지 모르겠네. (실제로 이민을 갔는지 알 수 없음)

두 문장 모두 실현 가능한 일이었지만 실제로 일어났는지는 알 수 없는 상황을 나타낸다. 이처럼 실현 가능성이 있긴 했지만 결과를 알 수 없을 때는 may have/ might have 모두 쓸 수 있다.

그런데 '실현 가능성이 있었지만 결국 일어나지 않은 일something that could have happened but did not', 즉 가능성이 있었지만 결국 실현되지 않은 상황counterfactuals을 사후에 묘사할 때는 might have를 쓰는 게 일반적이다.

He ~~may~~ have kept his job if he had worked hard enough.
He **might have** kept his job if he had worked hard enough.
그가 열심히 일했더라면 계속 그 직장에 다녔을지도 몰라.

We ~~may~~ have been much more successful if we had started this a few years earlier.
We **might have** been much more successful if we had started this a few years earlier.
이 일을 몇 년 더 일찍 시작했더라면 더 크게 성공했을지도 모르지.

위의 두 예문 모두 결국 그러지 못했다는 사실을 암시한다. 이처럼 실현되지 않은 일을 사후에 가정해 보며 과거에 일어날 뻔했던 일을 나타낼 때는 might have 를 쓴다.

이처럼 특정 상황을 가정하는 경우 might/may의 차이가 더 분명히 드러난다.

I **might have** thought about quitting my job.
(= I did not think about quitting my job because I was happy there.)
회사를 관두려고 했을지도 모르죠. (회사에 불만이 있었으면 그만둘 생각을 했겠지만 실제로는 회사에 만족해 그런 생각은 하지 않았다)

I **may have** thought about quitting my job.
(= I don't remember thinking about quitting my job.)
회사를 관두려고 했을지도 모르죠. (실제로 그런 생각을 했을지는 잘 모르겠다)

우리말만 봐서는 쉽게 구별되진 않지만 정확히 말하면 might have는 '회사 생활이 즐겁지 않았다면 그만둘 생각을 해봤을 수도 있다'는 사후 가정적인 어감을 나타내고, may have는 '잘 기억이 나지 않는데, 그런 생각을 했을 수도 아닐 수도 있다'는 의미를 강조한다는 점이 다르다.

Answers 1 might 2 might

Questions

갈 수 있다면 갈 거예요.
I would be there if I can/could¹.

그 친구 무려 5개 국어를 구사한다고 말하더군.
He says he can/could² speak as many as five languages.

would가 조동사 will의 과거형 이상의 의미를 나타내듯 could도 조동사 can의 과거형에 불과한 것은 아니다. Cambridge Dictionary에 따르면 원래 can은 be able to do something 어떤 일을 할 수 있다라는 뜻이다.

> I can do it. = I am able to do it.
> 그거 할 수 있어요. (할 능력이 있다)
> He can speak English. = He is able to speak English.
> 그 사람은 영어 할 줄 알아. (영어를 구사할 능력이 있다)

그런데 같은 사전에 따르면 could는 talk about what is possible or might happen 일어날 가능성이 있는 일을 나타낼 때에 해당하는 경우에 쓰인다. can이 '능력ability'을 나타내고 could는 '가능한 것possibility'을 나타낸다면 결국 같은 의미로 볼 수 있다. '할 수 있다'는 건 곧 '가능하다'는 뜻이기 때문이다.

핵심은 can이 의미하는 '능력'과 '가능성'이다. can은 '현재 시점에서 일반적으로 가능하다'는 뜻을 나타내지만 could는 그렇지 않다는 말이다. 가령 He can speak English.는 '현 시점에 영어를 구사하는 능력을 갖추고 있기 때문에 영어를 할 줄 안다'는 일반적인 의미를 나타낸다. He is able to speak English.와 의미가 똑같은 셈이다.

그런데 문맥이 바뀌면 can을 쓸 수 없다. 가령 과거에 불가능했던 일을 나타낸 다면 couldn't를 써야 한다.

> He ~~can't~~ speak English when he was a little kid.
> He **couldn't** speak English when he was a little kid.
> = He **was not able to** speak when he was a little kid.
> 그는 어렸을 땐 영어를 못했다. (나이가 어려 배울 기회가 없었기 때문에 영어를 할 줄 몰랐다)

그런데 다음 상황에서는 could를 쓸 수 없다.

> He **was able to** speak English after he learned English in school.
> = He **managed to** speak English after he learned English in school.
> 그 사람은 학교에서 영어를 배워 영어를 할 수 있게 됐다.

과거에 '일반적으로 가능했던' 일을 나타낸다면 can의 과거형인 could를 쓰지만, 불가능했던 일이 가능해진 것처럼 '특수하고 구체적인 상황'에서는 could를 쓰지 않는다.

> He ~~could~~ speak English after he learned English in school.
> 그 사람은 학교에서 영어를 배워 영어를 할 수 있게 됐다.
> (과거에는 그렇지 않았는데 학교에서 배운 다음부터 영어 구사 능력을 갖추게 됐다)
> He **could** speak English when he was a little kid.
> 그는 어렸을 때부터 영어를 할 줄 알았다.
> (영어 구사 능력을 이미 갖춰서 과거에도 일반적으로 가능한 일이었다)

would가 '과거에 반복적으로 일어난 일이나 습관적인 행동'을 나타낼 때 쓰는 것처럼 could 역시 '과거에 일상적으로 가능했던 일'을 나타낸다. 따라서 '특수한 사건을 구체적으로' 나타낼 때 could를 쓰면 어색하다.

> I ~~could~~ get to the office on time this morning.
> I **was able to** get to the office on time this morning.
> 오늘 아침에는 제 시간에 출근할 수 있었어.

He ~~could~~ leave for Shanghai as planned because the weather was so nice.
He **was able to** leave for Shanghai as planned because the weather was so nice.
날씨가 좋아서 그는 예정대로 상하이로 떠날 수 있었어.

~~Could~~ you get in touch with John yesterday?
Were you **able to** get in touch with John yesterday?
어제 존하고 연락됐니?

We ~~could~~ get the tickets for Queen's concert next week.
We **were able to** get the tickets for Queen's concert next week.
우린 다음 주에 있을 퀸 공연표를 구할 수 있었어.

영어를 학교에서 배워 현재 영어를 할 줄 안다면 현 시점에서는 영어를 말하는 게 더 이상 특이하지 않은 '일반적인' 일이 됐으므로 can을 쓰는 게 맞다.

He **can** speak English.
= Now he **can** speak English.
= He **is** now **able to** speak English.

반대로 '미래에 가능한 일', 즉 앞으로 학교에서 배우게 되면 영어를 할 수 있게 될 것이라는 의미를 나타낼 때는 can을 쓸 수 없고 be able to를 쓴다.

He ~~can~~ speak English if he learns English in school.
He **will be able to** speak English if he learns English in school.

can이 may와 유사하게 현 시점에서 '허락'하는 뜻을 지닌다는 네노 유의한다.

You **can** speak in English if you want.
영어로 말하고 싶으면 그렇게 해도 돼요.

can/could는 '가능성을 나타내는 정도'의 차이가 크지는 않지만 can이 could보다 상대적으로 가능성이 크거나 더 강한 확신을 뜻한다. 따라서 could를 쓰면 공손하거나 신중한 표현이 된다.

> I **can** do it. 난 할 수 있어. (할 수 있다는 자신이 있다)
> I **could** do it. 할 수도 있겠지. (할 수도 있지만 확실히는 모르겠다)
>
> You **can** do better than that. 너 그거밖에 못하는 사람이 아니잖아.
> (만족스럽지 않다)
> You **could** do better than that. 그보다는 잘 할 수 있을 거예요.
> (기분 상하지 않게 배려하는 표현)
>
> What you said **can** be true.
> 그 말이 사실일 수도 있어. (사실일 가능성이 있다고 본다)
> What you said **could** be true.
> 그 말이 사실일지도 모르죠. (사실인지 아닌지 잘 모르겠다)

한편 can 대신 항상 be able to을 쓸 수 있는 건 아니다. I am able to speak English.는 I can speak English.와 비슷하긴 해도 똑같지는 않다. be able to가 문어체에, can이 구어체에 가깝기도 하지만 무엇보다 기능이 다르기 때문이다. 즉 조동사 can은 과거 시제로만 같은 의미를 나타낼 수 있지만 be able to는 다양한 표현과 바꿔 쓸 수 있다.

> She **could** speak three languages. 그녀는 3개 국어를 했다.
> She **can** speak three languages. 그녀는 3개 국어를 한다.
>
> She **was able to** speak three languages.
> 그녀는 3개 국어를 했다.
> She **is able to** speak three languages.
> 그녀는 3개 국어를 한다.
> She **will be able to** speak three languages.
> 그녀는 3개 국어를 하게 될 것이다.
> She **wants to be able to** speak three languages.
> 그녀는 3개 국어를 하고 싶어 한다.
> She **has been able to** speak three languages for about ten years.
> 그녀는 3개 국어를 한 지 10년쯤 된다.

과거에 일어날 수도 있었지만 결국 실현되지 않은 일을 가정할 때는 could have 를 쓴다. 가능성이나 능력은 있었지만 군이 애쓰지 않았다는 점을 암시하거나 실현되지 못한 일에 대해 후회하거나 비난할 때도 이 가정법을 쓴다.

We **could have** won the competition if we had worked together more closely.
우리가 좀 더 긴밀히 협력했더라면 이번 경기에서 이겼을 텐데. (결국 졌다)

They **could have** taken a taxi instead of getting wet while waiting for the bus.
택시를 잡았으면 버스를 기다리느라 비를 홀딱 맞지 않았을 텐데. (결국 택시를 못 탔다)

You **could have** quit your job if you had won the lottery.
네가 복권에 당첨됐으면 회사를 그만뒀을 텐데. (계속 회사를 다니고 있다)

I know he **couldn't have** done any better.
걔가 최고의 기량을 발휘할 줄 알았어. (결국 잘 해 냈다)

You **could have** done better than that.
너 그것보다 잘 할 수 있었잖아. (그 정도밖에 못 하니?)

Answers 1 could 2 can

#30 기회 opportunity와 확률 chance은 다르다

Questions

살다 보면 늘 또 다른 기회가 찾아와. 그게 바로 '내일'이지.
Life always offers a second chance/opportunity[1]. It's called tomorrow.

행운이란 운뿐만 아니라 기회를 만들어 낸다는 의미이기도 하다.
Luck is not only about chance/opportunity[2]. It's also about creating the chance/opportunity[3].

우리말에 '무엇을 하기에 시기 등이 더할 수 없이 좋음'이라는 의미의 '절호의 기회'라는 표현이 있다. 같은 의미를 '절호의 찬스'라고 표현하는 경우도 흔하다. 국립국어원에 따르면 '기회'는 '찬스'를 다듬은 말이다. 하지만 영어에서 기회 opportunity와 찬스 chance의 관계는 생각만큼 가깝지 않다.

opportunity/chance 관계를 살펴보려면 먼저 possible/probable를 되짚어 볼 필요가 있다. 앞서 살펴봤듯 possible은 '가능성이 0%는 아니다', 즉 0% ~100%의 가능성이 사실상 possible의 범주에 전부 해당된다는 말이다. 얼핏 말장난 같지만 전문가들에 따르면 possible은 0과 1만 존재하는 이진법적 binary 개념이다. 전등은 켜져 있거나 꺼져 있는 상태만 가능하듯 possible도 '가능한 것'과 '불가능한 것'만 존재한다.

반면 probable은 '가능하다는 것을 전제로 할 때의 실질적인 가능성', 즉 실현 가능성을 나타낸다는 점에서 다르며 같은 이유로 likely와 유사하다. probable과 likely는 결국 '가능성이 크다'라는 뜻이니 우리말로는 '십중팔구(거의 틀림없는)' 정도가 어울린다.

All things that are **probable** are **possible**, but not all things that are **possible** are **probable**.
= Anything that is **probable** is **possible**, but not everything that is **possible** is **probable**.
십중팔구 가능한 일은 실현 가능한 일이지만 가능한 일이 전부 틀림없이 가능한 일은 아니다.

집합으로 치면 probable이 possible의 부분 집합이다. opportunity와 chance 의 관계도 마찬가지다. chance는 opportunity의 뜻을 비롯한 다양한 의미를 나타낸다.

Cambridge Dictionary에 따르면 chance는 the level of possibility that something will happen 어떤 일이 일어날 가능성의 정도을 나타내는 가장 일반적인 뜻뿐만 아니라 an occasion that allows something to be done 어떤 일을 일어나게 하는 상황 이라는 뜻도 있다. 반면 opportunity는 Longman Dictionary에 따르면 a chance to do something when it is easy for you to do something 어떤 일을 쉽게 성취할 수 있는 가능성이라는 뜻이라 어찌 보면 '기회'라는 의미와 어느 정도 겹친다. 이때는 chance의 동의어로 볼 만하다.

He had a good **chance** to start a new life.
He had a good **opportunity** to start a new life.
그는 새 출발하기에 좋은 기회를 얻었다.

It offered him a **chance** to show his true ability.
It offered him an **opportunity** to show his true ability.
그것이 그에게는 진정한 능력을 보여 줄 기회였다.

You just missed a once-in-a-lifetime **chance**.
You just missed a once-in-a-lifetime **opportunity**.
넌 일생일대의 기회를 방금 놓친 거야.

그런데 opportunity 대신 chance를 쓸 수 없는 경우도 많다. opportunity가 a chance to get a job 일자리를 얻을 수 있는 기회이라는 의미를 나타낼 때가 그렇다.

The Nobel prize-winning economist claimed America is no longer the land of ~~chance~~.

The Nobel prize-winning economist claimed America is no longer the land of **opportunity**.

노벨상을 수상한 바 있는 그 경제학자는 미국이 더 이상 기회의 땅이 아니라고 주장했다.

It is expected that there will be fewer job ~~chances~~ for new college graduates next year.

It is expected that there will be fewer job **opportunities** for new college graduates next year.

내년에는 대졸자의 일자리가 줄어들 것으로 전망된다.

The president-elect pledged to create more employment ~~chances~~ for American workers, not foreign nationals.

The president-elect pledged to create more employment **opportunities** for American workers, not foreign nationals.

대통령 당선인은 외국인이 아니라 자국민 근로자를 위해 일자리를 더 늘리겠다고 약속했다.

물론 가능성의 정도, 즉 '확률'을 나타낼 때는 chance를 쓴다. 이 경우 opportunity 와 바꿔 쓸 수 없다.

There is a high ~~opportunity~~ of rain tonight.

There is a high **chance** of rain tonight.

(= Rain is likely tonight./It is likely that it will rain tonight.)

오늘밤에 비가 내릴 가능성이 커.

He has a good ~~opportunity~~ of winning first place.

He has a good **chance** of winning first place.

(= There is a good chance that he will win first place./He will likely win first place.) 그 사람이 우승을 차지할 가능성이 커.

~~Opportunities~~ are slim that she will get promoted.

Chances are slim that she will get promoted.

(= She is unlikely to get promoted.) 그 여자가 승진할 가능성은 희박해.

Cambridge Dictionary에 따르면 chance는 a possibility that something negative will happen 어떤 나쁜 일이 벌어질 가능성, 즉 '위험 risk'이라는 뜻을 나타내기도 한다. 희망적이고 긍정적인 의미의 opportunity와는 어감이 사뭇 다르다.

There is always an ~~opportunity~~ of injury when playing sports.
There is always a **chance** of injury when playing sports.
스포츠 경기를 하다 보면 늘 부상의 위험이 따른다.

He decided to take an ~~opportunity~~ after being told it was not risky.
He decided to take a **chance** after being told it was not risky.
위험하지 않다는 말에 그는 모험을 감행하기로 했다.

게다가 the force that causes things to happen without any known cause 알 수 없는 이유로 어떤 일이 실현되게 해 주는 힘, 즉 '운명의 힘, 우연'이라는 뜻도 있다.

I got the new job by ~~opportunity~~.
I got the new job by **chance**.
우연찮게 새 일을 구했어.

He will not do it because he hates to leave anything to ~~opportunity~~.
He will not do it because he hates to leave anything to **chance**.
그는 절대 운에 맡기지 않는 사람이라 하지 않을 거야.

Are you from Mexico by any ~~opportunity~~?
Are you from Mexico by any **chance**?
혹시 멕시코 분이세요?

Answers 1 chance 2 chance 3 opportunity

#31 say는 말하는 내용이 중요하고 tell은 듣는 사람이 중요하다

Questions

생각나는 건 하나도 빼놓지 않고 죄다 경찰에 알렸어.
I said/told[1] the police every single detail I could think of.

말은 하는 게 중요한 게 아니라 어떻게 말하느냐가 중요하다.
It's not what you said/told[2]. It's how you said/told[3] it.

say/tell은 둘 다 '말하다'라는 의미를 나타내고 목적어가 필요한 타동사라는 점에서 바꿔 쓰는 경우가 많다. 하지만 두 단어는 생각보다 용법이 크게 다르다.

Longman Dictionary에 따르면 say는 express an idea, feeling, thought etc. using words 생각, 감정, 사상 등을 말로 표현하다라는 뜻이고, tell은 Cambridge Dictionary에 따르면 say something to someone, often giving them information or instructions 누군가에게 정보를 제공하거나 설명하면서 무언가를 말하다라는 의미다.

가장 두드러진 차이는 say가 '말을 듣는 대상'을 명시하지 않지만 tell은 그 반대라는 점이다. 가령 '말해 봐'는 다음과 같이 표현한다.

> ~~Tell~~ it.
> **Say** it.

타동사가 직접 목적어를 취하고 있으므로 문법상 문제는 없다. 그런데 say는 말을 듣는 대상인 간접 목적어 someone는 생략하더라도 말하는 내용에 해당하는 직접 목적어 something는 반드시 나와야 한다. 반면 tell은 직접 목적어는 생략하더라도 간접 목적어는 반드시 나와야 한다.

동사 + 직접 목적어 + to + 간접 목적어
Tell it to me.

따라서 말하는 내용인 직접 목적어(it)를 빼고 말을 듣는 대상인 간접 목적어
(me)만 나타낼 경우 Tell me.라고 쓰며 Say to me.라고 하면 틀린 표현이 된다.

동사 + to + 간접 목적어
~~Say~~ to me.

동사 + 간접 목적어
Tell me.

동사 + 직접 목적어 + to + 간접 목적어
Say it to me.

say/tell의 문장 구조를 정리하면 이렇다.

say + something (+ to someone)
I didn't **say anything** to anyone.
아무한테도 말 안 했어.

tell + someone (+ something)
I didn't **tell anyone** anything.

가령 say/tell을 써서 '그곳에서 일어난 일을 경찰에 말했다(알렸다)'를 영어로 나
타낼 경우 떠올릴 만한 표현은 다음과 같다.

1 I **told** the police what happened there.
2 I **told** the police about what happened there.
3 I **told** what happened there to the police.
4 I **said** what happened there to the police.
5 I **said** about what happened there to the police.
6 I **said** to the police what happened there.
7 I **said** to the police about what happened there.

우선 say에 필수적인 직접 목적어(something = what happened there)와 tell에
필수적인 간접 목적어(someone = the police)를 구분해 보자.

1 I told + **the police** + what happened there.
2 I told + **the police** + about what happened there.
3 I told + what happened there + **to the police**.

4 I said + **what happened there** + to the police.
5 I said + **about what happened there** + to the police.
6 I said + to the police + **what happened there**.
7 I said + to the police + **about what happened there**.

그런데 2, 5, 7의 직접 목적어 앞에 about을 쓴 이유는 뭘까.

He told me **something**.
내게 무언가를 말했다.
He told me **about something**.
그가 내게 무언가에 대해 말했다.

tell something은 직접, 또는 있는 그대로 전부 말했다는 의미다. 반면 about은 '대략적, 부분적'이라는 의미를 암시한다. 자세한 내용 없이 거론만 하더라도 about을 쓸 수 있다. say는 다르다.

He said ~~about~~ something.
He said **something**.
무언가를 말했다.

say는 직접 목적어가 필수이므로 앞에 전치사 about은 쓸 수 없다. 게다가 tell은 '정보를 전달하다inform'라는 뜻이 담긴 반면, say는 남의 말을 그대로 인용할 때 쓰이는 데서도 볼 수 있듯 '있는 그대로 말을 내뱉다utter'라는 뜻을 나타낸다. say가 '대략, 부분'의 의미가 담긴 about과 어울리지 않는 이유다. 또한 직접 인용하는 말, 즉 He said to me "Something about what happened there…"로 오해할 수도 있다.

He said to me ~~something~~.
He said to me ~~something about~~ what happened there.
He said **something** to me.

반대로 tell은 간접 목적어(말을 듣는 상대방)가 없으면 어색하다.

> He told ~~something~~.
> He told ~~about something~~.

따라서 올바른 문장은 1, 2, 4이다. 즉 say가 직접 목적어 _{what happened there}를, tell이 간접 목적어 _{the police}를 필수로 동반한 문장들이다.

> ₁ I told + **the police** + what happened there.
> ₂ I told + **the police** + about what happened there
> ₃ I told + what happened there + to **the police**. (?)
> ₄ I said + **what happened there** + to the police.
> ₅ I said + ~~about~~ what happened there + to the police.
> ₆ I said + to the police + **what happened there**. (?)
> ₇ I said + to the police + ~~about~~ what happened there.

3, 6은 문법상 틀린 문장은 아니지만 바람직하지 않다. 3은 필수 간접 목적어보다 긴 직접 목적어가 앞서는 구조이므로 1에 비해 자연스러운 표현이라고 보기 어렵다. 6은 say의 필수 직접 목적어가 아닌 간접 목적어를 앞세운 구조가 어색해 보인다. 말로 옮길 때 상대방이 I said to the police, "What happened…"로 잘못 이해할 수도 있기 때문이다.

I said what happened there/I said something about what happened there는 문제가 없지만 say 뒤에 about을 쓴 5도 I said, "About what happened…"으로 오해할 여지가 있다. 7 역시 say 뒤에 간접 목적어가 나와 어색한 데다 I said to the police, "About what happened…"로 잘못 알아들 수 있다.

한편 tell이 to부정사와 어울려 쓰이면 상대방에게 '지시·명령·요구'하는 뉘앙스가 된다.

> The police officer ~~said~~ us **to** go home.
> The police officer **told** us **to** go home.
> 경찰관이 우리한테 귀가하라고 했어.

> The teacher ~~said~~ the class **to** remain calm.

The teacher **told** the class **to** remain calm.
교사가 학생들에게 정숙하라고 했다.

다음은 tell과 say의 미묘한 차이를 잘 드러낸다.

He is **told** to be serious. (= People **tell** him to be serious.)
그 친구는 진지하라는 얘기를 듣는다. (진지하지 못하다는 지적을 들었다).
He is **said** to be serious. (= People **say** he is serious.)
그 친구는 진지한 인물로 알려져 있다. (진지한 성격이라고 한다)

참고로 이 같은 규칙이 적용되지 않는 관용어는 따로 의미를 알아두어야 한다.

I ~~said~~ the truth to you.
I **told** you the truth.
사실대로 말한 거예요.

You're not supposed to ~~say~~ a lie.
You're not supposed to **tell** a lie.
거짓말을 해선 안 돼.

He's good at **telling[saying] jokes**.
그 친구는 농담을 잘 해.

Let me ~~say a story~~ to you about how he fell in love.
Let me **tell** you **a story** about how he fell in love.
그 친구가 어쩌다 사랑에 빠지게 됐는지 말해 줄게.

Kids ~~say~~ it like it is.
Kids **tell** it like it is.
아이들은 있는 그대로 말한다.

It goes without ~~telling~~.
It goes without **saying**.
그건 두말할 필요도 없지.

Easier ~~told~~ than done.

Easier **said** than done.

말하기는 쉽지만 행하기는 어렵다.

Why don't you ~~tell~~ hello to my friend?

Why don't you **say hello** to my friend?

내 친구랑 서로 인사 나누지 그래?

There was no time to ~~tell~~ goodbye to them.

There was no time to **say goodbye** to them.

그 사람들한테 작별 인사를 할 시간이 없었어.

Answers   1 told   2 said   3 said

#32 speak는 일방향이고 talk는 쌍방향이다

Questions

솔직히 말하면 네가 무슨 말을 하는지 도통 모르겠어.
Frankly speaking, I really don't know what you're speaking/talking[1] about.

인공지능 기술 최근 동향에 대한 교수님의 강연이 있겠습니다.
The professor will speak/talk[2] to us on recent developments in artificial intelligence.

speak/talk도 '말하다'는 의미로 쓰이는 대표적인 동사로, 대체로 바꿔 써도 무방하다.

> Did you **talk[speak]** to him about what I said yesterday?
> 어제 내가 한 말 그 사람한테 했어?
> I was **speaking[talking]** with my boss when you called me this morning.
> 아침에 네 전화 받았을 때 상사랑 얘기 중이었어.

Cambridge Dictionary에 따르면 speak는 say words 말을 하다, give a formal talk to a group of people 일단의 사람들 앞에서 공식적인 이야기를 하다, be able to talk in a language 언어를 구사할 줄 알다 등을 뜻한다. talk는 Macmillan Dictionary에 따르면 have a conversation with other people 다른 사람들과 대화를 나누다라는 의미다.

뜻풀이에서 알 수 있는 speak는 청중을 상대로 공식적인 자리에서 말할 때, talk는 다른 사람과 대화를 나눌 때 쓰인다는 점이 다르다. speak가 한 사람의 일방향적인 말 monologue을 나타낸다면 talk는 상대방과 주고받는 쌍방향적인 말 dialogue에 가까운 셈이다.

The president is ~~talking~~ before Congress.
The president is **speaking** before Congress.
대통령이 의회에서 연설을 하고 있다.

We stayed up all night ~~speaking~~ about these and other things.
We stayed up all night **talking** about these and other things.
우린 이런저런 얘기를 나누면서 밤을 지새웠어.

The students stopped ~~speaking~~ as the principal began to ~~talk~~.
The students stopped **talking** as the principal began to **speak**.
교장 선생님이 연설을 시작하자 학생들이 잡담을 멈췄다.

이에 빌해 talk는 상대방과 일상적인 주제로 대화를 나누는 구어 상황에서 흔히 쓰는 데 반해 speak는 청중 앞에서 연설을 하거나 중요한 화제를 두고 진지하게 이야기를 나누는 상황을 나타낼 때 쓴다. 사적인 자리에서는 상대방과 허물 없이 말을 주고받지만 공식적인 자리에서는 윗사람이 아랫사람에게 일방적으로 말하는 경우를 떠올리면 이해하기 쉽다.

He wants to **talk to** you.
그 친구가 너랑 얘기 좀 하재. (개인적인 대화)
The new manager wants to **speak to** you.
신임 상사가 할 말이 있다고 하시네요. (공식적인 대화)

speak가 '언어를 구사할 줄 알다'는 뜻으로 쓰일 경우, 같은 의미를 나타내는 다른 표현으로 풀어 써도 무방하다.

He **speaks** Japanese fluently.
= He's a fluent **speaker** of Japanese.
= He's a fluent Japanese **speaker**. 그 사람은 일어에 능통하다.

She's a native English **speaker**.
= She's a native **speaker** of English.
= She's a native English-**speaking** person. 그 여자는 영어가 모국어다.

'언어를 구사한다'고 표현할 경우 일상생활에서는 speak 대신 talk를 쓰는 원어민도 있긴 하지만 표준 영어는 아니다.

> He ~~talks~~ fluent Japanese.
> He **speaks** fluent Japanese.
> 그녀는 일본어를 유창하게 한다.
>
> She can ~~talk~~ three languages very well.
> She can **speak** three languages very well.
> 그 여자는 3개 국어를 능숙하게 구사한다.

참고로 truth/lie 등은 tell과 어울려 쓰인다.

> I know what's going on here. Why don't you ~~speak~~ the truth?
> I know what's going on here. Why don't you ~~talk~~ the truth?
> I know what's going on here. Why don't **tell the truth**?
> 돌아가는 사정은 나도 알아. 다 터놓지그래?
>
> I know you ~~speak~~ me a lie.
> I know you ~~talked~~ me a lie.
> I know you **told** me a lie.
> 네가 거짓말한 거 알아.

Answers　1 talking　2 speak

#33 speak to는 speak with보다 일방적이다

네가 연루된 사고 관련해서 사장님이 보자고 하셔.
The boss wants to speak with/to[1] you about the accident you were involved in.

네가 어제 제기한 문제를 두고 토론 중이었어.
We were speaking of/about[2] the issue you raised yesterday.

---

　speak/talk는 몇 가지 쓰임새를 제외하면 큰 의미 차이가 없다. 그럼 speak to/ speak with는 어떨까. 역시 큰 의미 차이는 없지만 speak to가 speak with보다 더 일상적으로 쓰이는 표현이라 할 수 있다. 굳이 speak with를 써야 할 이유가 없 다면 speak to를 사용하면 된다는 말이다.

　사실 함축적인 의미 connotation가 미묘하게 다르긴 하다. speak to는 일방적 인 대화 monologue, one-way communication에, speak with는 쌍방향적인 대화 dialogue, conversation를 나타낸다는 점이 그렇다.

> The president is **speaking to** the nation.
> 대통령이 대국민 연설을 하고 있다.

　불특정 다수의 국민을 상대로 일방적으로 이야기하는 상황이라면 speak to가 훨씬 자연스럽다. 일방적이라는 건 '수직적'이라는 뜻이기도 하다. 가령 윗사람이 아랫사람에게 말하는 경우라면 speak to로 표현한다. 한쪽이 일방적으로 말하는 상황일 가능성이 크기 때문이다.

　speak to 대신 speak with를 써도 크게 문제될 건 없다. 일방적인 말이 기대 되는 상황이라 하더라도 쌍방향적인 대화나 수평적인 대화를 나눌 여지가 있다면

speak with를 쓸 수 있다. 윗사람이 아랫사람에게 말하는 경우라면 일반적으로 speak to를 쓰긴 하지만 상대방의 말을 경청하려는 의도가 있다면 speak with를 써도 된다는 말이다.

A lecturer **speaks to** an audience.
A lecturer **speaks with** an audience.
강연자가 청중과 담화를 나눈다.

A parent **speaks to** a child.
A parent **speaks with** a child.
부모가 아이와 얘기한다.

A teacher **speaks to** a student.
A teacher **speaks with** a student.
교사가 학생과 대화한다.

쉽게 말해 speak with가 speak to보다 부드럽고 점잖은 표현이라고 보면 된다. 구어에서는 speak와 의미가 비슷한 talk을 쓴다. 따라서 speak to/speak with는 각각 talk to/talk with로 바꿔 쓸 수 있다.

한편 speak/speak of/speak about의 의미상 차이와 쓰임새도 살펴볼 필요가 있다.

Would you **speak** the word "apple"?
= Would you say the word "apple"?
'애플'이라고 (직접) 발음해 주시겠습니까?

Speaking of apple, I'd like some apples.
사과 얘기하니까 사과를 좀 먹고 싶군요.
Speaking of Apple, I want to switch from Android to Apple.
애플 얘기를 꺼내니 말인데 안드로이드폰을 애플폰으로 바꾸고 싶어.

We were **speaking about** Apple's new iPhone X.
= We were talking about Apple's new iPhone X.
애플이 새로 출시한 iPhone X에 대해 얘기 중이었어.

전치사 of와 about은 쓰임새가 다양한 만큼 단적으로 구분하기는 어렵다. 그렇다고 해서 일관된 경향이 없는 건 아니다. 쉽게 말해 of는 구체적, 단편적, 제한적, 단기적, 일회적인 개념을 나타내는 반면, about은 일반적, 보편적, 장기적, 반복적, 지속적인 개념을 나타낸다.

speak가 직접적으로 목적어에 해당하는 단어를 '내뱉는다'는 개념이라면, speak about은 '무언가에 대해 전반적으로 이야기를 하다'라는 뜻이다. 이 둘의 중간쯤에 해당하는 speak of는 대상을 구체적으로 지칭하는 경우에 쓰이긴 하지만 speak about과 뚜렷하게 구분되는 건 아니다. 군이 구분하자면 speak of는 '말을 꺼낸다'라는 의미의 단편적이고 일회적인 개념이고, speak about은 꺼낸 말을 본격적으로, 지속적으로 이어간다는 의미의 반복적인 개념이라 할 수 있다.

> He avoided **speaking about** politics during the talk.
> 그는 대담 중에 정치에 관한 이야기는 회피했다.
> He avoided **speaking of** politics during the talk.
> 그는 대담 중에 정치 이야기를 꺼내는 일은 피했다.

첫 번째는 '정치에 관한 대화를 나누지 않았다'는 뜻이라면 두 번째는 '정치라는 화제를 입밖에 내지 않았다'는 의미로, 미묘한 뉘앙스 차이가 있다.

> **Speaking of** politics, I love **speaking about** politics.
> 정치 얘기가 나와서 말인데, 난 정치를 주제로 대화하는 걸 즐겨.

위 표현들은 어떤 대상에 대해 얼마나 구체적으로 이야기하느냐에 따라 다음처럼 구분할 수 있다.

구체적 < **speak** apple < **speak of** apple < **speak about** apple < 일반적

speak well of/speak ill of/not to speak of 등의 관용어에도 구체적, 단편적, 제한적인 of의 성격이 녹아 있다.

Her voice **speaks** ~~about~~ years of training.
Her voice **speaks of** years of training.
그 여자 목소리를 들어 보니 오랫동안 연습한 티가 나는군.

She always **speaks well** ~~about~~ him.
She always **speaks well of** him.
그녀는 그 사람을 늘 좋게 얘기하더라.

Never **speak ill** ~~about~~ the dead.
Never **speak ill of** the dead.
망자에 대해 뒷공론하지 말라.

He speaks French well, **not to speak** ~~about~~ Fnglish.
He speaks French well, **not to speak of** English.
= He speaks French well, **to say nothing of** English.
= He speaks French well, **not to mention** English.
그 친구는 영어는 물론이고 프랑스어도 잘해.

그럼에도 speak of/speak about의 의미 차이가 늘 뚜렷한 건 아니다.

They **spoke of** their fears following the terrorist incident.
그들은 테러 사건 이후로 느끼는 두려움에 대해 얘기했다.

The lecturer **spoke about** fear and mortality.
그 강연자는 두려움과 죽음에 대해 얘기했다.

미묘하긴 하지만 첫 번째는 테러 사건의 결과로 느끼게 된 구체적인 두려움에 대해 말하는 상황이므로 speak of가 적절하고, 두 번째는 폭넓고 추상적인 개념을 가리키므로 speak about이 더 자연스럽다.

Answers 1 to 2 about

#34 떠오르는think of 것과 생각하는think about 것은 다르다

Questions

어떻게 그런 기발한 생각을 떠올린 거야?
I was wondering what made you think of/about[1] such a wonderful idea.

고민을 심사숙고하다 보면 결국 답이 떠오를 거야.
If you think of/about[2] your problem carefully, you'll eventually think of/about[3] an answer.

철학자 르네 데카르트의 다음 명언은 한 번쯤 들어본 적이 있을 것이다.

> I think, therefore I am.
> 나는 생각한다. 고로 나는 존재한다.

목적어는 없고 주어만 있는 특이한 문장이다. '인간은 생각하는 존재'라는 메시지가 중요하기 때문이다. 이 같은 예외를 제외하면 think는 주로 목적어를 취하는 타동사로 쓰이지만 다양한 전치사와 쓰이면 의미가 달라져 헷갈릴 때가 많다.

What do you **think of** Britain's decision to leave the European Union?
What do you **think about** Britain's decision to leave the European Union?
영국의 유럽연합 탈퇴 결정에 대해 어떻게 생각해?

I'm **thinking of** seeing a movie.
I'm **thinking about** seeing a movie.
영화를 볼까 생각 중이야.

She always **thinks of** me.
She always **thinks about** me.
그녀는 늘 내 생각뿐이야.

위 예문들처럼 서로 바꿔 써도 무방한 경우도 있다. 하지만 of/about은 영영 사전에서도 명쾌한 설명을 찾아보기 어려울 만큼 미묘한 차이가 있다.

앞서 of가 구체적, 단편적, 제한적, 단기적, 일회적인 개념이라면 about은 일반적, 보편적, 장기적, 반복적, 지속적인 개념이라고 했는데, 사실 경계가 분명하진 않다. 구체적이라고 해서 꼭 심오하다고 볼 순 없으며 오히려 피상적일 수도 있다. 구체적인 일이 시간이 흐르면서 일반적인 일로 바뀔 수도 있다. 반대로 일반적인 일이 깊이를 더할 수도 있다.

> Let's **think of** it. 그걸 떠올려 보자.
> Let's **think about** it. 그걸 생각해 보자.

우리말로 완벽하게 옮기긴 어렵지만 think of는 생각지 못했던 것을 일회적으로 떠올리는 것에, think about는 시간을 두고 지속적으로 생각하거나 고려하는 것에 가깝다. 원어민이 think of＝imagine, think about＝consider로 이해하는 것도 그래서다.

> I've never **thought** ~~about~~ doing that.
> I've never **thought of** doing that.
> 그렇게 하는 건 한 번도 생각해 본 적 없는데.

첫 번째 문장은 비문은 아니지만 문맥상 부자연스럽다. 그 일이 가능하리라고는 상상조차 할 수 없으므로 because it's simply unimaginable 전혀 생각해 본 적이 없다는 뜻이기 때문이다.

사실 결정적인 차이는 '시간'이다. think of는 일시적으로 머리를 스치거나 문득 떠오르는 생각을 묘사한다면 think about은 상당한 시간을 들여 곰곰이 생각하는 것이라고 볼 수 있다.

> How did you **think of** the idea?
> 어떻게 그런 생각을 다 한 거야?
> - I didn't. He **thought of** it first.
> 내 생각이 아니라 애초부터 저 친구 생각이었어.

I **thought of** you immediately when she said she was looking for someone who speaks English well.
영어를 잘 하는 사람을 찾고 있다는 말을 듣자마자 문득 네 생각이 났어.

When you **think of** a dictionary, you usually **think of** a bilingual dictionary like an English-Korean dictionary. But we also have another kind of dictionary like an English-English dictionary.
사전하면 대개 영한사전처럼 2개 국어 사전을 떠올리지만 영영사전 같은 1개 국어 사전도 있다.

위 문맥에서 think of를 think about으로 바꿔 쓰면 어색하다. 다음도 마찬가지다.

Have you **thought ~~of~~** my birthday present?
Have you **thought about** my birthday present?
내 생일 선물 뭘로 할지 생각해 봤어?

I'll **think ~~of~~** that.
I'll **think about** that. 한번 생각해 볼게. (그 문제에 대해 고민해 볼게)

I **thought** long and hard ~~of~~ your proposal.
I **thought** long and hard **about** your proposal.
네 제안을 곰곰이 생각해 봤어.

특히 think of에서 파생된 think much of는 '높이 평가하다 think highly of'라는 뜻의 관용 표현으로, '깊이 생각해 보다'라는 의미의 think much about과 혼동하기 쉽다.

What did you **think of** the presidential candidate's campaign promise?
그 대선 후보의 선거 공약에 대해 어떻게 생각해?
- I didn't **think much of** it. 별로인 것 같은데.

Did you **think about** the new president's proposal?
새 대선 후보의 선거 공약에 대해 좀 생각해 봤나요?
- No, I haven't **thought much about** it yet.
아뇨, 아직 깊이 생각해 본 적이 없어요.

I **think much of** Bill Gates.

전 빌 게이츠가 대단하고 생각해요.

I **think much about** Bill Gates.

전 빌 게이츠에 대해 많이 생각해요.

I **think much of** him.

(= I think a lot of him./I think highly of him./I think well of him.)

난 그 사람 높이 평가해.

I **think much about** him.

난 그 사람 생각을 많이 해.

I **think little of** him.

(= I don't think much of him./I think badly of him./I think poorly of him.)

난 그 사람 좋게 안 봐.

I **think little about** him.

난 그 사람 생각은 별로 안 해.

#35 들어 본hear of 것과 들어서 잘 아는hear about 것은 다르다

Questions

우리 엄마가 들어 본 적이 없는 사람이면 당신은 유명하지 않은 거예요.
You are not famous until my mother has heard of/about[1] you.

누군가에 대해 잘 안다는 것과 들어서 좀 안다는 것은 다르다. 얘기를 들어 봤다고 해서 잘 안다는 뜻은 아니다.
There's a difference between knowing somebody and hearing of/about[2] somebody. Just because you "heard" doesn't mean you "know".

hear of/hear about는 think of/think about와 일맥상통한다. think of가 머릿속에 없던 생각을 새롭게 떠올릴 때를 나타내듯 hear of도 '몰랐던 일을 들어서 알게 되다'라는 뜻으로 쓰인다. 의미상 be aware of ~을 알아차리다와 비슷한 셈이다.

여기서 전치사 of는 일회적이고 제한적인 의미를 나타낸다. 반면 hear about은 우연히 알게 된 상황이라기보다 '비교적 자세한 내용을 들어서 알게 된' 상황을 나타내므로 '지속'과 '반복'의 의미가 포함돼 있다. 이런 의미에서 be informed of ~를 잘 알다와 비슷하다.

▌ Have you **heard of** Emilia Clarke? 에밀리아 클라크라는 이름 들어본 적 있니?

위 문장은 혹시 에밀리아 클라크라는 사람이 누군지 아는지 Do you know who Emilia Clarke is? 묻는 말이다. 그런데 상대방이 그 여배우의 열렬한 팬이라는 사실을 알고 있다면 다음처럼 바꿔 표현할 수 있다.

▌ Have you **heard about** Emilia Clarke? 에밀리아 클라크 소식 들었니?

해당 인물에 관해 팬들이 관심을 가질 만한 최근 소식을 들어서 알고 있냐Did you hear the news about Emilia Clarke?는 의미다. 두 표현을 그대로 쓴 답변도 의미가 다르다.

Yes, I've **heard of** her.
이름은 들어 봤어. (이름만 알고 배우라는 사실은 모를 수도 있음)
Yes, I've **heard about** her.
듣긴 했어. (배우임은 물론이고 어느 정도 알아/뉴스 등을 통해 최근 소식을 들었어)

또한 hear of는 일반적으로 유명 인사나 작품 등 널리 알려진 대상을 말할 때 주로 쓰이고 hear about는 어떤 사건이나 소식에 대해 말할 때 쓰인다.

I've **heard of** George Michael.
조지 마이클이란 이름은 들어 봤어. (이름만 알고 유명 가수라는 사실은 모를 수 있음)
I've **heard about** George Michael.
얘기 들었어. (최근에 사망했다는 사실을 알고 있을 가능성이 큼)

Have you **heard of** this movie before?
이 영화 들어 본 적 있어?
Have you **heard about** the tsunami off the coast of Japan?
일본 연안에서 발생한 쓰나미 소식 들었어?

가령 I heard about your father.는 상대방의 아버지가 관련된 소식이나 사건 등에 대해 들어서 알고 있다는 의미이지만 I heard of your father.는 그 아버지가 과거에 유명인이었다면 몰라도 일반인을 가리킬 때는 잘 쓰이지 않는다.

Have you **heard of** the "Earth Restaurant"?
'지구 레스토랑'이라고 들어 봤니?
- I **heard about** the restaurant. My friends told me it has a funny name.
듣긴 했어. 친구들 말이 이름이 우스꽝스럽다고 하더라고.

첫 번째 문장은 Do you know a restaurant called the "Earth Restaurant"? 라는 의미다. 여기서 hear about은 제3자를 통해 해당 식당에 대해 '어느 정도' 알고 있다는 뜻을 나타내며, 따라서 단순히 그런 식당이 존재한다는 사실만 알고 있다는 의미가 아니다. 쉽게 말해 hear of는 '자세히는 모른다', hear about는 '어느 정도 안다'는 뉘앙스로, 알고 있는 '정도'가 다르다. 그리고 제3자를 통해 전해 들었을 때만 hear of를 쓰는 것도 아니다.

> I've **heard of** the film *Blade Runner* starring Harrison Ford, but I haven't seen it yet.
> 해리슨 포드가 주연한 〈블레이드 러너〉라는 영화를 들어 보긴 했는데 아직 보진 못 했어.

위의 경우 '간접적인' 전달을 나타낸다. 물론 '직접' 들은 경우에도 쓸 수 있다.

> I **heard** the news. 그 소식 들었어. (직접 소식을 접했다)
>
> I've **heard of** the news.
> 그 소식은 들었어. (그런 소식이 있다는 건 안다)
> I've **heard about** the news.
> 그 소식에 대해 얘기를 들었다. (소식을 전달받아 대략적으로 알고 있다)
>
> I've never **heard** the joke.
> 그런 농담은 들어본 적 없는데. (그런 농담을 말해준 사람이 없었어/그런 농담이 있는 건 알고 있음)
> I've never **heard of** the joke.
> 그런 농담은 처음 들어 보는데. (그런 농담이 있다는 걸 아예 모름)

won't hear of/wouldn't hear of라는 관용 표현도 자주 쓰인다. not hear of는 Cambridge Dictionary에 따르면 will[would]과 함께 쓰여 not allow it, usually when you want to do something good for someone 상대방에게 호의 등을 베푸는 뜻으로 거부하다이라는 의미를 나타낸다.

> I wanted to pay for the meal, but he **wouldn't hear of** it.
> 밥값은 내가 내려고 했는데 그 사람이 들은 척도 안 했어.
> She has always dreamed of becoming a singer, but her father **wouldn't hear of** it.
> 그녀는 늘 가수를 꿈꿨으나 아버지가 들은 척도 하지 않았다.

Answers 1 of 2 about

#36 얼핏 아는 know of 것과 제법 아는 know about 것은 다르다

Questions

들어본 게 다면 어떻게 정말 잘 아는 사람이라고 할 수 있어?

How do you know when you really know of/about[1] someone if you only know of/about[2] him or her?

인공지능에 대해 내가 아는 건 그게 거의 다야.

That is just about everything I know of/about[3] artificial intelligence.

---

know of/know about도 hear of/hear about처럼 전치사의 의미는 같다.

> [1] I **know** him. (= I know him personally.)
> 그 사람을 개인적으로 안다. (그 사람은 내가 잘 안다)
>
> [2] I **know of** him. (= I have heard of him, but haven't met him personally.)
> 그 사람 들어 본 적 있어서 알아. (그 사람 이름은 들어 봤다)
>
> [3] I **know about** him. (= I have heard a lot about him. I may have met him personally.)
> 그 사람에 대해 좀 알아. (이름뿐 아니라 그에 대해 어느 정도 안다)

1은 개인적인 친분이 있어서 직접적으로 안다는 뜻이다. 즉 성격이나 됨됨이까지 알고 있다는 의미다. 2는 이름 정도는 알지만 직접 만나본 적은 없다는 뜻으로, '수동적이고 간접적인' 의미를 나타낸다. 가령 언론매체 등을 통해 들어는 봤지만 자세히는 모르는 경우가 이에 해당된다. 3은 얘기를 많이 들어서 안다는 '능동적이고 직접적인' 의미를 나타낸다. 개인적으로 아는 건 아니더라도 가진 정보가 제법 있다는 의미가 담겨 있다.

hear of와 마찬가지로 know of도 널리 알려진 사람을 가리킬 때 쓴다. 다음 예문처럼 평서문과 대응하는 의문문으로 바꿔 보면 의미 차이가 더 분명히 드러난다.

I **know** Will Smith. 윌 스미스를 개인적으로 알아.

I **know of** Will Smith. 윌 스미스라는 이름은 들어 봤어.

I **know about** Will Smith. 윌 스미스에 대해 좀 알아.

Do you **know** Will Smith? (= Do you know Will Smith personally?)
윌 스미스를 개인적으로 아세요? (친분이 있느냐는 질문)

Do you **know of** Will Smith?
(= Have you heard of Will Smith? / Do you know who Will Smith is?)
윌 스미스가 누군지 아세요? (얼마큼 알고 있는지가 아니라 알고 있는지 여부를 묻는 질문)

Do you **know about** Will Smith? (= How much do you know about Will Smith? / What do you know about Will Smith?)
윌 스미스 아세요? (그 사람이 누군지 알고 있다는 전제 하에 얼만큼 아는지를 묻는 질문)

아시다시피 가수나 배우 같은 유명인을 개인적으로 아는 경우는 드물기 때문에 일상 생활에서는 다음처럼 말할 수 있을 것이다.

It is impossible to **know** Will Smith, but it is possible to **know of** or **about** him.
윌 스미스를 개인적으로 알 리는 없겠지만 들어 보거나 간접적으로 아는 건 가능한 일이다.

I **know** Christopher Nolan. 크리스토퍼 놀란 감독을 개인적으로 알아.

I **know of** Christopher Nolan. 크리스토퍼 놀란이라는 이름은 들어 봤어.

I **know about** Christopher Nolan. He's the director of *Interstellar*.
크리스토퍼 놀람 감독은 알지. 영화 〈인터스텔라〉 감독이잖아.

일반인인 경우도 마찬가지다.

I don't **know** him, but I **know of** him.
그 사람을 개인적으로 아는 건 아니지만 이름 정도는 알지.

I don't **know** him, but I **know about** him.
그 사람을 개인적으로 아는 건 아니지만 얘기는 좀 들어 봤어.

Do you **know of** someone who could fix this?
이거 고칠 만한 사람 주변에 있어? (개인적으로는 몰라도 들어본 적은 있느냐는 질문)

Do you **know** someone who could fix this?
이거 고칠 만한 사람 알아? (친분이 있는 사람 중에 고쳐 줄 사람이 있느냐는 질문)

know of는 자세히 모른다는 뜻이므로 그다지 확신이 없을 때 쓸 수 있다.

Do you **know about** electric cars? 전기자동차에 대해 좀 아니?
(= How much do you **know about** electric cars? / What do you know
about electric cars?)
- I **know of** it. But no more than that. 들어는 봤는데 잘 몰라.

Are there any Chinese restaurants around here? 이 근처에 중국집 있니?
- Not that I **know of**. 내가 알기로는 없어.

그럼 사람이 아닌 경우는 어떨까. 이때는 용법에 다소 차이가 있다.

I **know** the restaurant.
그 식당 알아요. (직접 가 봐서 또는 단골이라 그 식당을 잘 안다)
I **know of** the restaurant.
그런 식당이 있다는 건 알아. (직접 가 본 적은 없다)
I **know about** the restaurant.
그 식당 잘 알아. (얘기를 많이 들어서 잘 아는 편이다/직접 가 봤을 수도 있음)

Do you ~~know about~~ any Italian restaurant nearby?
Do you **know** any Italian restaurant nearby?
근처에 아는 이태리 식당 있어? (잘 아는 이태리 식당 있어?)
Do you **know of** any Italian restaurant nearby?
근처에 네가 아는 이태리 식당 있어? (이태리 식당이 근처에 있어 없어?)

이태리 식당이 있는지 알고 싶은 경우 마지막 질문은 어색하다. 식당에 관한 일반적인 정보는 부동산업자나 외식업계 관계자한테나 중요하지 단순히 위치가 궁금한 사람에게는 전혀 중요하지 않기 때문이다.

Do you **know about** the restaurant that has recently been put up for sale?
(= How much do you know about the restaurant that has recently been
put up for sale?)
최근에 매물로 나온 저 식당에 대해 좀 아는 거 있어?

정보나 지식 등을 나타낼 때도 어떤 전치사를 쓰느냐에 따라 의미가 달라진다.

I **know** the theory.
(= I know all about the theory.)
그 이론에 대해 잘 알아. (그 이론하면 내가 전문가지)

I **know of** the theory.
그 이론은 들어 본 적이 있어. (자세히는 몰라)

I **know about** the theory.
그 이론에 대해 알아. (공부를 해서 좀 알아)

전 세계에서 가장 비싼 햄버거가 5천 달러라는 거 알아?
Do/Did¹ you know the most expensive burger in the world costs $5,000?

그 여자도 그 남자를 사랑한다는 거 넌 알았어?
Do/Did² you know that she loved him too?

우리말을 기준으로 보면 '안다'와 '알고 있다'의 차이는 분명하지 않다. 물론 과거
형인 '알고 있었다'는 상대적으로 의미 차이가 뚜렷하게 느껴진다. 그럼 시제 처리
가 모호한 이 말을 영어로 표현하면 어떻게 될까. that으로 시작하는 내용(알고 있
는 사실)을 '진술'하는 경우라면 이렇다.

> I **know** that he **is** married.
> 그 사람이 결혼한 건 알아. (그 사람이 유부남이란 사실을 현 시점에서야 알았다)
> I **knew** that he **was** married.
> 그 사람이 결혼한 건 알고 있었어. (과거의 한 시점에 결혼 사실을 알고 있었다)
> I **knew** that he **was** married when I **met** him first.
> 그 사람을 처음 만났을 때 결혼한 사실을 알게 됐어.

같은 내용을 질문으로 바꿔 보면 어떨까. 이를테면 그가 결혼한 사실을 아는지
'상태'를 묻는 질문으로 만들어 보자. 어떤 문장이 맞을까.

> **Did** you know that he **was married**?
> 그 사람이 결혼했다는 건 알고 있었어? (결혼했다는 걸 이미 알고 있었는지 묻는 질문)
> **Do** you know that he **is married**?
> 그 사람이 결혼한 사실을 아니? (결혼한 상태라는 걸 현 시점에서 알고 있는지 묻는 질문)

Did you know that ~?이 올바른 표현이다. Do you know that ~?은 논리적으로 문제가 있는 문장이다. 우리말로는 현 시점에서 특정 사실을 알고 있는지 묻는 게 부자연스럽게 들릴 리 없겠지만 영어에서는 이런 시제 표현이 불가능하다.

특히 that절로 나타낸 질문 내용을 상대방이 알고 있는지 물을 때 헷갈리기 쉽다. he, she, they 등은 괜찮지만 질문 상대가 you인 경우 논리에 모순이 생긴다. 가령 Did you know that ~?이라고 물으면 '그렇다(알고 있었다)/아니다(모르고 있었다)'로 답할 수 있다.

> **Did** you know that he **was married**?
> - Yes, I did. 응. 알아.
> - No, I didn't. 아니. 몰랐는데.

그런데 현재시제인 Do you know that ~?은 논리상 '그렇다'만 가능하다. 질문을 듣는 순간 질문 내용을 알게 된 셈이니 '방금 들어서 알고 있다'만 유일한 답이 된다. 만약 원어민에게 그렇게 묻는다면 당연한 소리를 왜 하냐는 듯 다음과 같이 쏘아붙일지도 모른다.

> **Do** you know that he **is married**? 그 사람이 결혼한 사실은 아니?
> - Yes, I do now because you just told me.
> 응. 네가 방금 얘기했으니까 알지.

따라서 '~라는 사실을 알고 있니?'라는 우리말 표현을 그대로 영어로 옮겨 현재시제로 나타내면 어색한 표현이 된다. 다음 예문도 마찬가지다.

> ~~Do~~ you know that she ~~loves~~ you?
> **Did** you know that she **loved** you?
> 그 여자가 너를 사랑한다는 거 알고 있니?

첫 번째 질문에는 '그렇다'는 답만 가능하니 애초에 물어 볼 필요가 없는 셈이다. 우리말로는 과거형인 '알고 있었다'와 현재형인 '알고 있다'가 의미상 차이가 있지만 영어는 그렇지 않다.

이처럼 that절의 시제가 과거형으로 쓰인 경우 '과거에 있었던 일'(현재와 상관없음)로만 해석하는 경향이 있는데 사실 초점은 그 사실을 여태 '알고 있느냐 아니냐'에 있다. that절에 과거시제를 쓴 건 주절의 과거시제와 형식적으로 일치시키기 위한 목적일 뿐 별다른 의미는 없다.

> ~~Do~~ you know she **got married** last week?
> **Did** you know she **got married** last week?
> 그녀가 지난 주에 결혼한 거 알고 있니?
>
> ~~Do~~ you know the Titanic **sank** in 1912?
> **Did** you know the Titanic **sank** in 1912?
> 타이타닉호가 1912년에 침몰한 거 알고 있니?

원칙적으로 주절의 시제에 따라 종속절인 that절의 be동사도 과거형으로 써야 하지만 that절이 현 시점에서도 여전히 사실이라면 현재형으로 쓸 수 있다.

> **Did** you know that Tom **had** blue eyes?
> **Did** you know that Tom **has** blue eyes?
> 톰의 눈이 파란색이라는 걸 알았니?
>
> **Did** you know he **was** the son of a famous actor?
> **Did** you know he **is** the son of a famous actor?
> 그 친구가 유명 배우의 아들이라는 거 알았니?

눈동자 색깔이나 아들이라는 정체성은 현 시점에도 변치 않는 사실이므로 현재시제로 쓸 수 있다. 이런 경우를 제외한다면 보통은 앞뒤 시제를 일치시키는 게 일반적이다.

하지만 that절로 표현된 내용이 현재에도 유효한지는 단언할 수 없다. 주절에 과거시제 Did가 쓰였다면 that절도 과거시제로, 현재시제 Do가 쓰였다면 현재시제로 쓰는 게 원칙이지만 that절이 과거시제라고 해서 반드시 과거의 일이라는 건 아니다. 물론 주절이 부정문일 경우 반드시 과거시제로 일치시켜야 한다.

I **didn't know** that he **is** married.
I **didn't know** that he **was** married.
그 사람이 결혼한 사실은 몰랐어.

주절의 주어가 제3자라면 현재시제로도 나타낼 수 있다.

Does **she** know that you **love** her?
- Yes, she does. / No, she doesn't.
Did she know that you **loved** her?
- Yes, she did. / No, she didn't.

Do you know를 써서 다양하게 표현하는 것도 가능하다.

How do you know she **loves** you?
그녀가 널 사랑한다는 사실을 어떻게 알아?
- I can tell from her eyes.
눈빛만 봐도 알 수 있지.
Do you know **how much** she **loves** you?
그녀가 당신을 얼마나 사랑하는지 아나요?
Do you know **how to** cook?
너 요리할 줄 알아?
Do you know **how much** a trip to Spain costs?
스페인 여행에 경비가 얼마나 드는지 아니?
Do you know **where** the nearest Italian restaurant is?
가장 가까운 이태리 식당이 어딘지 알아?
Do you know **if** she is moving to a new city?
그녀가 다른 도시로 이사갈 예정인지 아닌지 혹시 알고 있니?

 How did you know that ~?/How do you know that ~?은 본질적인 의미는
같지만 미묘한 차이도 있다. 가령 과거시제를 쓴 that절은 사실로 전제한다고 보
는 반면 현재시제를 that절은 사실로 인정하지 않는다는 뉘앙스를 전달해 상대방
을 의심하거나 불신하는 말로 들릴 수 있다.

How **did** you know she **was coming** here?
그 여자가 여기에 온다는 건 어떻게 알았니?

How **do** you know she **is coming** here?
그 여자가 여기에 올 거라고 어떻게 확신하니?

한편 Did you know ~?는 일반 상식 trivia을 물을 때 흔히 쓰이지만 그렇다고 단순한 질문에 불과한 건 아니다. 가령 다음 예문들은 질문의 형태를 띠고 있긴 하지만 지식을 전달하거나 공유하는 행위에 가깝다. 과거시제를 썼지만 '알고 있었느냐'가 아니라 '알고 있느냐/아느냐'로 해석되는 것이다.

~~Do~~ you know water **boils** at 100 degrees Celsius?
Did you know water **boils** at 100 degrees Celsius?
물은 섭씨 100도에서 끓는다는 걸 알아?

~~Do~~ you know Thomas Edison **invented** the light bulb?
Did you know Thomas Edison **invented** the light bulb?
토머스 에디슨이 전구를 발명했다는 걸 알아?

그런 의미에서 Did you know ~?는 어떤 화제를 자연스럽게 꺼낼 때 주로 쓰인다. 지식을 전달하려는 의도를 얼핏 드러냄으로써 관심을 유도하는 것이다. 뿐만 아니라 같은 뜻이라도 과거시제를 쓰면 더 공손하게 들려 Do you know ~?보다 더 많이 쓰이는 경향도 있다.

1 **Do you know** the importance of turning off lights when you're not using them?
안 쓸 땐 전등을 꺼 두는 습관이 얼마나 중요한데 그래?

2 **Did you know** the importance of turning off lights when you're not using them?
안 쓸 땐 전등을 꺼 두는 습관이 얼마나 중요한지 혹시 알고 있나요?

뜻은 같지만 1은 상대방이 당돌한 질문이라 생각할 여지가 있는 반면, 2는 '혹시 ~ 알고 있니?'라는 조심스러운 어감을 전달하므로 공손한 느낌을 줄 수 있다.

변하지 않는 보편적 사실universal invariant facts을 나타내는 말도 만고불변의 성격 때문에 과거시제에서 자유로운 편이다.

Did you know the earth **was** round?
= **Did** you know the earth **is** round?
여러분은 지구가 둥글다는 걸 알고 있나요?

Medieval people **knew** the earth **was** round.
= Medieval people **knew** the earth **is** round.
중세인들은 지구가 둥글다는 걸 알았다.

Did you know ~?가 어울리지 않는 경우도 있다.

~~Did~~ you know the alphabet?
Do you know the alphabet?
= Do you know how to use the alphabet?
알파벳을 아니? (알파벳을 지금 쓸 수 있는지 묻는 질문)

Did you know that the alphabet **is** called the alphabet because of alpha and beta, which are the first two letters of the Greek Alphabet?
알파벳이라는 이름이 그리스 알파벳의 첫 번째와 두 번째 글자인 알파와 베타에서 유래했다는 사실을 혹시 아나요?

가령 첫 번째는 현 시점에서 알파벳을 쓸 수 있는지 묻는 의도라 Did you know 를 쓰면 어색하다. 두 번째는 지식을 전달하려는 의도가 담긴 과거시제 문장이다.

Answers 1 Did 2 Did

#38 whether는 if보다 선택지향적이다

Questions

비가 오면 경기를 취소하실 건가요?
Are you going to cancel the game if/whether[1] it rains?

자명종을 맞추든 안 맞추든 아침은 온다.
Morning comes if/whether[2] you set the alarm or not.

if/whether는 '그렇다/아니다'의 답을 요구하는 간접의문문을 이끈다.

> I wonder **if** it is true. (I wonder.+if+Is it true?)
> =I wonder **whether** it is true. (I wonder.+whether+Is it true?)
> 그게 사실인지 모르겠어. (그게 사실인지 궁금해)
>
> I asked him **if** he will come to the party.
> (I asked him.+if+Will you come to the party?)
> =I asked him **whether** he will come to the party.
> (I asked him.+whether+Will you come to the party?)
> 걔한테 파티에 올 거냐고 물어 봤어.

if/whether는 이처럼 두 가지 가능성을 나타낼 때 쓴다. 보통 or not은 생략하지만 명시할 경우 '선택'을 종용한다는 점이 강조된다. or not은 if/whether 바로 뒤에 나오거나 문장 끝에 나올 수 있다. 단, if or not은 쓰지 않는다.

> I don't know ~~if or not~~ it makes sense.
> I don't know **if** it makes sense.
> =I don't know **whether** it makes sense.

= I don't know **whether or not** it makes sense.

= I don't know **whether** it makes sense **or not**.

= I don't know **if** it makes sense **or not**.

그게 말이 되는 소린지 모르겠네.

이처럼 뜻은 같지만 쓰임새는 다소 차이가 있다. 문어체나 '선택'을 강조할 때는 주로 whether를 쓴다는 점이 그렇다. 그런데 더 큰 차이는 whether는 선택을 요구하는 상황에서만 쓰이는 반면 if는 어떤 상황을 가정할 때도 쓰인다는 점이다.

Let me know ~~whether~~ you need help.

Let me know **if** you need help.

도움이 필요하면 얘기해

I will help you out ~~whether~~ you want me to.

I will help you out **if** you want me to.

원하시면 도와드리겠습니다.

whether or not이 '선택' 상황을 나타낸다기보다 regardless of whether ~여부에 상관없이라는 의미를 나타낼 때도 있다.

I will help you out ~~if or not~~ you want me to.

I will help you out **whether or not** you want me to.

= **Whether or not** you want me to, I will help you out.

= I will help you out **regardless of whether** you want me to.

원하시든 아니든 저는 도와드리겠습니다.

문맥에 따라 if/whether을 가려 쓰지 않으면 상대방이 혼동할 수 있다. 특히 격식을 차려야 하는 자리거나 공식 문서 등 의미를 분명하게 전달해야 하는 경우일수록 whether를 쓰는 게 낫다.

1 He asked **if** his tie was straight.

He asked **whether** his tie was straight (or not).

그는 타이를 똑바로 맸는지 봐 달라고 했다.

2 I didn't know **if** she would arrive on Friday or Saturday.
  I didn't know **whether** she would arrive on Friday or Saturday.
  그녀가 금요일에 도착하는지 토요일에 도착하는지 모르고 있었네.

3 Please let me know **if** the baby needs a feeding chair.
  Please let me know **whether** the baby needs a feeding chair.
  유아용 보조의자가 필요한지 여부를 알려주시기 바랍니다.

1에서는 '넥타이가 똑바로 돼 있는지 아닌지'를 알려달라는 의도이므로 whether 를 쓰는 게 자연스럽다. 이 경우 if를 쓰면 '넥타이 모양이 달라졌을 가능성'까지 나타내기 때문에 의미가 모호해진다. 2 역시 '금요일에 도착하거나 토요일에 도착하거나' 둘 중 하나이므로 whether를 써야 한다. if를 쓰면 '도착하지 않을 가능성'도 암시하므로 맥락과 어울리지 않는다. 3도 비문은 아니지만 if를 쓰면 '유아용 보조의자 사용 여부'를 알려 달라는 의도가 아니라 '유아용 보조의자가 필요하면 그때 말을 해 달라'는 다소 어색한 의미가 된다.

한편 whether는 to부정사와 어울려 쓰이는 반면, if는 to부정사와 쓸 수 없다.

I can't decide ~~if to~~ buy a new car.
I can't decide **whether to** buy a new car.
= I can't decide **whether I should** buy a new car.
새 차를 사야 할지 말아야 할지 마음을 못 정하겠어.

전치사 바로 뒤에도 whether만 쓸 수 있다.

The nation's first female president didn't seem interested **in if** people agree or disagree with her.
The nation's first female president didn't seem interested **in whether** people agree or disagree with her.
최초의 여성 대통령인 그녀는 국민의 찬반 여론에는 관심이 없어 보였다.

그런데 문맥에 따라 if/whether를 모두 쓸 수 있는 경우도 있다. 단, 의미가 달라진다.

1 Tell me **if** you know.

= Let me know **if** you know.

알면 얘기해 줘. (알고 있는지 얘기해 줘).

2 Let me know **if** you will come to the party.

= Tell me **if** you will come to the party.

파티에 올 생각이면 알려 줘.

3 Tell me **whether** you know.

= Let me know **whether** you know **or not**.

아는지 모르는지 얘기해 줘.

4 Let me know **whether** you will come to the party.

= Tell me **whether** you will come to the party **or not**.

파티에 올 생각인지 아닌지 알려 줘.

1에서 if절은 어떤 상황을 가정하는 조건절이다. 조건이 충족되지 않으면, 즉 알고 있는 상태가 아니라면 굳이 알고 모르고의 여부를 밝힐 필요가 없다. 2도 마찬가지로 파티에 갈 생각이 없다면 굳이 말할 필요가 없다. 반면 3, 4의 whether는 알든 모르든 갈 생각이 있든 없든 여부를 확실히 밝혀 달라는 뜻이다.

Answers 1 if   2 whether

#39 between은 차이가 도드라지고 among은 두루뭉술하다

Questions

적들 가운데서 친구를 발견한다는 것이 어떤 건지 생각해 본 적 있니?

Have you ever imagined what it would feel like to find a friend between/among[1] enemies?

그는 좋아하는 걸 공부할지 돈을 벌지 선택해야 했다.

He had to choose between/ among[2] studying what he loves and making a living.

영어에는 between/among의 쓰임새를 간략히 요약한 유명한 표현이 있다.

> Only use **between** when you're referring to two things, and use **among** when referring to more than two.

즉 between은 대상이 '둘'일 때, among은 '셋 이상'일 때 쓰라는 말이다.

This is just **between** you and me.
이건 우리 둘만 아는 걸로 하자.

You have to choose **between** a vanilla latte or caramel macchiato.
바닐라 라떼랑 카라멜 마끼아또 중에 골라.

I am **between** a rock and a hard place.
나 진퇴양난에 빠졌어.

A fight **between** friends has led to a deadly shooting leaving one dead and another injured.
친구 간 다툼이 총기 사건으로 격화돼 한 명이 숨지고 한 명이 다쳤다.

A knife fight **among** friends in a downtown bar has led to the death of one of them and another two getting seriously injured.
시내 술집에서 친구 사이에 칼부림이 나 한 명이 사망하고 나머지 두 명이 중상을 입는 사건이 발생했다.

You are **among** friends.
친구들이 네 곁에 있잖아. (친구들과 함께 있으니 안심해)

This is **among** the many options available to you.
이게 네가 고를 수 많은 선택지 중 하나야.

전통 영문법에 따른 이 같은 규칙이 대체로 통하긴 하지만 사실 의미 차이가 있다. between은 서로 뚜렷하게 구별되거나distinct 개별적인 대상individual을 가리킬 때 쓰는 반면 among은 서로 뚜렷하게 구별되지 않는 비슷한 무리나 집단group을 가리킬 때 쓰기 때문이다.

다시 말해 between은 차이를 부각시키지만 among은 그 반대다. between은 단 두 사람 사이의one-to-one 구체적인 관계를 나타내고, among은 벽 차이가 없는 내생들을 십난으로 묶어 두루뭉술하게 표현할 때 쓴다.

따라서 between 뒤에 오는 대상은 단수형과 복수형이 모두 가능하지만 among 뒤에 오는 말은 주로 복수형이다. 이 같은 차이는 물리적인 위치를 묘사할 때 더 뚜렷하게 드러난다.

1 Your pen is **between** the books.
  (= I found your pen **between** the books.)
2 Your pen is **among** the books.
  (= I found your pen **among** the books.)
3 They swam **between** the sunken ships.
4 They swam **among** the sunken ships.
5 The bomb landed **between** the buildings.
6 The bomb landed **among** the buildings.

1은 '책과 책 사이에 펜이 껴 있다'는 뜻인 반면, 2는 '몇 권의 책이 있는데 그 어딘가에 펜이 있다'는 막연한 표현이다. 3은 두 척의 배 사이로 헤엄을 쳤다는 말이지만 4는 여러 배 사이를 헤쳐 나가면서 헤엄을 쳤다는 뜻이다. 5는 두 개의 건물 사이로 폭탄이 떨어진 상황을, 6은 빌딩숲으로 폭탄이 떨어진 상황을 나타낸다.

한편 between은 시간이나 나이 등 일정한 범위를 나타낼 때도 쓰인다.

Her children were aged ~~among~~ 10 and 15.
Her children were aged **between** 10 and 15.
그녀의 아이들은 나이가 10살에서 15살 사이였다.

He lived in California ~~among~~ 1984 and 1999.
He lived in California **between** 1984 and 1999.
그는 1984년부터 1999년까지 캘리포니아 주에서 살았다.

　대상이 두 개 이상이냐 아니냐가 between/among을 구별짓는 절대 기준은 아니다. 다음 예문에서 볼 수 있듯 between의 대상이 반드시 두 가지로 제한되는 건 아니다. 나열을 나타내는 접속사 and를 쓸 경우 셋을 가리키는 것도 가능하다.

It is difficult to choose ~~among~~ two good things.
It is difficult to choose **between** two good things.
좋은 것 두 개를 두고 하나를 고르기란 어려운 일이다.

A new trade agreement was reached ~~among~~ France, Germany, and Italy.
A new trade agreement was reached **between** France, Germany, and Italy.
프랑스, 독일, 이탈리아 사이에 새로운 무역협정이 체결됐다.

Negotiations kicked off ~~among~~ labor, management and government to review the minimum wage for next year.
Negotiations kicked off **between** labor, management and government to review the minimum wage for next year.
노사정이 내년도 최저 임금을 검토하기 위한 협상에 돌입했다.

　among의 범위는 이보다 좁아서 무리를 구성하거나 속해 있거나 둘러싸여 있는 상황을 가리킨다.

There is a traitor ~~between~~ us.
There is a traitor **among** us.
배신자는 우리 중 한 명이야.

She walked ~~between~~ rescue workers to try to find her daughter.
She walked **among** rescue workers to try to find her daughter.
그녀는 딸을 찾기 위해 구조대원들 사이를 헤치며 걸었다.

The pyramids of Egypt are ~~between~~ the seven wonders of the world.
The pyramids of Egypt are **among** the seven wonders of the world.
이집트의 피라미드는 세계 7대 불가사의에 속한다.

The trade talks ~~between~~ the European Union members suffered a serious setback.
The trade talks **among** the European Union members suffered a serious setback.
유럽연합 회원국 간 통상 협상이 중대한 차질을 빚었다.

An American woman was ~~between~~ the victims of the plane crash.
An American woman was **among** the victims of the plane crash.
그 비행기 추락 사고의 피해자 중에는 미국인 여성도 있었다.

그런데 between/among의 용법이 겹칠 때가 있다.

The millionaire divided his wealth **among** his four sons.
The millionaire divided his wealth **between** his four sons.
그 백만장자는 네 아들에게 재산을 나눠 줬다.

둘 중 어느 문장이 맞을까. 사실 어느 쪽을 써도 상관없다. 다만 among을 쓰면 자식을 하나의 집단으로 가리키지만 between을 쓰면 자식들에게 '개별적으로' 나눠 줬다는 의미를 강조한다.

Let's keep it **between** us.
＝Let's keep it between you and me. 그 일은 우리 둘만의 비밀로 하자.

between us는 일반적으로 between you and me를 뜻한다. 여러 사람이라면 among us도 가능하다.

> Let's keep it **among** us girls.
> 그건 우리 여자들만 아는 비밀로 하자.

그럼 다음 예문은 어떨까. 의미가 같을까 다를까.

> He was **between** the winners.
> He was **among** the winners.

첫 번째는 단순히 '그가 승자들 사이에 서 있었다'라는 뜻이지만 두 번째는 이와 더불어 '그가 승자 중 한 명이다'는 의미도 나타낼 수 있다.

Answers 1 among 2 between

#40 이동을 막는 것 lockdown과 가동을 멈추는 것 shutdown은 다르다

Questions

그 건물은 폐쇄령이 내려져 추후 공지가 있을 때까지 누구도 출입하지 못했다.
Under the shutdown/lockdown[1], no one was allowed to enter or leave the building until further notice.

수십만 명의 근로자가 미 역사상 최장기 연방정부 폐쇄 기간 동안 무급으로 일해야 했다.
Hundreds of thousands of federal workers had to work without pay during the longest federal shutdown/lockdown[2] in American history.

이른바 '코로나바이러스 감염증-19'이 전 세계를 강타하면서 지구촌 곳곳에서 감염 확산을 막기 위한 비상조치로 자국민을 대상으로 대피령/봉쇄령/폐쇄령을 내렸다. 이에 따라 사용 빈도가 높아진 말 중 하나가 lockdown 대피령. 폐쇄령. 봉쇄령이다. 이 맥락에서는 사람 간 전파로 인한 확산을 차단하기 위해 시민의 이동을 제한하는 조치를 말한다.

> The whole of Italy has been on **lockdown** to stop the spread of coronavirus.
> 코로나바이러스의 확산을 막기 위해 이탈리아 전역에 대피령(봉쇄령)이 내려졌다.
> A growing number of cities, including San Francisco, are going on **lockdown**. 샌프란시스코를 비롯해 대피령(봉쇄령)을 선포하는 도시가 늘어나고 있다.
> There is speculation the United Kingdom could impose a **lockdown** on London. 영국 런던에 대피령(봉쇄령)을 내려질 가능성이 있다는 관측이 나오고 있다.

하지만 상황에 따라 가려 쓸 필요가 있다. Cambridge Dictionary에 따르면 lockdown은 a situation in which people are not allowed to enter or leave a building or area freely because of an emergency 비상사태로 인해 사람들이 건물이나 구역을 자유롭게 출입하지 못하도록 하는 상황를 뜻하니 '대피령'보다 '봉쇄령'이 적절하다.

| If there is a **lockdown** in a building, nobody is allowed to enter or leave it.
어떤 건물에 봉쇄령이 내려지면 그 건물에는 누구도 출입하지 못한다.

lockdown은 원래 교도소와 관련이 깊은 말이다. Macmillan Dictionary에 따르면 an occasion or time when prisoners are locked in their cells 죄수가 감방에 감금된 경우, 즉 폭동 같은 비상사태가 발생해 죄수들을 감방에 가둬두는 상황을 말한다. '감금'이라는 의미를 학교, 병원 등 다른 공공 시설까지 확대 적용해 비상사태 시 운영을 중단하고 출입을 금하는 조치를 뜻하게 된 것이다.

| The governor ordered a **lockdown** of all state prisons.
주지사는 모든 주립교도소에 폐쇄 명령을 내렸다.

즉 lockdown은 '사람의 자유로운 이동을 차단하는' 비상 조치다. 그럼 shutdown은 어떨까. lockdown이 '특정 건물이나 지역을 출입하는 것 entering or leaving을 제한'한다면, shutdown은 공장을 비롯한 '시설이나 시스템의 운영 또는 가동 operation을 중단'하는 조치라는 점이 다르다. Cambridge Dictionary에 따르면 shutdown은 the act of closing a factory or business or of stopping a machine 공장이나 사업체가 폐업하거나 기계 가동을 중단시키는 조치을 뜻한다. 따라서 그 대상이 공장이라면 '폐쇄'가 어울리고, 기계나 컴퓨터라면 '중단, 정지'가 적절하다.

| The temporary ~~lockdown~~ of Tesla's plant in Fremont, California, was due to the spread of coronavirus.
| The temporary **shutdown** of Tesla's plant in Fremont, California, was due to the spread of coronavirus.
코로나바이러스의 확산으로 캘리포니아주 프리몬트 소재 테슬라 공장이 일시 휴업했다.

위 문맥에서는 공장의 가동이나 조업을 중단한다는 뜻이므로 lockdown을 쓰면 어색하다. 이와 유사하게 주식 거래 중단도 업무 중단에 해당하니 건물을 출입하거나 지역을 오가는 이동을 제한하는 lockdown과는 어울리지 않는다.

> The stock market has resumed trading after a two-day ~~lockdown~~.
> The stock market has resumed trading after a two-day **shutdown**.
> 이틀간 중단됐던 증권 거래가 재개됐다.

마찬가지로 교도소가 운영을 중단한다면 shutdown을 써야 한다. 미국 연방정부가 공공업무를 일시 중단하는 조치 역시 shutdown이라고 한다. 하지만 정부 기관이 입주한 건물이 봉쇄된 경우, 즉 물리적인 공간을 출입하는 것을 불허하는 경우라면 lockdown이 자연스럽다.

> President Barack Obama ordered a ~~lockdown~~ of secret CIA prisons.
> President Barack Obama ordered a **shutdown** of secret CIA prisons.
> 버락 오바마 대통령은 CIA의 비밀 감옥 시설 폐쇄를 명령했다.
>
> The partial ~~lockdown~~ of federal agencies is now in its fifth week.
> The partial **shutdown** of federal agencies is now in its fifth week.
> 연방정부의 부분 폐쇄(업무 정지)가 5주째로 들어섰다.
>
> The outbreak of the dangerous virus in the area resulted in a ~~lockdown~~ of several government buildings.
> The outbreak of the dangerous virus in the area resulted in a **shutdown** of several government buildings.
> 그 지역에서 전염병이 발병해 일부 정부 청사가 폐쇄되는 사태가 빚어졌다.

상황에 따라 두 단어를 혼용하기도 한다. 가령 학교의 경우 shutdown은 수업을 중단하고 임시 폐교한다는 의미를 나타내고, lockdown은 학교를 들락날락하는 사람이 없도록 출입을 불허한다는 뜻을 나타낸다. 다만 강조점이 운영이나 업무의 중단에 있다면 shutdown, 물리적인 이동 제한에 있다면 lockdown으로 가려 쓰면 된다.

다소 거친 비유지만 사람이 특정 공간을 마음대로 들락날락하지 못하게 자물쇠lock를 채우는 것은 lockdown, 공장이나 회사의 운영을 중단하기 위해 셔터shutter를 내리는 것은 shutdown으로 이해해도 좋을 듯하다.

Answers 1 lockdown 2 shutdown

Questions

의사가 6개월에 한 번씩 건강검진을 받으라고 했어.
The doctor advised me to get a checkup each/every¹ six months.

객실은 다섯 개였는데 저마다 무척 아름답게 꾸며져 있었다.
There were five rooms and each/every² was so beautifully decorated.

every는 '모든[매/~마다]', each는 '각각의'라는 뜻의 형용사로 쓰인다. 둘 다 '하나하나'를 가리키는 말이라 단수 명사/단수 동사와 함께 쓰는 경우가 많다.

사실 두 단어의 쓰임새가 완전히 같은 건 아니다. 우선 every는 '셋' 이상을, each는 '둘' 또는 그 이상을 가리킨다는 점이 다르다. 실제로 Cambridge Dictionary에 따르면 every는 used when referring to all the members of a group of three or more 셋 이상으로 된 무리의 전체 구성원을 이를 때 쓰는 말이라고 정의된 데 반해 each는 every thing, person, etc. in a group of two or more, considered separately 개별적인 둘 이상으로 된 무리 등의 구성원 전부를 가리키는 말이다.

다음과 같이 '하나하나'를 의미할 경우 every/each를 바꿔 써도 무방하다.

Every student in the class has passed the test.
= Each student in the class has passed the test.
그 반의 전 학생이 시험을 통과했다.

Every participant was asked to complete a survey.
= Each participant was asked to complete a survey.
참가자 모두 설문지를 작성해 달라는 요청을 받았다.

The teacher asked **every** student to introduce themselves.
= The teacher asked **each** student to introduce themselves.
교사가 모든 학생에게 자기소개를 해 달라고 했다.

House prices are going up **every** year.
= House prices are going up **each** year.
집값이 매년 상승하고 있다.

하지만 지칭하는 대상이 둘일 때는 each를 쓴다.

In a soccer match, ~~every~~ team has 11 players.
In a soccer match, **each** team has 11 players.
축구 경기에서는 팀당 선수가 11명이다.

The carpenter had paint on ~~every~~ leg.
The carpenter had paint on **each** leg.
= The carpenter had paint on both legs.
그 목수의 양쪽 다리에 페인트가 묻어 있었다.

The bank robber held a gun in ~~every~~ hand.
The bank robber held a gun in **each** hand.
= The bank robber held a gun in both hands.
그 은행 강도는 양손에 총을 쥐고 있었다.

무리의 구성원 하나하나를 강조할 때는 each를, 무리 전체를 강조할 때는 every 를 쓴다.

Read ~~every~~ question carefully before you answer.
Read **each** question carefully before you answer.
답하기 전에 각 질문을 주의 깊게 읽어 보시오.

The general gave ~~every~~ soldier a medal.
The general gave **each** soldier a medal.
장군은 모든 병사에게 일일이 메달을 수여했다.

each/every 둘 다 무리 전체를 나타내지만 each는 무리 안의 개별적인 대상을 강조하고 every는 무리 안의 개별적인 대상을 일반화시키는 경향이 있다.

Each building on the street had a different number.
그 거리의 각 건물에 각기 다른 숫자가 적혀 있었다.

Every building on the street looked the same to me.
그 거리의 모든 건물이 내 눈엔 다 똑같아 보였어.

The company asked **every** employee to submit new business plans.
(한 차례의 지시나 통보 등을 통해 일괄적으로 요구했다)

The company asked **each** employee to submit new business plans.
(직원 각각에게 개별적으로 요구했다)
그 회사는 새로운 사업 계획을 제출할 것을 모든 지원에게 요구했다.

Each time I go to see my boss, I get a headache.
(사장을 만나러 갈 때마다 뜻하지 않게 골치 아픈 일이 생긴다 / 매번 우연히 골치 아픈 일이 생긴다)

Every time I go to see my boss, I get a headache.
(사장을 만나러 가면 늘 골치 아픈 일이 생기게 돼 있다 / 골치 아픈 일이 생기는 게 일반적이다)
사장님을 보러 갈 때마다 골치가 아프네요.

every는 전체를 아우르는 개념이므로 의미상 all과 유사하다.

~~Each~~ child needs love.
Every child needs love.
= **All** children need love.
모든 아이에게는 사랑이 필요하다.

~~Each~~ artist is sensitive.
Every artist is sensitive.
= **All** artists are sensitive.
모든 예술가는 감수성이 예민하다.

~~Each~~ word you say is a lie.
Every word you say is a lie.
네 말은 전부 거짓말이야.

each가 복수 명사와 대명사를 수식하는 경우도 있는데, 이때는 each of를 쓴다.

~~Every of~~ them had a bike.
Each of them had a bike.
= They **each** had a bike.
= **Every one of** them had a bike.
그들 각자에겐 자전거가 있었다.

~~Every of~~ the tourists received informational brochures before they began the tour.
Each of the tourists received informational brochures before they began the tour.
= The tourists **each** received informational brochures before they began the tour.
= **Every one of** the tourists received informational brochures before they began the tour.
관광객들은 관광에 나서기 전에 안내 책자를 한 부씩 받았다.

~~Every of~~ the three books is a novel.
There are three books here. **Each** (one) is a novel.
= **Each of** the three books is a novel.
= **Every one of** the three books is a novel.
여기 있는 세 권 모두 소설이야.

~~Every of~~ the seven guests had their own room.
There were seven guests and **each** (one) had their own room.
= **Each of** the seven guests had their own room.
= The seven guests **each** had their own room.
= **Every one of** the seven guests had their own room.
손님 7명에게 각각 방이 배정됐다.

Answers 1 every 2 each

#42 due to는 명사를 설명하고 because of는 동사를 설명한다

Questions

그 친구가 성공한 건 아버지 덕분이야.
His success was due to/because of¹ his father.

너 때문에 포기하지 않은 거야.
I didn't give up due to/because of² you.

due to/because of는 의미가 비슷해 거의 동의어로 취급한다. Cambridge Dictionary에 따르면 due to는 because of ~때문에, because of는 as a result of ~의 결과로 풀이돼 있다. Merriam-Webster Dictionary는 due to를 as a result of/because of ~때문에와 같은 말이라고 설명하고, Dictionary.com은 caused by ~로 인한라고 풀이한다. 그렇다 보니 원어민도 혼동할 때가 많다.

엄밀하게 따지면 두 표현은 동의어가 아니다. due to는 명사를 설명하고 because of는 동사를 설명하기 때문이다. 가령 '우천으로 공연이 취소됐다'는 어떻게 써야 될까.

> ¹ The concert was cancelled **due to** rain.
> ² The concert was cancelled **because of** rain.

2가 올바른 표현이다. 1에서 due to가 쓰였다면 due to rain이 명사를 수식해야 한다. 그런데 due to rain은 명사 the concert와 의미상 관련이 없다. due to rain이 원인이라면 '공연 취소'라는 명사 표현이 결과로 제시돼야 한다는 말이다.

반면 because of rain은 동사 표현인 '취소됐다was cancelled'는 결과를 설명해 준다. 따라서 다음과 같이 바꿔 쓸 수 있다.

The concert was cancelled **because of** rain.
=The concert was cancelled **because** it rained.

그럼 due to rain이 결과에 해당하는 '명사(공연 취소)'를 설명할 수 있으려면 어떻게 써야 할까. 다음과 같이 바꾸면 된다.

The cancellation of the concert was due to rain.

due to/because of 중 어떤 걸 써야 할지 잘 모르겠다면 due to를 caused by로, because of를 as a result of로 바꿔 본다. 의미가 통하면 문제가 없단 뜻이다.

The concert was cancelled ~~due to~~ rain.
≠ The concert was cancelled ~~caused by~~ rain.
The concert was cancelled **because of** rain.
= The concert was cancelled **as a result of** rain.
우천으로 공연이 취소되었다.

We were late ~~due to~~ snow.
≠ We were late ~~caused by~~ snow.
We were late **because of** snow.
= We were late **as a result of** snow.
강설 때문에 늦고 말았다.

He retired ~~due to~~ an injury.
≠ He retired ~~caused by~~ an injury.
He retired **because of** an injury.
= He retired **as a result of** an injury.
그는 부상으로 은퇴했다.

My frustration was ~~because of~~ my lack of ability.
≠ My frustration was ~~as a result of~~ my lack of ability.
My frustration was **due to** my lack of ability.
= My frustration was **caused by** my lack of ability.
제 역량 부족 때문에 좌절했던 거예요.

따라서 because of는 동사를, due to는 명사를 설명해 줄 수 있도록 문장 구조를 바꾸면 같은 의미를 나타낼 수 있다.

> The meeting was cancelled **because of** a lack of quorum.
> = The meeting's cancellation was **due to** a lack of quorum.
> 그 회의는 정원 미달로 취소됐다.
>
> He retired **because of** an injury
> = His retirement was **due to** an injury.
> 그는 부상으로 은퇴했다.
>
> My frustration was **due to** my lack of ability.
> = I was frustrated **because of** my lack of ability.
> 제 역량 부족 때문에 좌절했던 거예요.
>
> The plane crash was **due to** bad weather.
> = The plane was crashed **because of** bad weather.
> 그 비행기 추락사고의 원인은 악천후였다.

Answers   1 due to   2 because of

#43 another는 명사를 특정하지 않고 the other는 명사를 특정한다

Questions

다른 질문이 있으면 하셔도 좋습니다.
If you have other/another¹ question, please ask.

자리가 마음에 들지 않으면 바꿔 달라고 요구하는 게 손님의 당연한 권리라고 여기나요?
Do you believe the guest has every right to ask for other/another²
table if they're not happy?

another/other/the other는 혼동하기 쉬운 대표적인 단어 쌍이다.

> 1 I bought ~~other~~ book.
> 2 I bought **another** book. 다른 책을 하나 샀다. (책을 하나 더 샀다)
> 3 I bought **other** books. 다른 책들을 샀다.
> 4 I bought **the other** book. 다른 책을 샀다. (상대방이 아는 그 다른 책을 샀다)

1은 비문이다. 명사를 쓸 때는 단수/복수인지, 처음 언급하는 것인지 이미 언급한 것인지를 나타내야 한다. 즉 반드시 부정관사 등의 한정사를 써서 명사의 의미를 한정해야 한다. 다음도 마찬가지다.

> 5 I bought ~~book~~.
> 6 I bought **a** book. 책을 하나 샀다. (듣는 사람이 모르는 어떤 책을 샀다)
> 7 I bought **the** book. 그 책을 샀다. (대화 당사자가 모두 아는 그 책을 샀다)

'an + other' 구조로 볼 수 있는 another는 불특정 단수 명사를 지칭한다는 점에서 부정관사 a/an와 기능이 같은 형용사라 할 수 있으며, additional 부가적인, extra 추가된, one more 하나 더처럼 이미 있던 것에 같은 것을 보태는 '추가'의 개념인 '또 하나의'를 뜻하는 동시에, different 다른, alternative 대안[대신]의처럼 기존의 것과는 아예 다른 것을 나타내는 '또 다른'을 뜻하기도 한다.

문맥상 another가 가리키는 대상이 명백하면 해당 명사는 생략한 채 형태가 같은 명사형인 another만 써도 된다.

I'm still hungry. Can I have **another** piece of cake?
아직도 배가 안 찼는데 케이크 하나 더 먹어도 될까?

This cookie was delicious. I'd like **another**. (= I'd like **another** cookie.)
이 쿠키 아주 맛있네요. 하나 더 먹을래요.

I bought **another** bike.
자전거를 한 대 더 샀어.

This is not the book I wanted. Do you have **another** one?
(= Do you have **another** book?)
이건 제가 찾던 책이 아니네요. 다른 건 없나요?

I'm busy today. Can we meet **another** day?
오늘은 바쁜데 다른 날에 보면 안 될까?

한편 other는 복수 명사를 수식한다는 차이만 있을 뿐 another와 의미가 같다.

There must be some **other ways** to solve the problem.
그 문제를 해결할 뭔가 다른 방법이 분명 있을 거야.

Do you have any **other books** I can read?
내가 읽을 만한 다른 책은 없니?

He seems to have no **other ideas**.
그 친구 다른 아이디어는 없어 보여.

Some of the tourists returned early, but **others** arrived late.
몇몇 관광객은 일찍 왔는데 다른 이들은 늦게 도착했다.

한편 the other는 another와 달리 '특정 명사'를 가리킨다는 점에서 정관사 the와 기능이 유사하다. 따라서 이미 언급했거나 상대방도 아는 명사를 언급할 때 쓰며, 이때 명사는 단수/복수 모두 가능하다. 문맥상 the other가 가리키는 대상이 명백하면 해당 명사는 생략한 채 the other(s)만 써도 된다.

My book is not that one. It's **the other** one.
내 책은 그쪽이 아니라 저쪽에 있는 거야.

I have two brothers. One lives in Korea and **the other** lives in Canada.
전 형제가 두 명인데 한 명은 한국에서 살고 다른 한 명은 캐나다에서 살아요.

This laptop here is brand new while **the other** (laptop) over there
is very old. 여기 이 노트북은 신상품인데 저기 있는 노트북은 완전 구닥다리야.

I know why some students are late to class. But I'm not sure why
the others are. (= But I'm not sure why **the other students** are)
몇몇 학생들이 수업에 늦는 이유는 알고 있지만 나머지 학생들은 왜 늦는지 모르겠네요.

참고로 여러 가지 대상을 나열할 때는 다음처럼 표현한다.

I have three pens. **One** is red, **another** is black, and **the other** is blue.
펜이 세 개 있는데 하나는 빨강, 또 하나는 검정, 나머지 하나는 파랑색이다.

There are five items in four different colors: **Two of them** are black,
and **the three others** are green, yellow, and blue, respectively.
4가지 색상의 5가지 품목이 있는데 두 개는 검정색이고 나머지 세 개는 각각 녹색, 노란색,
파랑색입니다.

그런데 another가 복수 명사를 가리킬 때도 있다. 올바른 표현은 아니지만 관용
적으로 용인되는 경우가 그렇다. 다만 격식을 갖춰야 하는 공식 문서에서는 피하
는 게 좋다.

I have another **three questions**.
(= I have three more questions.)
질문이 세 개 더 있습니다.

He's thinking about staying for **another two weeks**.
(= He's thinking about staying for two more weeks.)
그는 두 달 더 머물까 생각 중이다.

another 뒤의 명사가 복수 형태이긴 하지만 '같은 종류의 한 묶음'으로 보면 일
종의 단수로 볼 수 있으므로 another를 써서 수식한 것이다. 하지만 another 앞
에 소유격은 쓸 수 없다.

This is one of ~~my another five books~~.
This is one of **my five other books**.
이 책이 제 나머지 저서 5권 중 하나입니다.

앞서 말했듯 another는 문맥에 따라 의미가 모호해질 수 있으므로 주의해야 한다. '또 하나의additional'와 '또 다른different'이라는 다소 상반된 의미를 지니기 때문이다.

This book looks damaged. Would you like **another** one?
(= Would you like a different book?)
이 책은 파손된 것 같네요. 다른 책으로 드릴까요?

만일 점원이 파손 사실을 몰랐다면 another book의 의미가 모호해질 수 있다. one more book같은 책을 말하는 것인지, different book전혀 다른 책을 권하는 것인지가 분명하지 않아서다.

Why do we need **another** book about habits when Charles Duhigg's *The Power of Habit* has been on the best-seller list for over three years?
찰스 두히그의 《습관의 힘》이 3년 넘게 베스트셀러를 차지한 상황에서 습관을 다룬 책이 더 필요할까요?

위 예문에서 another book은 같은 내용을 다룬 또 다른 책, 즉 '그와 비슷한 부류의 책'이라는 의미로 쓰였음을 알 수 있다.

The recipe varies from one cook to **another**.
The recipe varies from one cook to **the other**.
조리법은 요리사에 따라 다르다.

위 예문 역시 문맥에 따라 의미가 달라진다. 요리사가 누구고 몇 명인지 명시하지 않아 특정할 수 없거나 3명 이상의 다수를 나열한다면 one ... to another가 적절하지만, 요리사가 2명이고 누구인지 안다면 특정할 수 있으므로 one ... the other가 자연스럽다.

참고로 another day/the other day는 언뜻 비슷해 보이지만 의미는 다르다. Longman Dictionary에 따르면 the other day는 used to say that something happened recently, without saying exactly when 정확히 언제인지는 밝히지 않은 채 최근에 일어난 일을 가리킬 때 쓰는 말이라고 정의된다. 즉 '일전에'라는 뜻의 관용구로 쓰여 날짜를 특정하지 않은 과거만 나타낼 수 있으므로 미래를 가리키는 another day 후일에와는 정반대 의미라 할 수 있다.

> I saw John **the other day**.
> (= I saw John recently./I saw John a few days ago.)
> 일전에 존을 만났다.
> I'll see you **another day**.
> (= I'll see you some other day./I'll see you some other time.)
> 언제 한번 보자.

#44 갔다 온 been to 것과 가고 없는 gone to 것은 다르다

그녀는 아프리카에 몇 번 가 본 경험이 있어요.
She has gone/been¹ to Africa a couple of times.

그는 프랑스로 가 버렸고 조만간 귀국할 일은 없을 것이다.
He has gone/been² to France and won't be returning any time soon.

다음 예문들은 의미가 비슷할까 다를까.

> 1 Marie **went to** Paris.
> 2 Marie **has gone to** Paris.
> 3 Marie **has been to** Paris.
> 4 Marie **has been in** Paris.

학교에서 배운 대로 현재완료 시제는 '과거에 시작된 동작이 현재에 완료됐음을 나타내는 시제'로 알고 있는 경우가 많다. 그런데 우리말에 현재완료에 해당하는 시제가 없다 보니 이런 풀이 자체가 생소하고 애매모호하다.

다시 말해 우리말에는 현재완료처럼 과거와 현재 양쪽에 걸쳐 있는 시제가 없어 대응할 말을 찾지 못하기 때문에 현재완료가 어렵게 느껴지는 것이다. 그런 만큼 구체적인 문맥을 통해 입체적으로 이해하지 않으면 문법적으로 접근하는 건 한계가 있다.

현재완료 시제의 가장 큰 특징은 구체적으로 지칭할 수 없거나 특정할 수 없는 과거 something that happened at an unspecified time before now 를 나타낸다는 점이다. 즉 구체적인 시점을 굳이 밝히지 않고 과거의 일을 표현할 때 현재완료를 쓴다는 말이다.

I **have seen** that movie.

나 그 영화 본 적 있어.

I **have met** him before.

그 사람 전에 만난 적이 있어.

I **have lived** in Seoul.

난 서울에 산 적이 있어.

I **have never been** abroad.

난 외국에 가 본 적이 없어.

위 예문에서 알 수 있듯 현재완료는 어떤 일이 구체적으로 과거의 어느 시점에 일어났는지를 밝히지 않고 막연하게 언급할 때 쓴다. '경험담'을 전할 때 주로 현재완료를 쓰는 것도 이런 이유 때문이다.

반면 yesterday, a few days ago, last week, a week ago, last month, two months ago, last year, three years ago 등 과거의 구체적인 시점을 나타낼 때는 현재완료를 쓸 수 없다. 이때는 우리말의 과거형에 대응하는 과거시제를 쓴다.

I **saw** that movie **yesterday**.

그 영화 어제 봤어.

I **met** him **a few days ago**.

그 사람 며칠 전에 만났어.

I **lived** in Seoul **three years ago**.

3년 전에 서울에 살았어.

다시 앞선 예문으로 돌아가 보자.

1 Marie **went to** Paris.
2 Marie **has gone to** Paris.

우리말로는 1과 2의 의미 차이를 정확하게 옮기기 어렵다. 하지만 원어민에게 첫 번째 문장을 말하면 "When?" 또는 "When did she go?"라고 되물을 가능성이 크다. 단순과거 시제를 쓰면 보통 구체적인 시점이 따라오기 때문이다. 이처럼 단순과거 시제를 쓸 경우 구체적인 시점을 밝히는 게 일반적이다.

Marie **went to** Paris last week. 마리는 지난 주에 파리에 갔다.

이와 달리 현재완료는 구체적인 시점을 밝히지 않고 과거의 일을 나타낸다. 1은 가까운 과거든 먼 과거든 과거에 갔다She was in Paris some time in the past는 사실만 나타낸다. 단순히 지나간 일을 전달하는 게 목적이라는 말이다. 반면 2는 '파리로 가서 여기에 없다' 또는 '최근에 갔다'를 뜻한다. 즉 '현재 여기에 없고 파리에 있다She went to Paris, so she is not here. She is in Paris.'는 말이다. 따라서 현재완료 시제는 before, just, already, ever, never, yet, once, many times, several times, so far 등 다소 모호한 시점을 나타내는 표현과 어울려 쓰인다.

Marie **has already gone** to Paris.
마리는 벌써 파리로 갔어. (이미 가 버리고 없다)

이번에는 2, 3을 비교해 보자.

2 Marie **has gone to** Paris.
  = Marie **has travelled to** Paris. She is still there.
3 Marie **has been to** Paris.
  = Marie **has visited** Paris before.
  (= Marie was in Paris and now she is back in Seoul.)

2는 '마리가 파리에 가 있다(그래서 여기에 없다)'는 의미인 반면 3은 '파리에 가 본 적이 있다(지금은 돌아와 있다)'는 뜻이다. been to가 '다시 돌아왔다'는 의미를 나타낸다는 게 핵심이다.

Where is Marie?
마리 어디 갔니?
- I think she **has gone to** France.
프랑스에 간 거 같아.
You mean she is in France now?
지금 프랑스에 있다는 말이야?
- I think she is. She has travelled a lot recently. I heard she **has been to** Germany, **to** Italy and **to** England.
그런 거 같아. 요즘 들어 많이 돌아다니더라고. 독일도 가고, 이탈리아도 가고, 영국도 갔다 왔다고 하던데.

has gone to/has been to/has been in이 나타내는 경과는 다음과 같다.

Marie was in Seoul. 마리는 서울에 있었다.
→ Marie went to Paris last week. 마리는 지난 주에 파리에 갔다.
→ Marie is still in Paris. 마리는 아직도 파리에 있다.
→ Marie **has** recently **gone to** Paris. 마리는 최근에 파리에 가서 거기에 있다.

Marie was in Seoul. 마리는 서울에 있었다.
→ Marie went to Paris last year. 마리는 지난 해 파리에 갔다.
→ Marie is back in Seoul now. 마리는 돌아와서 지금 서울에 있다.
→ Marie **has been to** Paris before. 마리는 전에 파리에 가 본 적이 있다.

Marie was in Seoul. 마리는 서울에 있었다.
→ Marie went to Paris last week. 마리는 지난 주에 파리에 갔다.
→ Marie is still in Paris. 마리는 지금 파리에 있다.
→ Marie **has been in** Paris since last week.
= Marie **has been** in Paris for a week. 마리는 지난 주부터 파리에 있다.

다만 말하는 사람이 주어인 경우 장소에 따라 gone to를 쓸 수 없는 경우도 있다.
가령 말하는 사람이 서울에 있으면서 파리에 가 있다고 말하는 것은 불가능하다.

I ~~have gone to~~ Paris for three weeks.
Marie **has gone to** Paris for three weeks.
마리는 3주 일정으로 파리에 갔다.

한편 been to 뒤에 나오는 장소가 도시나 국가로 제한되는 것은 아니다.

John **has been to high school**.
= John has completed high school.
= John has graduated from high school.
존은 고등학교에 다녔다.

John **has been to school** today.
= John went to school today. Now he's back at home.
존은 오늘 학교에 다녀왔다.

John **has been to prison**.

= John was once in prison.

= John was once a prisoner.

= John has served a term in prison.

존은 감옥에 있다 왔다. (감옥 생활을 한 적이 있다)

#45 현재완료는 '아직 끝나지 않은 과거'다

Questions

저는 지난 주에 파리에 갔었어요.
I went/have been[1] to Paris last week.

우린 결혼한 지 30년 정도 됐습니다.
We went/have been[2] married for about thirty years.

다음 두 문장의 차이점은 뭘까.

1 I **went** to Paris.
2 I **have been** to Paris.

1처럼 과거시제를 쓸 경우 구체적인 시점을 밝혀 아래 3처럼 표현하는 게 바람직하다. 그런데 2의 경우 구체적인 시점은 전혀 중요하지 않다. 가 본 경험이 있다는 걸 밝히는 게 목적이기 때문이다.

1 I **went** to Paris. 파리에 갔었어.
2 I **have been** to Paris. 파리에 가 본 적이 있어.
3 I **went** to Paris last month. 지난 달에 파리에 갔었어.

2는 '과거에 시작된 동작이 현재에 완료됐음을 나타내는' 현재완료 문장으로 우리말에 대응하는 시제가 없어 의미가 헷갈릴 때가 있다. Collins Dictionary에 따르면 현재완료는 things that began in the past and are still happening 과거에 일어나 현재까지 진행 중인 일 또는 things which happened before the time you are speaking or writing but are relevant to the present situation 말하거나 쓰는 시점

에 앞서 일어난 일이지만 현재까지 영향을 미치는 일을 **나타낸다.**

다시 말해 '과거의 한 시점에 일어나 아직까지 완료되지 않은 일an unfinished action that has happened at an unspecified time before now'은 현재완료로 나타내고, '과거의 구체적인 시점에 일어나 이미 완료된 일a finished action that happened at a specified time in the past'은 단순과거 시제를 쓴다. 현재완료는 과거와 현재를 아우르면서도 현재를 좀 더 강조하며 단순과거는 과거의 일만 나타낸다는 말이다.

> 1 John **lived** in Seoul for three years. (= John doesn't live in Seoul now.)
>   존은 서울에서 3년간 살았다. (지금은 살지 않는다)
> 2 John **has lived** in Seoul for three years. (= John still lives in Seoul.)
>   존은 서울에서 산 지 3년째다. (지금도 살고 있다)

1은 거주한 시점은 정확히 모르지만 과거 어느 시점에 3년 동안 살았고 지금은 살지 않는다는 뜻인 반면, **2**는 3년 전부터 살기 시작해 지금도 살고 있다는 의미다. 즉 과거의 일이 현재까지 영향을 미치고 있다는 의미다.

특히 for/since가 현재완료 시제와 함께 쓰이면 '과거에서 현재까지 지속되고 있는 상태'를 강조할 수 있다. 단, since는 현재완료에만 쓸 수 있다.

> John **was** a teacher **for** ten years. (= John isn't a teacher now.)
>   존은 10년간 교직에 몸담았다. (지금은 교사가 아니다)
> John **has been** a teacher **for** ten years. (= John is still a teacher.)
>   존은 10년째 교직에 몸담고 있다. (지금도 교사다)
> John **has been** a teacher **since** 2007. (= John is still a teacher.)
>   존은 2007년부터 교직에 몸담고 있다. (지금도 교사다)

'과거에 일어난 일이지만 현재까지 영향을 미치는 일'은 현재의 상황에 영향을 미칠 수 있을 정도로 '현재에 가까운 과거the immediate past'라는 뜻이기도 하다.

> 1 I **did** it. 그거 했어.
>   (= I did it some time in the past.)
> 2 I **have done** it. 방금 그거 했어.
>   (= I have just done it.)

1은 구체적인 시점은 모르지만 '일전에 그 일을 했다'는 뜻인 반면, 2는 '방금 그 일을 끝냈다'는 의미다.

> 1 John **lost** his glasses yesterday. 존은 어제 안경을 분실했다.
> 2 John **has lost** his glasses again. (= John is without glasses now.)
> 존은 또 안경을 잃어버렸다.

과거형을 쓴 1은 안경을 분실했다는 과거의 일을 단순히 진술하는 반면, 현재완료형을 쓴 2는 '안경을 얼마 전에 분실해서 지금은 안경이 없는 상태'라는 점을 강조한다. 이처럼 현재완료 시제에서는 특정 사건이 구체적으로 언제 발생했는지는 중요하지 않다.

> Someone **stole** my bike **last month**. (I don't want to talk about that.)
> 지난달에 누가 내 자전거를 훔쳐갔었지. (그 얘기는 안 하고 싶어)
> Someone **has stolen** my bike. (I have to walk home now.)
> 누가 방금 내 자전거를 훔쳐갔어. (집엔 걸어갈 수밖에)
>
> Why **didn't** you reply to my question? (The time for replying is over.)
> 내 질문에 왜 답을 안 했던 거니? (답을 할 시점은 지났어)
> Why **haven't** you replied to my question? (You can still reply.)
> 내 질문에 왜 아직 답을 안 하는 거니? (보낼 시간이 아직 있어)
>
> John was in the hospital last year because he **broke** his leg.)
> 존은 작년에 다리를 다쳐 입원을 했다.
> John **has broken** his leg. (John can't use his leg now.)
> 존이 (방금) 다리를 다쳤어. (그래서 지금 다리를 쓸 수 없는 상태다)

현재완료 시제 예문들은 순서대로 '자전거를 방금 도난당해 집에 걸어가야 한다', '아직 대답을 안 했으니 지금이라도 하면 좋겠다', '다리를 다친 지 얼마 안돼 제대로 걸을 수 없는 상태다'라는 현재의 상태를 강조하고 있다.

대중의 관심이 집중되는 최근 사건도 흔히 현재완료를 써서 나타내는데, 특히 뉴스 기사가 대표적이다.

> 1 Malcolm X **has just been** assassinated. 말콤 엑스가 방금 암살당했다.
> 2 Malcolm X **was** assassinated in 1965. 말콤 엑스는 1965년에 암살당했다.

　　1은 1965년 사건이 벌어진 당시 언론에서 보도한 내용이고 **2**는 현 시점에서 과거의 일을 진술한 문장이다. 다음 예문도 마찬가지다. 현재완료 시제는 암살 사건 직후에 쓸 수 있는 반면 과거시제는 단순히 지난 과거의 일을 나타낸다.

> Malcolm X **has died**. 말콤 엑스가 방금 전 사망했다. (암살 당시에 가능한 표현)
> Malcolm X **died** yesterday. 말콤 엑스가 어제 사망했다. (암살 당시에 가능한 표현)
> Malcolm X **died** in 1965. 말콤 엑스는 1965년에 사망했다. (현 시점에서 가능한 표현)

　　한편 '특정 시점이나 구체적인 시점이 중요하지 않은 과거의 일'은 '경험'을 의미하기도 한다.

> I **saw** that movie the other day. 얼마 전에 그 영화 봤어.
> I **have seen** that movie before. 그 영화 본 적 있어.
>
> I **read** *The Old Man and the Sea* two weeks ago.
> 2주 전에 〈노인과 바다〉를 읽었어.
> I **have read** *The Old Man and the Sea* three times.
> 〈노인과 바다〉를 세 번 읽었어.
>
> I **was** in Shanghai three years ago. 3년 전에 상하이에 갔었어.
> I **have been** to Shanghai several times. 상하이에 여러 번 가 봤어.
> I **have never been** abroad before. 외국에 가 본 적이 없어.

　　따라서 과거시제는 yesterday, today, last night, last year, last week, ago, first, then, later, when 등 과거의 구체적인 시점이나 지나간 시점을 나타내는 표현과 함께 쓰인다. 반면 현재완료 시제는 for, since, just, ever, over, never, already, before, after, yet, recently, still, several times, many times, so far, until now, this week, this month, this year 등 시점을 특정하지 않거나 시점이 아직 끝나지 않음을 나타내는 표현과 주로 쓰인다.

John ~~has eaten~~ lunch early **today**.
John **ate** lunch early **today**.
존은 오늘 점심을 일찍 먹었다.

John ~~has visited~~ his mother **yesterday**.
John **visited** his mother **yesterday**.
존은 어제 어머니 댁을 찾았다.

John ~~has not studied~~ French **when he was at school**.
John **did not study** French **when he was at school**.
존은 학창 시절에 프랑스어를 배우지 않았다.

가령 today, yesterday, when he was at school은 모두 과거의 특정한 시점인 동시에 이미 끝난 시점을 나타내므로 과거시제로 표현한 것이다.

John ~~never met~~ a famous person.
John **has never met** a famous person.
존은 유명인을 만나 본 적이 없다.

John ~~lived~~ in this apartment **for two months**.
John **has lived** in this apartment **for two months**.
존은 두 달째 이 아파트에서 살고 있다.

John ~~worked~~ for the company **since 2010**.
John **has worked** for the company **since 2010**.
존은 2010년부터 그 회사에 재직 중이다.

John ~~did not~~ read her letter **yet**.
John **has not** read her letter **yet**.
존은 그녀의 편지를 아직 읽어 보지 못했다.

John ~~visited~~ the museum **three times this year**.
John **has visited** the museum **three times this year**.
존은 그 박물관에 올해 세 번 다녀왔다.

> John can't come to the party tomorrow. He ~~just caught~~ the flu.
> John can't come to the party tomorrow. He **has just caught** the flu.
> 존은 독감에 걸려서 내일 파티에 못 가.

never, for two months, since, yet, three times this year, just 모두 과거의 특정한 시점을 밝히지 않거나 아직 끝나지 않은 시점을 나타내므로 현재완료와 함께 쓴다. 다만 구체적인 시점을 밝히더라도 말하는 사람이 아직 끝나지 않은 일로 여기는 경우라면 현재완료 시제를 쓸 수 있다.

> **Has** John **been** to school **today**?
> (= Did John go to school today? / Was John at school today?)
> 존은 오늘 학교에 갔나 왔어요?

화자 입장에서 아직 하루가 끝나지 않았으므로 today를 썼고, 따라서 완료되지 않은 일이므로 현재완료 시제로 나타냈다. 그런데 동사에 따라 현재완료 시제를 쓸 수 없는 경우도 있다.

> John **has lived** in London **for three years**.
> 존은 3년째 런던에서 살고 있다.
> John **has known** Marie **since 2012**.
> 존은 2012년부터 마리와 알고 지냈다.
>
> John ~~has finished~~ the work **for three hours**.
> John **finished** the work **three hours ago**.
> 존은 3시간 전에 작업을 끝냈다.
>
> John ~~has graduated~~ from Harvard **for ten years**.
> John **graduated** from Harvard **ten years ago**.
> 존은 10년 전에 하버드대를 졸업했다.

live/know처럼 어떤 상태를 나타내거나 어떤 일이 지속되는 상황을 나타내는 동사를 쓴 경우 for/since 등과 더불어 과거부터 현재까지 지속되는 일을 현재완료 시제로 나타내는 게 가능하지만, 앞선 예문의 finish/graduate처럼 일회성 동작이나 사건을 나타내는 동사는 현재완료 시제를 쓰지 않는다.

참고로 영국 영어와 달리 미국 영어에서는 현재완료 시제와 단순과거 시제를 뚜렷하게 구분해 쓰지 않는다. 특히 already, just, yet은 단순과거 시제에서도 쓸 수 있다.

John **has just missed** the bus, so he's going to be late for class. (영국)
John **just missed** the bus, so he's going to be late for class. (미국)
존은 방금 버스를 놓쳐서 강의에 늦을 것 같아.

John **has just done** it. (영국)
John **just did** it. (미국)
존이 방금 했어.

John **has not done** it **yet**. (영국)
John **did not do** it **yet**. (미국)
존이 아직 못 했어.

John **has already done** it. (영국)
John **already did** it. (미국)
존이 벌써 했어.

The couple **has just got married**. (= The couple **has just married**.) (영국)
The couple **just got married**. (미국)
그 두 사람은 방금 결혼했어.

Answers　1 went　2 have been

#46

지난 주last week와
지난 주 내내the last week는
다르다

최근 몇 년간 가 본 식당 중에 여기가 최고네요.

This is the best restaurant I have been to for last/the last[1] couple of years.

오늘이 수요일이니까 금요일에 보자. 다음 주 금요일 말고 이번 금요일 말이야.

It's Wednesday today and I'll see you on Friday. I mean this/next[2] coming Friday, not this/next[3] Friday.

다음 두 문장은 어떻게 다를까.

> 1 I was sick **last week**.
> 2 I have been sick for **the last week**.

우선 last week는 이번 주에 앞선 '지난 주'를 뜻하지만 the last week는 오늘부터 일주일 전까지의 기간, 즉 '지난 한 주'를 의미한다. 따라서 과거 시제를 쓴 1은 최소한 한 차례 아팠다는 뜻인 반면 현재완료 시제를 쓴 2는 지난 주 내내 않았다는 의미를 나타낸다.

> I was sick **last week**.
> (= I was sick at some point during the week before this one.)
> 지난 주에 아팠어. (지금은 괜찮아)
> I have been sick for **the last week**. (= I have been sick for the period of seven days up to the moment of speaking./I got sick a week ago and I am still sick.)
> 지난 주 내내 아팠어. (지금도 아파)

다시 말해 last week가 '이미 지난 과거the week before the current one'라면 the last week는 '오늘을 포함해 아직 끝나지 않은 과거 the last seven days including today'이다. 단순히 과거를 가리킬 때는 정관사 the를 쓰지 않고, 오늘을 포함한 한 주 '내내'를 가리킨다면 the를 쓴다는 말이다.

시제가 달라지는 이유도 이 때문이다. last week는 이미 끝난 시간이므로 단순 과거 시제를 쓰지만 the last week는 아직 끝나지 않은 시간이므로 기간을 나타내는 전치사 for와 더불어 현재완료 시제를 쓴다.

> I ~~have been~~ sick last week.
> I was sick last week.
>
> I ~~was~~ sick for the last week.
> I have been sick for the last week.

month/year도 정관사 the를 쓰느냐 아니냐에 따라 의미가 달라진다.

> I was sick last month. 지난 달에 아팠어.
> I have been sick for the last month.
> 지난 한 달간 앓았어. (지금도 아프다)
>
> I was sick last year. 작년에 아팠어.
> I have been sick for the last year.
> 지난 한 해 동안 앓았어. (지금도 아프다)

the last week[month/year]를 다음과 같이 구체적으로 나타낼 수도 있다.

> I have been sick **for the last four weeks**. 지난 4주간 아팠다.
> I have been sick **for the last three months**. 지난 3달간 아팠다.
> I have been sick **for the last two years**. 지난 2년간 아팠다.

한편 지나간 주 last week와 다가올 주 next week 사이에 위치하는 시점이 this week 이번 주다. 정관사는 없지만 this week 역시 오늘을 포함하는 개념이므로 전치사 없이 현재완료 시제로 나타낸다. 마찬가지로 this month, this year도 '오늘'까지 포함하는 개념이다. 물론 오늘에 앞선 사건이면 과거 시제로 표현한다.

> I **have been** sick **this week**. 이번 주 내내 아프다. (이번 주 들어 계속 아픈 상태다)
> I **was** sick **this week**. 이번 주에 아팠다.(이번 주 들어 오늘보다 앞선 어느 시점에 아팠다)

한편 last와 비슷한 의미로 쓰이는 past 지나간 앞에는 정관사 the를 붙여 the past week[month/year]라고 쓴다.

> I was sick ~~past week~~.
> I have been sick for **the past[last] week**. 지난 한 주간 아팠다.
> I have been sick for **the past[last] few weeks**. 지난 몇 주간 아팠다.

the last ~의 last가 '마지막'이라는 의미도 있으므로 the past ~와는 달리 '완료된' 일에만 쓸 수 있다고 주장하는 학자들도 있지만 대부분의 경우 서로 바꿔 쓸 수 있다. 물론 '마지막'을 나타낼 때는 past를 쓸 수 없다.

> This is **the ~~past~~ week** I am working for this company.
> This is **the last week** I am working for this company.
> 이번 주가 이 회사에서 일하는 마지막 주다.
>
> I am going to Paris in **the ~~past~~ week** of this month.
> I am going to Paris in **the last week** of this month.
> 이달 마지막 주에 파리에 갈 예정이다.

next도 앞에 the를 붙이면 '오늘'을 포함하는 의미가 된다.

> I will be working **next week**. 다음 주에 근무할 예정입니다.
> (이번 주는 아니고 다음 주에 일한다 / 다음 주 내내 일하는 것인지는 알 수 없음)
> I will be working for **the next week**. 앞으로 1주 동안 근무할 예정입니다.
> (오늘부터 1주일 동안 일한다)
> I am going to visit London **next year**. 내년에 런던을 방문할 생각이야.
> (정확히는 몰라도 내년 중에 갈 생각이다)
> I am going to travel around the world for **the next year**.
> 이제부터 1년 동안 세계 일주를 할 생각이야.

The last year has been terrible. I hope the next year will be better.
지난 1년은 엉망이었어. 이듬해에는 더 나아지길 바라야지.

한편 '가까운 날짜'를 가리킬 때는 this/next를 혼동하지 않도록 주의해야 한다. 가령 월요일에 친구가 헤어지면서 이렇게 말했다고 치자.

I'll call you next Wednesday.

last Wednesday가 Wednesday of last week 지난 주 수요일을 뜻하는 것처럼 next Wednesday는 Wednesday of next week 다음 주 수요일을 의미한다. 그런데 주 초(월요일)를 기준으로 '이번 주 수요일'을 의미할 때가 있어 헷갈리기 쉽다.

따라서 '이번 주 수요일'이라면 I'll call you on Wednesday /I'll call you this Wednesday./I'll call you this coming Wednesday. 등으로 의미를 더 분명하게 전달하는 게 좋다. this Wednesday는 this past Wednesday 지나간 수요일을 뜻하기도 하지만 다가오는 날인지 지나간 날인지는 문맥으로 짐작하면 된다.

I went to the gym this Wednesday.
(= I went to the gym this past Wednesday.) 지난 수요일에 체육관에 갔어.
I will go to the gym this Wednesday.
(= I will go the gym this coming Wednesday.) 이번 수요일에 체육관에 갈 거야.

'(오늘은 금요일이고) 친구가 지난 월요일에 전화했다' 등과 같은 경우 last보다 분명한 표현을 쓰는 게 좋다. 물론 몇 월 며칠인지 밝히는 게 가장 확실한 방법이다.

He called me last Monday.
(= He called me on Monday last week.)
He called me on Monday.
(= He called me this Monday./He called me this past Monday.)

Answers 1 the last 2 this 3 next

#47 지금 시각have the time과 여유 시간have time은 다르다

Questions

시간이 있느냐가 아니라 시간을 내느냐의 문제다.
It's not about having time / a time[1]. It's about making time / a time[2].

만사에 느긋하게 대처하라. 인생은 서두르는 만큼 허비한다.
Take time / your time[3] for all things: great haste makes great waste.

'시간'을 나타내는 다음 표현들은 어떤 의미 차이가 있을까.

> 1 Do you have **time**?
> 2 Do you have **the time**?
> 3 Do you have **a time**?

time은 문맥에 따라 셀 수 없는 명사와 셀 수 있는 명사로 모두 쓰일 수 있지만 3은 틀린 문장이다. 먼저 1, 2의 차이점부터 살펴보자.

> 1 Do you have **time**?
> 2 Do you have **the time**?
> (= What time is it? / What time of the day is it?)

2는 '지금 몇 시야?'라는 의미의 시간을 묻는 말이지만 그게 전부는 아니다. 같은 의미라도 What time is it?가 구어체라면 Do you have the time?은 문어체, 즉 격식을 갖춘 표현이라는 점이 우선 다르다. 또한 1처럼 '지금 시간이 있는지'를 뜻하기도 한다. 이때는 구어체와 문어체를 따로 구분해 쓰지 않는다. 단 '무엇을 위한' 시간인지 밝혀야 온전한 표현이 된다.

Do you **have time** for this?
= Do you **have the time** for this?
= Do you **have time** to do this?
= Do you **have the time** to do this?
= **Is time available** for you to do this?
= **Are you available** for this?
= **Are you available** to do this?
= **Are you free** to do this?
이거 할 시간 있니? (이 일을 할 만한 여유 시간이 있니?)

Merriam-Webster Dictionary에 따르면 have time/have the time은 be able to use an amount of time required for a particular purpose 특정한 목적을 위해 필요한 시간을 쓸 수 있다, have time available for something 어떤 일을 위해 시간을 낼 수 있다이라는 의미다. 시간을 묻는 경우가 아니라면 사실상 차이가 없다.

Please call me when you **have (the) time**.
= Please call me when you **have some time**.
= Please call me when you **are free**.
= Please call me when you **are not busy**.
= Please call me when you **are available**.
= Please call me when **it is convenient** (for you).
시간 되면 전화해 주세요. (시간 있을 때 연락해라)

위 예문들은 미묘한 의미 차이가 있긴 하지만 대체로 바꿔 쓸 수 있다. 다만 available은 비교적 격식을 차린 표현이고 convenient는 업무와 관련된 상황에서 주로 쓰인다.

3의 have a time 자체는 틀린 표현이지만 수식어가 붙은 have a good time, have a hard time 등은 흔히 쓰이는 관용 표현이다.

Did you **have a good time** at the party?
파티 재미있었니?
I'm **having a hard time** installing this game.
이 게임을 설치하는 데 애를 먹고 있어.

시간과 관련된 기타 표현으로 take (the) time/take one's time도 자주 쓰인다. Cambridge Dictionary에 따르면 take (the) time은 need a long time 오랜 시간이 걸리다라는 뜻과, spend enough time to do something well or carefully 어떤 일을 제대로 또는 꼼꼼히 하기 위해 충분한 시간을 들이다, 즉 '어떤 목적이나 누군가를 도울 목적으로 일부러 시간을 들여 애쓰다'는 의미를 동시에 지니고 있어 헷갈리기 쉽다.

It **takes time** to heal.
상처가 치유되기까지 시간이 걸린다.

It **takes a long time** to learn a foreign language.
외국어를 배우는 데는 오랜 시간이 걸린다.

If you **take the time** to read this, you won't have trouble understanding it.
이걸 시간을 들여 꼼꼼히 읽으면 이해하는 데 어려움이 없을 거야.

John **took time** to visit some friends while he was in Los Angeles.
존은 로스앤젤레스에 있는 동안 시간을 내 몇몇 친구들을 만났다.

Thank you for **taking the time** to see me.
면담을 위해 시간을 내 주셔서 감사합니다.

Oxford Dictionary에 따르면 take one's time은 not hurry 서두르지 않다라는 뜻이라 take (the) time과는 의미상 차이가 있다.

There's no hurry. **Take your time** and think about it.
서두를 거 없어. 시간을 갖고 찬찬히 생각해.

It's smart to **take your time** before reaching a big decision.
큰 결정을 내리기 전에 충분히 생각해 보는 게 현명해.

make time/find time도 알아 두면 유용하다. have (the) time이 '시간적인 여유가 있다'라는 의미라면 make time은 '시간을 내다'라는 뜻이다. Macmillan Dictionary에 따르면 make time은 find time to do something or be with someone in spite of being busy 바쁘지만 어떤 일을 하기 위해 또는 누군가와 함께 하기 위해 시간을 내다라는 의미이며, find time과 의미가 같다.

It's important to **make[find]** ~~a time~~ to spend with your family.
It's important to **make (the) time** to spend with your family.
= It's important to **find (the) time** to spend with your family.
가족과 함께하는 시간을 만드는 건 중요하다.

take the time/make[find] the time은 의미가 미묘하게 다르다. take the time은 있는 '어떤 일에 우선적으로 시간을 할애한다'는 의미를 나타낸다면, make[find] the time은 '바쁜 와중에도 짬을 낸다'는 의미를 나타낸다.

Take the time to relax.
시간을 좀 들여서 푹 쉬어. (휴식이 중요하니 충분한 시간을 할애해서 좀 쉬어)
Make[Find] the time to relax.
시간을 내서라도 푹 쉬어. (휴식이 중요하니 억지로 시간을 내서라도 좀 쉬어)

They never **took the time** to get to know each other.
그들은 시간을 두고 서로를 알아갈 기회가 없었다.
They never **made[found] the time** to get to know each other.
그들은 서로에 대해 알아갈 짬을 내지 못했다.

Answers 1 time 2 time 3 time

#48 과거시제로 현재를 표현할 수 있다

Questions

앞으로 이런 문제들에 더 잘 대처할 수 있는 방안을 조언해 주셨으면 합니다.
I am/was[1] hoping you could tell me what to do to better handle these situations in the future.

국민이 정부를 두려워하는 게 아니라 정부가 국민을 두려워해야 할 때가 됐다.
It's about time that governments fear/feared[2] the people instead of the other way around.

시장을 보러 가기 전에 친구에게 '뭐 필요한 거 없어?'라고 묻고 싶다면 뭐라고 해야 할까.

> 1 I'm going to the grocery store. **Did** you need anything?
> 2 I'm going to the grocery store. **Do** you need anything?

둘 다 문법상 문제도 없고 뜻도 같다. 1은 과거시제로 나타나긴 했지만 사실 '현재 필요한 것이 없느냐'는 의미다.

Did you need any help?도움이 필요하신가요? 역시 상점에서 흔히 듣는 표현이다. 이처럼 이미 지난 일처럼 과거시제로 표현하면 현재시제보다 덜 직접적이므로 상대방이 부담을 덜 느낀다는 게 영어식 사고방식이다.

> I **knew** you **would** help me.
> 네 날 도울 줄 알았어.
> I **knew** you **were** going to go to the party.
> 네가 파티에 갈 줄 알았어.

위 두 예문 역시 과거시제로 나타내긴 했지만 실제로 과거의 일을 나타내는 것이 아니라 현재/미래의 일을 나타낸다. 특히 want, hope, think, wonder 등의 동사는 과거형이나 과거진행형을 써서 현재 시점을 나타내기도 한다.

Do you want something to eat? 뭐 먹고 싶니?
Did you want something to eat? 뭐 드시고 싶은 게 있나요?

I **want** to know if you **have** time to talk about it.
그 문제에 대해 네가 얘기할 시간이 있는지 알려 줘.
I **wanted** to know if you **had** time to talk about it.
그 문제에 대해 얘기할 시간이 되는지 알려 주세요.

I **hope** you **will** stay another night.
하룻밤 더 묵고 가셨으면 좋겠어요.
I **was hoping** you **would** stay another night.
하룻밤 더 묵고 가시면 좋지 않을까 합니다.

I **think** you **have** a question for me.
나한테 질문이 있는 것 같은데.
I **thought** you **had** a question for me.
저한테 질문이 있지 않으실까 싶네요.

I **wonder** if you **would** help me with this.
네가 이 일을 좀 도와 줄 수 있는지 모르겠네.
I **was wondering** if you **could** help me with this.
이거 혹시 도와 주실 수 있는지 모르겠네요.

현재시제는 수직적인 관계에서 지시를 내리거나 다소 고압적인 인상을 주는 반면 과거시제는 조심스럽고 공손한 느낌을 준다.
이들 동사 중에서도 특히 wonder는 문맥에 따라 다양한 의미로 읽힐 수 있다.

I **was wondering** if I could borrow your book.
혹시 책을 빌려 주실 수 있나요? (책을 가진 사람한테 부탁하는 상황)
I **was wondering** if I could borrow his book.
그 사람이 책을 빌려 줄 수 있을지 모르겠네. (혼자서 상상하고 있는 상황)

I **wonder** if he would let me borrow his book.
그 사람이 책을 좀 빌려 줄 수 있을지 모르겠어. (부탁이 아니라 궁금한 상황)

I **wonder** what happened to him.
그 사람한테 무슨 일이 있었던 건지 모르겠어. (부탁이 아니라 궁금한 상황)

I **am wondering** what I should do next.
이제 뭘 해야 할지 모르겠어. (현재 고민 중인 상황)

could/would/should/might 등 조동사의 과거형을 써도 조심스럽고 공손한 인상을 줄 수 있다.

Can I use your phone? 전화 좀 쓸까요?
Could I use your phone? 전화 좀 써도 되겠습니까?

I **want** some coffee. 커피 줘.
I **would like** some coffee. 커피 좀 부탁합니다.

조동사의 과거형은 if 만일 ~면, unless ~하지 않는 한, supposing 만약 ~라면 등과 함께 쓰여 현재/미래의 의미를 나타내기도 한다.

I **would** tell you if I **knew** his name.
그 사람 이름을 (지금) 알았다면 너한테 말해 줬을 텐데.

They **would** help you if they **were** here.
그들이 (지금) 여기에 있었으면 너를 도와 줬을 텐데.

If I **went** to Paris I **could** visit the Louvre Museum.
(지금) 파리에 있었으면 루브르 박물관에 갈 텐데.

I **could** buy a car if I **had** enough money.
(지금) 돈이 많았으면 차를 살 텐데.

He **would** be at work unless he **was** ill.
(지금) 아프지 않았다면 그 사람은 출근했을 텐데.

Supposing that I **were** rich, I **would** help poor people.
(지금) 내가 부자였다면 가난한 사람들을 도울 텐데.

여기서 종속절의 동사는 과거형이지만 의미상 현재를 나타낸다. 특히 I wish

that ~하면 좋겠어은 과거형으로 현재/미래의 뜻을 나타내는 대표적인 표현이다.

> I **wish** you ~~are~~ here.
> I **wish** you **were** here.
> 네가 여기에 있으면 좋을 텐데.
>
> I **wish** I ~~know~~ the answer.
> I **wish** I **knew** the answer.
> 답을 알면 좋을 텐데.

It is time that ~할 때다, It's high[about] time that ~해야 할 때다 등의 종속절에도 과거시제를 쓰지만 현재의 의미를 나타낸다.

> It's time you ~~go~~ home.
> It's time you **went** home.
> (= It's time for you to go home.)
> 집에 갈 시간이다.
>
> It's time we ~~go~~ to bed.
> It's time you **went** to bed.
> (= It's time to go to bed.)
> 잠자리에 들 시간이다.
>
> Don't you think It's about time you ~~start~~ looking for a job?
> Don't you think It's about time you **started** looking for a job?
> (= Don't think It's time for you to look for a job?)
> 이젠 슬슬 직장을 알아볼 때가 된 거 아니야?

Answers 1 was 2 feared

#49 잠자리를 깔아야 make the bed
잠자리에 들 수 go to bed
있다

Questions

인생은 너무 짧고 행복은 매우 귀하다.
The life/Life¹ is too short and the happiness/happniess² is too rare.

케임브리지는 전 세계에서 가장 유서 깊고 훌륭한 대학 중 한 곳의 본거지로 유명하다.
Cambridge is famous as the home/home³ of one of the oldest and best universities in the world.

다음 중 올바른 표현은 어떤 걸까.

> John is watching **television**.
> John is watching **the television**. 존은 텔레비전을 보고 있다.

'TV 프로그램을 시청한다'는 의미이므로 watch television 또는 watch TV가 맞다. watch the television은 틀린 영어는 아니지만 더 이상 쓰지 않는 말이다.

> I wonder what is on **television** tonight.
> (= Is there anything on television tonight?)
> 오늘 저녁엔 TV에서 뭐 하는지 모르겠네.
> I think you watch too much **television**.
> 넌 TV를 너무 많이 보는 것 같아.

그런데 TV 프로그램이 아닌 TV라는 기기 자체를 지칭할 때는 관사가 필요하다.

> John turned on ~~television~~ to watch the news.
> John turned on **the television** to watch the news.
> 존은 뉴스를 보려고 TV를 틀었다.

It is not recommended to place anything on ~~television~~.
It is not recommended to place anything on **the television**.
같은 매체라도 라디오는 앞에 관사를 반드시 써야 한다.

TV 위에는 물건을 올려놓지 않는 게 좋습니다.

John's family has ~~television~~ in every room of the house.
John's family has **a television** in every room of the house.
존의 가족은 각 방마다 TV를 뒀다.

같은 매체라도 라디오는 앞에 관사를 반드시 써야 한다.

Did you hear the news on ~~radio~~?
Did you hear the news on **the radio**?
라디오에서 그 뉴스 들었니?

Be quiet. I'm listening to ~~radio~~.
Be quiet. I'm listening to **the radio**.
조용히 해. 라디오 듣고 있잖아.

외국인이든 원어민이든 관사만큼 까다로운 것도 없다. 일반적인 원칙이 없는 건 아니지만 쓰임새가 워낙 방대해 굴지의 영어전문 출판사들도 관사에 대해서는 별도의 참고서를 펴내고 있을 정도다. 예외가 너무 많아 문법적으로만 접근하면 금세 포기하기 쉽다. 관사는 학습하는 것이 아니라 오랜 기간에 걸쳐 체득하는 것이다. 이론적으로 단숨에 정복할 수 있는 것이 아니라는 말이다. 그런 만큼 여기서도 관사의 용법을 일목요연하게 나열하기보다 '어떨 때 관사를 쓰지 말아야 하는지'를 간략히 살펴보면서 관사의 핵심에 접근해 보려고 한다.

~~The birds~~ eat ~~the worms~~.
Birds eat **worms**.
새는 벌레를 먹는다.

~~The Kangaroos~~ live in Australia.
Kangaroos are common in Australia.
캥거루는 호주에서 흔하다.

~~The people~~ can be mean. Don't take it personally.
People can be mean. Don't take it personally.
사람이 심술궂을 때도 있지. 인신공격으로 여기진 마.

~~The man~~ is a social animal formed to please in society.
Man is a social animal formed to please in society.
사람은 사회 속에서 즐거움을 찾는 사회적 동물이다.

John likes ~~the imported~~ cars.
John likes **imported** cars. 존은 외제차를 좋아해.

~~The water~~ flows downhill.
Water flows downhill. 물은 위에서 아래로 흐른다.

~~The life~~ is full of choices.
Life is full of choices. 인생은 선택의 연속이다.

~~The time~~ is more valuable than money.
Time is more valuable than money. 시간은 돈보다 귀하다.

~~The French~~ wine is famous all over the world.
French wine is famous all over the world.
프랑스 와인은 전 세계적으로 유명하다.

　같은 말이라도 관사의 유무에 따라 의미가 달라질 수도 있으므로 항상 문맥을 유심히 살펴야 한다.

Sugar is bad for your health.
설탕은 건강에 안 좋다. (일반적인 의미의 설탕)
Would you pass me **the sugar**?
그 설탕 좀 건네주시겠어요? (식탁에 놓여 있는 특정 설탕)

John ate **eggs** for breakfast.
존은 아침으로 달걀을 먹었다. (일반적인 의미의 달걀)
John cooked **the eggs** for thirty minutes.
존은 그 달걀을 30분간 조리했다. (요리되고 있는 특정 달걀)

Koreans eat **rice** every day. 한국인은 매일 쌀을 섭취한다. (일반적인 의미의 쌀)

I like **the rice** in this restaurant.

이 식당에서 나오는 밥이 마음에 들어. (이 식당에서 쌀로 만든 특정한 음식)

Thai food is becoming more popular in the United States.

태국 음식의 인기가 미국에서 점차 높아지고 있다. (일반적인 의미의 태국 음식)

This is **the best Thai food** I've ever had in America.

미국에서 먹어 본 태국 음식 중 최고야. (미국이란 장소에서 먹은 특정한 태국 음식)

Doctors are God on Earth. 의사는 땅 위의 신이다. (일반적인 의미의 의사)

You need to see **the doctor** before it's too late.

늦기 전에 의사한테 진찰을 받아 봐. (환자를 진찰하는 특정한 의사)

Love is all you need. 네게 필요한 건 사랑이 전부야. (일반적인 의미의 사랑)

The love between a mother and daughter is forever.

모녀의 사랑은 영원하다. (모녀라는 특정한 사이의 사랑)

History was always boring when John was at school.

존은 학창 시절에 역사가 늘 따분했다. (일반적인 의미의 역사)

The history of Germany is very interesting to Koreans.

한국인에게 독일 역사는 유독 흥미롭다. (독일이라는 특정 국가의 역사)

Formal education begins at the age of eight in South Korea.

한국의 정식 교육은 8세부터 시작된다. (일반적인 의미의 교육)

Everyone deserves access to **the education** they need to get a job.

누구나 취업을 위한 교육을 받을 권리가 있다. (취업이라는 특정한 목적을 위한 교육)

bed, school, church, college/university, court, prison/jail, work, town, hospital, home, class, office 등은 본연의 기능/역할을 나타낼 때 대체로 관사를 쓰지 않는다. 다만 물리적인 장소 등 구체적인 의미를 나타낼 때는 관사를 쓴다.

I usually go to ~~the bed~~ at 11 o'clock.

I usually go to **bed** at 11 o'clock.

난 보통 11시에 잠이 들어.

My mother always told me to make **the bed** first thing in the morning.
어머니는 아침에 일어나자마자 잠자리부터 정리하라고 늘 말씀하셨다.

John goes to ~~the school~~ by bus most of the time.
John goes to **school** by bus most of the time.
존은 보통 버스로 통학한다.
John has been to **the school** twice for interviews.
존은 면접 때문에 그 학교에 두 번 가 본 적이 있다.

What time do you go to ~~the work~~?
What time do you go to **work**? 몇 시에 출근하세요?
Have you finished **the work** yet? 그 일은 벌써 끝냈어요?

Please call me when you're in ~~the town~~.
Please call me when you're in **town**.
우리 동네에 들를 때 연락하세요.
It's not such a good idea to live in **a town** where there are no doctors.
의사가 없는 동네에서 사는 건 그다지 좋지 않아.

I was late for ~~the class~~ yesterday.
I was late for **class** yesterday. 어제는 학교에 지각했어.
I'm thinking about taking **a history class**.
역사 과목을 들을까 생각 중이야.

John went to ~~the college~~ last year.
John went to **college** last year.
존은 작년에 대학교에 입학했다.

Barack Obama left ~~the office~~ in January 2017.
Barack Obama left **office** in January 2017.
버락 오바마 전 대통령은 2017년 1월에 퇴임했다.
John left the office for the day. 존은 퇴근했어.

John is ~~at the~~ home alone.
John is **home** alone. 존은 집에 혼자 있다.

매일 반복되는 끼니 have breakfast, for dinner 등, 스포츠를 비롯한 일상적인 활동 play soccer, play chess, go swimming 등, 일련번호나 부호, 운송수단 page 12, by air, by boat, on foot 등, 날짜/계절 at noon, at night, on Monday, in May, at Christmas, in summer 등, 언어 speak French, learn English 등, 특정한 직업 president, pope 등 에도 관사를 붙이지 않는다.

I had fish for ~~the lunch~~ today.
I had fish for **lunch** today.
오늘 점심 때 생선을 먹었어.

John plays ~~the tennis~~ to keep in shape.
John plays **tennis** to keep in shape.
존은 체력 단련을 위해 테니스를 친다.

John is staying in ~~the room~~ 1001.
John is staying in **room 1001**.
존이 묵는 방은 1001호다.

Let's start today's class. Turn to ~~the page~~ 123.
Let's start today's class. Turn to **page 123**.
수업 시작할게요. 123쪽을 펴세요.

Your flight leaves from ~~the gate~~ T25.
Your flight leaves from **gate T25**.
귀하의 항공편은 T25 게이트에서 출발합니다.

You can travel to Jeju Island either by ~~the plane or ship~~.
You can travel to Jeju Island either by **plane or ship**.
제주도는 항공편이나 배편으로 갈 수 있습니다.

Answers   1 Life   2 happiness   3 the home

#50 OPEN의 단짝은 CLOSE가 아닌 CLOSED다

Questions

그 식당은 오전에 영업하나요?
Is the restaurant open/opended[1] in the morning?

12월 24일에 저희 사무실은 직원만 출입 가능하며 고객 출입은 허용되지 않습니다.
On December 24th, our office will be open/opended[2] to employees but close/closed[3] to clients.

미국 등 영어권 국가의 상점에는 보통 영업 시간을 알리는 표지가 걸려 있는데, '영업 중'이면(문을 열었으면) OPEN, '영업 종료'면 (문을 닫았으면) CLOSED로 알린다. 두 단어를 풀어 쓰면 각각 다음과 같다.

OPEN = We are open. = The store is open. = Come in, we're open.
CLOSED = We are closed. = The store is closed. = Sorry, we're closed.

그런데 뭔가 이상해 보인다. open/closed가 대응하는 표현처럼 보이지 않기 때문이다. '영업 종료'가 closed라면 '영업 중'도 opened로 써야 하지 않을까.

사실 open/close가 꼭 대응하는 관계인 건 아니다. open의 반대말이 close일 수도, 아닐 수도 있다는 말이다. 다음 예문을 한번 비교해 보자. 두 문장의 의미는 어떻게 다를까.

> The store was **open** yesterday.
> The store was **opened** yesterday.
> 그 가게는 어제 문을 열었다.

각 문장을 풀어 쓰면 다음과 같다.

> The store was **open** yesterday.
> = The store was open for business yesterday.
> = The store was not closed yesterday.
> 그 가게는 어제 영업을 했다.
> The store was **opened** yesterday.
> = The store was launched yesterday.
> = The store started business yesterday.
> 그 가게는 어제 개업했다.

open은 open for business, 즉 '영업을 위해 문을 열다'는 뜻의 형용사인 반면, opened는 '문을 열다'는 의미의 동사 open의 과거분사형이다. The store was opened yesterday.는 The store opened yesterday.의 수동태인 셈이다.

이처럼 open을 쓰면 '영업 중'과 '개업' 둘 다 의미할 수 있으므로 문맥을 살펴봐야 한다. 즉 매일 반복되는 행위라면 '그날의 영업을 시작함'이고 그렇지 않으면 '영업을 처음 시작함'이다.

> 1 The store is **open** today.
> 그 가게는 오늘 문을 열었다. (오늘 영업을 한다)
> 2 The store is **opened** every morning at 9 o'clock.
> = The store opens every morning at 9 o'clock.
> 그 가게는 매일 아침 9시에 문을 연다.

1의 open은 형용사로 쓰여 '문이 열려 있는 상태'를 나타내지만 2의 open은 동사로 쓰여 '문을 여는 동작'을 나타낸다는 점에서 성격이 다르다. 2는 The store opens every morning at 9 o'clock.의 수동태 표현으로, be동사가 현재형으로 쓰인 것으로 보아 과거의 일이 아닌 매일 반복되는 일(문을 여는 행위)임을 알 수 있다.

반면 형용사와 동사로 모두 쓰이는 open과는 달리 close는 동사로만 쓰인다. 똑같은 형태의 형용사 close가 있긴 하지만 near 물리적으로 가까운라는 전혀 다른 의미로 쓰인다. 형용사 open에 대응하는 형용사 close는 없다는 말이다.

The store is **close** to my house.
그 가게는 우리 집에서 가깝다.

따라서 close의 과거분사형 closed가 형용사 역할을 한다.

The store is **closed** today.
그 가게는 오늘 문을 닫았다. (오늘 영업을 하지 않는다)
The store is **closed** every evening at 7 o'clock.
=The store closes every evening at 7 o'clock.
그 가게는 매일 저녁 7시에 문을 닫는다.

동사와 형용사의 형태가 같은 open과는 달리 close는 과거분사형을 써서 영업이 끝난 상태를 의미하는 형용사 closed와 문을 닫은 행위를 나타내는 동사 closed를 모두 나타낼 수 있다. 상점의 영업 안내 표지가 OPENED-CLOSED가 아닌 OPEN-CLOSED인 이유다.

The door of the store is **open**.
그 가게의 문이 열려 있다. (상태)

The store is **open**.
그 가게는 문을 열었다. (개점한 상태다) (상태)

The store is **open** from 9 a.m. to 7 p.m.
그 가게는 오전 9시부터 오후 7시까지 영업한다. (상태)

The store **opens** at 9 a.m.
=The store is **opened** at 9 a.m.
그 가게는 오전 9시에 문을 연다. (동작)

The store **opened** at 9 a.m. this morning.
= The store was **opened** at 9 a.m. this morning.
그 가게는 오늘 오전 9시에 문을 열었다. (동작)

The door of the store is **closed**.
그 가게의 문이 닫혀 있다. (상태)

The store is **closed**.
그 가게는 문을 닫았다. (폐점한 상태다) (상태)

The store **closes** at 7 p.m.

= The store is **closed** at 7 p.m.

그 가게는 저녁 7시에 문을 닫는다. (동작)

The store **closed** at 7 p.m. this evening.

= The store was **closed** at 7 p.m. this evening.

그 가게는 오늘 저녁 7시에 문을 닫았다. (동작)

따라서 다음과 같은 대화로 나타낼 수 있다.

When do you **open**? 언제 문을 여나요? (동작)

- We **open** at 9 a.m.

  오전 9시에 엽니다. (동작)

When are you **open**? 영업 시간이 어떻게 되나요? (상태)

- We are **open** from 9 a.m. to 7 p.m.

오전 9시부터 오후 7시까지입니다. (상태)

When do you **close**? 언제 문을 닫나요? (동작)

- We **close** at 7 p.m.

오후 7시에 닫습니다. (동작)

Answers 1 open 2 open 3 closed

#51 until은 기한이 불분명하다

한국에서는 대다수 아동이 7세 이후에 취학한다.

Most children in Korea do not start school after/until¹ they are seven years old.

10월 2일(월)부터 10월 6일(금)까지 사무실을 비울 예정이며 10월 9일(월) 아침에 복귀합니다.

I will be out of the office Monday, October 2 until/through² Friday, October 6, returning the morning of Monday, October 9.

월요일 아침 도서관을 찾았는데 이런 공지가 붙어 있다고 치자.

> The library will be closed **until** Thursday.

도서관이 재개관하는 요일은 언제일까. 목요일일까 금요일일까. 다소 헷갈린다. 수요일까지 폐관하고 목요일에 열거나 목요일까지 폐관하고 금요일에 연다는 두 가지 해석이 가능하기 때문이다.

> The library will reopen on Thursday.
> (수요일까지 폐관하고 목요일에 재개관)
> The library will reopen on Friday.
> (목요일까지 폐관하고 금요일에 재개관)

until의 의미를 혼동하는 건 원어민도 마찬가지다. Oxford Dictionary에 따르면 until은 up to the point in time or the event mentioned 언급된 시간이나 사건이 있을 시점에 이르기까지라는 뜻이다. up to the time of 어떤 시점까지와 before 어떤 시점 이전까지의 뜻이 섞여 있어 의미가 모호한 것이다.

사실 until이 나타내는 시점이 정확히 명시되거나 문맥상 전후 관계가 뚜렷하다면 헷갈릴 일이 없다.

> The library is open **until** 9 p.m.
> 그 도서관은 저녁 9시까지 운영된다.
> (저녁 9시까지는 문이 열려 있다가 저녁 9시부터 문을 닫는다)
> The library will be closed **until** scheduled maintenance is completed.
> 정기 보수 작업이 완료될 때까지 도서관이 폐관될 예정입니다.
> (보수 작업 중에는 폐관했다가 작업이 끝나면 개관한다)

문제는 다음처럼 기한deadline 등 구체적인 날짜를 명시할 때 해당 날짜까지 포함되는지 불분명한 때가 많다는 점이다.

> You have **until** October 17 to turn in your essay.
> 10월 17일까지 과제를 제출하시오.

위 문장만 봐서는 과제 제출 마감일이 10월 16일인지 10월 17일인지 헷갈린다. 이런 경우 원어민은 until을 어떻게 해석할까.

보통 긍정문이라면 until 뒤에 제시된 날짜가 포함되고, 부정문이라면 포함되지 않는 걸로 이해한다. 부정어 not이 들어간 not … until 구문은 not … before로 이해하기도 한다. 물론 모든 경우에 적용되는 절대 원칙은 아니므로 until이 가리키는 시점은 문맥과 상황에 따라 얼마든지 달라질 수 있다.

> I have class **until** Wednesday.
> (= I don't have class on Thursday.)
> 수요일까지 수업이 있다. (목요일부터 수업이 없다)
> I do **not** have class **until** Wednesday.
> (= I don't have class before Wednesday./I have class on Wednesday.)
> 수요일 전까지는 수업이 없다. (수요일부터 수업이 있다)
>
> The show is on **until** October 17.
> (= The show is not on October 18.)
> 그 공연은 10월 17일까지 한다. (10월 18일부터 공연이 없다)

The show is **not** on **until** October 17.
(= The show is not on before October 17./The show is on October 17.)
그 공연은 10월 17일 전까지는 하지 않는다. (10월 17일부터 공연이 있다)

이 기준에서 보면 앞선 예문의 경우 마감일을 10월 17일이라고 이해할 수도 있지만 그래도 여전히 10월 16일로 이해할 여지는 있다. 따라서 되도록 until보다 의미가 분명한 표현을 쓰는 것이 바람직하다. 가령 지칭하는 시점까지 포함하는 no later than 늦어도 ~까지는, up until and including ~(날짜)까지 등을 쓸 수 있다.

You have **until** October 17 to turn in your essay.
= Turn in your essay **no later than** October 17.
= Turn in your essay **up until and including** October 17.
10월 17일까지 과제를 제출하세요.(10월 18일은 불가)

다시 도서관 재개관 예문으로 돌아가 보자. '하루'라는 개념은 특정한 시점을 특정하지 않고 '시작과 끝을 아우르는 기간'이다. 오전에 열어 오후 늦게 폐관하는 게 관행이므로 closed(=not open) until Thursday가 의미하는 시점은 '목요일 오전' 또는 '목요일 저녁'으로 볼 수 있다.

그런데 상식적으로 저녁에 개관하는 도서관은 없을 테니 closed until Thursday는 수요일까지 폐관됐다가 목요일에 개관하는 경우를 가리키는 셈이다. 따라서 앞선 공지는 지금까지 설명한 기준과는 상관없이 '수요일까지 폐관, 목요일에 재개관'으로 이해하는 게 현실 영어의 관점에서는 타당하다. 물론 until의 태생적 모호함 때문에 이견은 여전히 가능하다. 엄밀하게 시점을 따지는 상황에서는 until을 쓰지 않는 게 바람직한 이유다.

The library will be closed **until** Thursday.
= The library will **not** be open **until** Thursday.
= The library will reopen **on** Thursday.
도서관은 수요일까지 폐관합니다. (목요일에 재개관합니다)

따라서 가능하면 through, from ... to 등 좀 더 의미가 분명한 표현으로 바꿔 쓰라는 게 전문가들의 조언이다. 특히 공식 문서를 작성하거나 이해관계가 얽힌 업무를 처리할 때는 until을 쓰면 문제의 소지가 될 수 있다. 이럴 땐 구체적인 날짜를 명시하는 게 가장 간단한 방법이다.

The library will be closed **until** Thursday.
= It will reopen **on** Thursday.
도서관은 수요일까지 폐관합니다. (목요일에 재개관합니다)

The library will be closed Monday **through** Wednesday.
= The library will be closed **from** Monday **to** Wednesday.
= It will reopen **on** Thursday.
도서관은 월요일부터 수요일까지 폐관합니다. (목요일에 재개관합니다)

The library will be closed **through** Wednesday.
= The library will be closed **up until and including** Wednesday.
= It will reopen **on** Thursday.
도서관은 수요일까지 폐관합니다. (목요일에 재개관합니다)

　Merriam-Webster Dictionary에 따르면 through는 to and including 바로 뒤에 제시되는 날짜를 포함해 그때까지라는 뜻이므로 through Wednesday는 수요일을 포함한 '수요일까지'라는 의미다.

Answers　1 until　2 through

#52 by는 기한이 정해져 있다

Questions

지원서는 이달 말까지 제출해야 합니다.
Applications should be submitted until/by¹ the end of this month.

전 학생은 시험 종료 때까지 교실에 남아 있어야 했다.
All students had to stay in the classroom until/by² the exam was over.

외국계 회사에 근무하는 한국인이 출장을 떠나며 다음과 같은 메모를 남겼다. '화요일까지 출장이어서 자리를 비운다'는 의도가 제대로 전달됐을까.

> I will be away **until** Wednesay.

우리말에서는 헷갈릴 일이 없다. 화요일'까지' 출장이면 사무실에는 수요일에 복귀한다는 뜻이다. 그런데 until은 '어떤 시점에 이르기까지 up to the time of'를 의미하므로 구체적인 정보나 맥락이 제시되지 않으면 어느 시점을 말하는 것인지 분명히 알 수 없다.

이때는 분명한 표현으로 바꿔 써야 오해를 피할 수 있다. 이처럼 구체적인 시점을 특정해야 할 때는 by를 쓰는 게 적절하다.

> I will be away **until** Wednesay.
> = I am away and will be back **by** Wednesay.
> 현재 출장 중이며 수요일에 복귀할 예정입니다.

by는 의미상 until과 차이가 없어 보이지만 역할은 다르다. until은 '어떤 동작/사건이 until에 뒤따르는 시점까지 지속되고 있음을 나타내는 동사 verbs that express a

continuous action up to a certain time'와 어울려 쓰인다.

반면 by는 'by에 뒤따르는 특정한 시점 전이나 그 시점에before or at a certain time',
또는 '늦어도 by가 가리키는 특정한 시점에no later than a certain time' 어떤 동작이나 사
건이 완료됨을 나타내는 동사와 어울려 쓰인다. 따라서 기한을 구체적으로 명시한
다면 by를 써야 한다.

다시 말해 by는 특정한 기한a deadline을 나타내지만 until은 특정 시점에 이르기까
지의 기간the period of time before a deadline을 표현한다는 점에서 다르다.

> I will be at the library **until** 7 p.m.
> (= I will continue to be at the library up to 7 p.m./I will not be at the
> library after 7 p.m.)
> 오후 7시까지 도서관에 있을 거예유 (오후 7시 이후에는 도서관에 없다)
> I will be at the library **by** 7 p.m.
> (= I will arrive at the library no later than 7 p.m.)
> 오후 7시까지 도서관에 도착할 거예요. (늦어도 오후 7시까지 도서관에 가겠다)

위 예문에서 알 수 있듯 두 경우 모두 until/by 뒤에 나오는 시점은 같지만 until은
'해당 시점까지 지속되는 과정'이 중요한 반면, by는 '해당 시점'을 강조한다는 차이
가 있다.

이처럼 쓰임새가 다른 만큼 동사의 성격에 따라 두 단어를 가려 써야 한다. 가령
until은 stay, work, study, live, drive, sleep, walk 등 '지속'의 의미를 나타내는
동사와 어울려 쓰이는 반면, by는 arrive, leave, finish, return, pay 등 특정 시점
에 동작이나 사건이 완료됨을 나타내는 일회적이고 단발적인 의미의 동사와 어울
려 쓰인다.

> John **worked until** 9 p.m.
> 존은 저녁 9시까지 근무했다.
> I can **use** my parents' car **until** tomorrow.
> 내일까지 부모님 자가용을 쓸 수 있어.
> They **drove** around the town **until** dark.
> 그들은 해가 질 때까지 차를 타고 시내를 누볐다.

They **lived** in a small house **until** last year.
그들은 지난해까지 작은 집에서 거주했다.

I **stayed** at the party **until** midnight.
자정까지 파티에 남아 있었다.

I was so tired I **slept until** noon.
너무 피곤해서 정오까지 잠을 잤다.

I **studied** English **until** late at night.
밤늦은 시간까지 영어 공부를 했다.

John was asked to **finish** the report **by** December 15.
존은 12월 15일까지 보고서를 끝내 달라는 요청을 받았다.

You need to **return** the book to the library **by** tomorrow.
그 책 내일까지 도서관에 반납해야 해.

I decided to **quit** smoking **by** next month.
다음 달까지 금연하기로 결심했다.

The plane will **arrive** at Changi Airport **by** noon.
그 비행기는 정오까지 창이공항에 도착할거야.

Do we have to **pay** our taxes **by** April 5?
우리 세금 납부 기한이 4월 5일까지니?

We **left** work **by** seven or eight at night.
우리는 저녁 일고여덟시쯤 퇴근했다.

by/until이 부정문에 쓰이면 의미 차이가 더 확연히 드러난다.

I can do it **by** midnight. 자정까지 할 수 있어요. (자정까지 일을 마치겠다)
I can do it **until** midnight. 자정까지 할 수 있어요.
(업무 완료와는 무관하게 자정까지 일을 하겠다. 자정이 되면 더 이상 할 수 없다)
I can't do it **by** midnight. 자정까지는 할 수 없어요. (자정까지는 일을 마치는 게 어렵다)
I can't do it **until** midnight. 자정 전까지는 할 수 없어요. (자정이 돼야 할 수 있다)

Answers 1 by 2 until

#53 지루하게 하는 boring 것과 지루해 하는 bored 것은 관점의 차이다

Questions

당신이 하품을 하면 따분한 것이고 다른 이가 하품을 하면 당신이 따분한 사람이라는 의미다.
If you're yawning, you're boring/bored¹. If everyone else is yawning, you're boring/bored² to them.

존 교수의 강의는 너무 흥미진진해서 학생들이 지루할 틈이 없다.
Professor John's classes are so interesting that the students never get boring/bored³ in his classes.

다음 두 문장은 어떻게 다를까.

> 1 My teacher is **boring**.
> 2 My teacher is **bored**.

1은 주어 (my teacher)가 다른 사람을 '지루하게 하는' 사람이고, 2는 주어가 '지루한 상태에 있는' 사람이라는 의미를 나타낸다.

이처럼 영어에서는 동사에서 파생된 ~ed/~ing 형태의 형용사가 흔히 쓰인다. 가령 위 문장의 경우 두 형용사가 파생된 동사 bore는 Cambridge Dictionary에 따르면 talk or act in a way that makes someone lose interest 누군가가 흥미를 잃게끔 말하거나 행동하다라는 뜻이다. 형용사인 boring은 not interesting or exciting 흥미롭지 않거나 흥이 나지 않는, bored는 feeling unhappy because something is not interesting 어떤 것[일]이 흥미롭지 않아서 즐겁지 않은이라는 의미다. 그런데 뜻만 봐선 두 형용사의 의미 차이가 언뜻 와 닿지 않는다.

의미 차이가 아닌 관점의 차이에 따라 두 형용사 형태를 구분해 써야 한다는 게 중요하다. boring은 주어가 '지루하게 하는' 대상임을 강조하고 bored는 주어가 '지루한 상태에 있다'는 것을 강조한다는 점에서 관점이 정반대라 할 수 있다.

My teacher is **boring**.
우리 선생님은 지루해.
= I am bored with my teacher.
= My teacher bores me.
= I find my teacher **boring**.

이처럼 ~ed 형용사형은 기분이나 상태를 묘사하는 반면, ~ing 형용사형은 그런 기분이나 상태를 불러일으킨 대상을 묘사한다. ~ed 형용사형이 사람을 주어로 하는 이유다.

It was a ~~bored~~ movie.
It was a **boring** movie.
The movie was ~~bored~~.
The movie was **boring**.
그 영화는 따분했어.

영화나 책은 다른 사람을 지루하게 만들거나 흥미를 유발하는 대상이지 그 자체가 지루해 하거나 흥미를 느끼는 상태를 감각할 수는 없다.

This book is ~~interested~~.
This book is **interesting**.
This is an ~~interested~~ book.
This is an **interesting** book.
= I am **interested** in this book.
= I find this book **interesting**.
이 책은 흥미로워.

반면 어떤 '사람'이 특정 기분이나 감정을 유발시키는 주체라면 ~ing 형용사형을 쓸 수 있다.

My teacher is **boring**.
= My teacher bores me.
= My teacher makes me feel bored.

= I feel bored because of my teacher.

우리 선생님은 지루해.

John is an **interesting** person.

= John interests me.

= John makes me interested in him.

존은 재미있는 사람이야.

참고로 이 같은 유형의 형용사 중 하나인 confused은 사람, 사물 모두 주어로 할 수 있으며, 이 경우 misused 오용되는라는 뜻을 나타낸다.

These are **confusing** English words.

이 영단어들은 (영어 학습자들이) 헷갈려 한다.

= These are English words that are **confusing** to English learners.

= These are English words that confuse English learners.

= These are English words that English learners find **confusing**.

These are **confused** English words.

이 영단어들은 잘못 사용되고 있다.

= These are **confused** English words.

= These are English words that are **confused**.

Answers   1 bored   2 boring   3 bored

Questions

마침내 터널 끝에 빛이 보인다.
At last, there is light in/at¹ the end of the tunnel.

어리석은 사람이 끝에 가서야 하는 일을 현명한 사람은 처음부터 한다.
What a fool does in/at² the end, the wise do in the beginning.

'결국 나는 성공해 냈다'는 말은 영어로 어떻게 하면 될까.

> I succeeded **at the end**.
> I succeeded **in the end**.

두 번째가 맞다. 전치사만 다른 at the end/in the end는 헷갈리기 쉬운 관용 표현 중 하나다.

두 표현의 결정적인 차이는 '문자 그대로ᵢₗₜₑᵣₐₗₗᵧ'의 의미로 쓰는지의 여부에 있다. 우선 in the end는 의미상 finally/eventually/at last/after a long time (어떤 일의) 마지막에 다다라[결국에는/마침내]에 가깝다.

> Love, not hate, always wins **in the end**.
> 증오가 아닌 사랑이 언제고 최후의 승자다.
> John didn't want to take sides, but **in the end** he had to.
> 존은 한쪽 편을 들고 싶지 않았지만 결국엔 그도 별 수 없었다.

반면 **at the end**는 구체적인 시점·공간·사물의 끝을 가리킨다. 가령 하루가 끝나는 때at end of the day, 한 달이 끝나는 때at end of the month, 일 년이 끝나는 때at the end of the year를 지칭할 때는 at을 쓴다.

> John is often broke **at the end of every month.**
> 존은 매달 말에 무일푼일 때가 많다.
>
> Put a period **at the end of every sentence.**
> 문장이 끝나면 마침표를 찍으시오.
>
> Everybody was crying **at the end of the movie.**
> 영화가 끝날 무렵 모든 관객은 훌쩍이고 있었다.

다만 at the end of the day 결국[가장 중요한 것은]는 in the end와 비슷한 의미의 관용 표현으로 쓰인다.

> **At the end of the day**, I am to blame for everything.
> 결국 모든 게 제 책임입니다.

한편 in the end/at the end는 in the beginning 맨 처음에/at the beginning 처음에[최초에/시초에]와 대응 관계다. in the beginning은 in the end의 반대말, at the beginning은 at the end의 반대말로 이해해도 무방하다는 말이다.

in the beginning은 initially 애초에/at first 처음에는라는 의미를 나타내며 구체적인 시점을 가리키는 게 아니라 어떤 일의 결과에 대응하는 개념으로, in the end와 마찬가지로 대개 단독으로 쓰인다.

> John didn't like my idea **in the beginning**. But he had no choice but to support me because everyone else liked it.
> 존은 애초에 내 생각에 찬성하지 않았지만 다들 좋다고 해서 별 수 없이 지지할 수밖에 없었다.
>
> **In the beginning**, nobody understood what was happening, but things got much clearer after John explained everything.
> 처음엔 그 누구도 상황을 파악하지 못했지만 존이 자초지종을 설명하고 나자 그제야 이해가 됐다

반면에 at the beginning은 구체적인 시점이나 위치를 가리킨다.

> The people you meet **at the beginning** of college will not necessarily be your friends for all four years.
> 대학 초에 만난 친구들과 대학 시절 내내 친구로 지내리라는 법은 없다.

John's store is located **at the beginning** of the shopping street.
존은 가게는 그 쇼핑가 초입에 있다.

Such a list should have been **at the beginning** of the book, not **at the end**.
그런 명단은 책 후반부가 아니라 앞쪽에 넣었어야죠.

Answers 1 at 2 in

#55

첫 만남 meet과 공식 회동 meet with은 다르다

Questions

그 두 사람은 1968년 여름 샌프란시스코에서 처음 만났다.
The couple met/met with[1] in the summer of 1968 in San Francisco.

그 기업인 출신 대통령은 다음 주에 재계 지도자들과 백악관에서 회동할 예정이다.
The businessman-turned-president is set to meet with/meet[2] business leaders next week.

원어민과 처음 만난 자리에서는 보통 다음과 같은 인사말을 주고받는다.

> Nice to **meet** you.
> 만나서 반가워요.

이때 '~와 만나다'는 우리말을 떠올려 Nice to meet with you.라고 하면 안 된다. meet/meet with는 비슷해 보이지만 뜻이 다르다. Cambridge Dictionary에 따르면 meet은 see and talk to someone for the first time 사람을 처음으로 만나 이야기를 나누다이라는 의미다. 반면 meet with는 처음 만나는 자리에서는 쓰지 않는다.

> John ~~met with~~ his wife at work.
> John **met** his wife at work.
> 존은 직장에서 아내를 처음으로 만났다.

> Have we ~~met with~~ before? You look familiar.
> Have we **met** before? You look familiar.
> = Do I know you from somewhere? You look familiar.
> 우리 구면인가요? 낯이 익어 보여서요.

meet가 구어체에, meet with는 격식체에 가깝다는 점도 다르다. Macmillan Dictionary에 따르면 meet with는 have a formal meeting with someone 공식적으로 회의를 하다[회동을 갖다]이라는 뜻이다. 따라서 공식적으로나 정식으로 만나는 경우라면 meet with(=have a meeting with)를 써야 한다. 즉 meet이 일상적으로 만나는 행위를 뜻한다면 meet with는 사전에 조율된 공식적인 회동이자 일정 시간이 소요되는 만남을 가리킨다.

> I'm supposed to **meet with** my doctor next week.
> 다음 주에 주치의를 만나기로 했어.
> My boss is flying to New York to **meet with** investors next month.
> 사장님은 투자자 면담 차 다음 달에 뉴욕에 가셔.

Cambridge Dictionary에 따르면 meet with는 experience something, usually something unpleasant 주로 달갑지 않은 일을 경험하다 라는 의미도 있다.

> I heard John **met with** an accident yesterday.
> 존이 어제 사고를 당했다던데.
> The president's proposal **met with** fierce opposition.
> 대통령의 제안은 격렬한 반대에 부딪혔다.

한편 meet 대신 see를 쓸 때도 있다. meet은 초면에는 쓰지 않는다. 가령 오랜만에 친구와 길거리에서 마주친 경우 meet를 쓰면 어색하다.

> Hey John, nice to ~~meet~~ you.
> Hey John, nice to **see** you. 존, 이렇게 마주치니 반갑구나.

Answers 1 met 2 meet with

#56 만나서 아는meet 사이가 잘 아는know 사이다

Questions

그녀와는 두어 해 전부터 알고 지낸 사이야.
I met/have known[1] her a couple of years ago.

우리 어디서 만난 적 있나요?
Do I know/meet[2] you from somewhere?

'10년 전에 존을 알게 됐다'는 영어로 어떻게 표현할까.

> [1] I **knew** John ten years ago.
> [2] I **met** John ten years ago.

상대방을 처음 만난 때를 나타내므로 문맥상 **2**가 자연스럽다. **1**은 10년 전에는 아는 사이였지만 지금은 더 이상 교류가 없는 관계라는 의미를 나타낸다.

그런데 '10년 전에 알게 됐다'는 '알고 지낸 지 10년이 됐다'는 말이나 다름없다. 따라서 처음 알게 된 시점부터 현재까지 변함없이 교류를 이어가고 있다는 의미로 현재완료 시제를 써서 같은 뜻을 나타낼 수도 있다.

> I ~~knew~~ John ten years ago.
> I **met** John ten years ago.
> = I **have known** John for ten years.
> 존을 10년 전에 처음 알게 됐다. (존을 알고 지낸 지 10년이 됐다)

사실 동사 meet와 know는 떼려야 뗄 수 없는 관계다. 당연한 말이지만 서로 알고 지낸 지 10년이나 됐다면 상대방을 잘 안다고 해도 과언은 아니다. 이처럼 개인적으로 친밀한 관계를 나타낼 때 쓰는 동사가 know다.

> I **know** John.
> = I **know** John personally.
> = I **know** John well.
> = I'm familiar with John.
> = I **met** him ten years ago.
> = I**'ve known** him for ten years.
> 나 존 알아. (존과 아는 사이다)

우리말 '알다'도 '교육·경험 등을 통해 정보나 지식을 갖추다'라는 의미 외에 '잘 모르던 대상에 대하여 좋은 점을 깨달아 가까이하려 하다'라는 뜻이 있다. '돈 맛을 알다' 등이 후자의 뜻에 해당하는 용례다. 그러나 '잘 아는 것'과 '조금 아는 것'은 다르기 때문에 주의할 필요가 있다. 가령 뉴욕에 가본 적이 있느냐는 뜻으로 '너 뉴욕 좀 알아?'라는 말을 다음처럼 한다면 어색한 표현이 된다.

▎ Do you **know** New York?

질문한 사람의 의도와는 달리 이 말은 '뉴욕에 대해 잘 아느냐 Are you familiar with New York?'라는 의미에 가깝기 때문이다.

> Do you **know** New York?
> = Do you know New York well?
> = Do you know a lot about New York?
> = Are you well acquainted with New York?
> 뉴욕에 대해 잘 아나요?

'너 뉴욕 좀 알아?'라는 질문이 '뉴욕에 대해 잘 아는지'가 아니라 '뉴욕에 가본 적이 있어 조금 아는지'를 우회적으로 묻는 취지라면 know에 얽매일 필요 없이 이렇게 표현하는 게 자연스럽다.

Have you ever been to New York?
= Have you been to New York before?
= Have you ever visited New York?
= Have you visited New York before?
뉴욕에 가본 적 있나요? (뉴욕에 대해 조금 아느냐)

가본 적이 있는 지와는 상관없이 '뉴욕에 대해 조금 아는지'를 직설적으로 묻는 경우라면 다음의 표현이 적당하다.

Do you know a little about New York?

한편 '뉴욕에서 만나 아는 사이다', 즉 '뉴욕에 있을 때 처음 만나 알고 지내는 사이다'는 의미를 나타내고 싶다면 know someone from을 쓴다. 이는 '어떤 장소 등에서 (누구를) 만난 적이 있다'는 뜻의 관용구로, from 다음에는 장소 외에 다른 명사가 올 수도 있다.

I **know him from** New York.
= I met him in New York.
그 사람은 뉴욕에서 처음 만났어.

I **know her from** my volunteering for a non-profit.
= I met her while volunteering for a non-profit.
비영리단체에서 봉사활동을 하다 그녀를 알게 됐어.

Answers 1 have known 2 know

#57 영국인British과 영어English와 잉글랜드인English은 다르다

Questions

'영국인'이란 잉글랜드, 스코틀랜드, 웨일즈, 북아일랜드 중 한 곳의 시민이라는 뜻이다.
Being English/British[1] means you are a citizen of either England, Scotland, Wales or Northern Ireland.

국적은 영국이지만 저는 스코틀랜드 사람이에요.
My nationality is English/British[2],but I'm from Scotland.

영어는 원래 '영국'에서 쓰는 말을 일컫는다. 역사를 따지자면 복잡해지지만 지금 우리가 아는 영국은 사실 1801년에 탄생했다. 역사도 길고 한때 세계를 제패하기도 한 나라인 만큼 영국에 관해서는 알려진 사실이 많지만 상대적으로 잘 알려지지 않은 사실도 있다. 이를테면 '영국'이라는 국가명이 그렇다.

우리는 '영국'이라고 통칭하지만 영어권에서는 the United Kingdom, the U.K., Britain, Great Britain 등 다양한 이름으로 불린다. 하지만 영국의 공식 명칭이 the United Kingdom of Great Britain and Northern Ireland라는 사실은 생각보다 모르는 사람이 많다. 이는 영국의 복잡한 역사와 무관하지 않다.

오늘날의 영국은 잉글랜드England·스코틀랜드Scotland·웨일즈Wales 왕국으로 구성된 영국 본토의 그레이트브리튼 왕국the Kingdom of Great Britain과 옆에 있는 섬인 아일랜드 왕국the Kingdom of Ireland이 합병되면서(훗날 남과 북으로 나뉨) 완성된 '그레이트브리튼과 북아일랜드 연합왕국the United Kingdom of Great Britain and Northern Ireland'이다. 워낙 길다 보니 보통 the United Kingdom 또는 the U.K.라는 약칭을 주로 사용하고 공식 명칭을 그대로 쓰는 경우는 흔치 않다. 다만 Northern Ireland를 제외한 Great Britain, 또는 더 줄여서 Britain이라고 표현하기도 한다. Northern Ireland에 사는 영국인들은 서운할진 몰라도 현실이 그렇다.

면적이 큰 나라는 아니지만 이런 역사 때문에 영국은 지방색이 매우 강하다. 밖에서 보면 같은 영국이지만 각자 유구한 전통을 지닌 여러 왕국이 합쳐진 연방 국가의 성격이 여전히 남아 있기 때문이다. '영국은 단일 국가가 아니라 국가들이 모인 국가다 The United Kingdom is not a single country, but a country of countries.'라는 말이 나온 것도 그래서다.

영어를 배우는 사람이라면 이런 배경과 역사를 알아두는 것이 중요하다. 원어민과 의사소통을 할 때 오해를 빚을 수 있기 때문이다. 특히 영국인에게 '출신 지역'을 물을 때는 주의해야 한다. 구체적인 출신 지역을 모를 경우 영국인을 British로 표현하는 건 문제가 없지만, English로 표현한다면 본의 아니게 분위기가 살벌해질 수도 있다.

1 Are you **British**? (= Are you from Britain?) 영국에서 오셨나요?
- Yes, I am. 네, 그렇습니다.
2 Are you **British**? 영국에서 오셨나요?
- Yes, I am **English**. (= Yes, I'm from England.) 네, 저는 잉글랜드 출신이에요.

둘 다 영국 출신이냐고 묻는 말이지만 답은 조금 다르다. 2처럼 구체적인 출신지를 밝히는 영국인도 얼마든지 있을 수 있다. 아마도 이렇게 답하는 사람이라면 영국 출신이라는 두루뭉술한 정체성보다 잉글랜드 출신이라는 자부심을 강조하려는 뜻이 담겨 있을지도 모른다. 하지만 English가 단순히 '영국인'을 통칭하는 말로만 잘못 알고 있는 경우 스코틀랜드 출신의 영국인에게 다음과 같은 질문을 던진다면 상대방의 심기를 건드릴 수도 있다.

Are you **English**? 영국에서 오셨나요?
- I'm **British**, but I'm from **Scotland**.
영국에서 온 건 맞지만 스코틀랜드 사람이에요.

그저 '영국 출신'이냐는 취지로 묻는 말이지만 듣는 영국인은 '잉글랜드 사람이냐'라고 특정하는 말로 이해한다. English는 coming from England 잉글랜드 출신의라는 뜻이기 때문이다. '영국 출신의 coming from the United Kingdom[Great Britain]'는 British

가 정확한 표현이다. 더욱이 잉글랜드가 다른 왕국을 핍박한 역사를 고려하면 잉글랜드 이외 출신 사람들의 감정을 상하게 할 수도 있다.

> Are you **English**? 잉글랜드에서 오셨나요?
> - No, I'm from **Scotland**. 아뇨. 스코틀랜드 사람인데요.

이처럼 상대방의 출신지를 무조건 English로 넘겨짚는 건 무례한 언사가 될 수 있다. 특히 고향에 대한 자긍심이 강하거나 잉글랜드에 대한 반감이 있다면 격한 반응을 보일지도 모를 일이다. 따라서 영국인인 상대방의 구체적인 출신지를 모른다면 British를 쓰는 게 가장 안전하다.

British는 '영국 출신의'라는 의미의 형용사이므로 영국인의 여권에는 국적이 British citizen으로 표기돼 있다. 단수형은 a British person이라고 한다. 구어체에서는 영국인을 a Brit 또는 Brits라고 표현하기도 하지만 '경멸체'라며 꺼리는 영국인도 있다.

물론 국적이 아니라 영국 내 출신지를 밝힌다면 잉글랜드 출신from England은 English, 스코틀랜드 출신from Scotland은 Scottish, 웨일즈 출신from Wales은 Welsh, 아일랜드 출신from Ireland은 Irish라고 한다. 참고로 아일랜드는 영국에 속한 북아일랜드Northern Ireland와 별도의 주권국가인 아일랜드 공화국the Republic of Ireland으로 나뉜다.

영국인 다수를 이를 때는 British people이라고 한다. 마찬가지로 출신지에 따라 English people, Scottish people, Welsh people, Northern Irish people 등으로 표현한다. 다만 단수명사 a British person이나 복수명사 British people은 올바른 표현인 반면, a British라는 명사는 없다. 마찬가지로 a Scottish, a Welsh, an Irish도 잘못된 표현이며, a Scottish person, a Welsh person, an Irish person이라고 써야 한다. 다만 스코틀랜드 사람은 a Scot, Scots라고 일컫기도 한다.

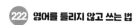

#58 뭐라고 부르든What do you call it? 어떻게 부르든How do you say it? 의미는 같다

'정말 고맙습니다'를 프랑스어로 뭐라고 하나요?
How do you call/say[1] "Thank you very much" in French?

바퀴가 네 개 있고 엔진이 하나 있는 물건을 뭐라고 하죠?
How/What[2] do you call a thing with four wheels and an engine?

버락 오바마 전 미국 대통령이 앙겔라 메르켈 독일 총리와 정상회담을 나눌 때 틀린 영어를 써 화제가 된 적이 있다. 메르켈을 띄워줄 요량으로 트레이드 마크로 통하는 '메르켈 마름모Merkel-Raute'를 거론하고 싶었지만 그 말이 생각나지 않자 연설 도중에 옆에 있던 메르켈 총리에게 다음과 같은 돌발 질문을 던진 것이다.

> How do you call it?
> 그걸 뭐라고 하죠?

메르켈 다이아몬드Merkel diamond로도 불리는 '메르켈 마름모'는 양손을 다이아몬드 모양처럼 만들어 복부 위에 올려 놓은 자세를 가리키는데, 이른바 '흔들리지 않는 지도력steady handedness'을 상징한다. 우리도 일상생활에서 의식적으로 정확한 국어 문법을 구사하며 말하지 않듯 어법에 어긋난 구어를 쓰는 건 오바마도 예외가 아니었다. 위 문장은 원래 다음 문장처럼 표현해야 한다.

> **How** do you say it?
> = How do you say it in English?
> 그걸 영어로 뭐라고 하죠?

what을 써서 같은 의미를 나타낼 수도 있다.

> ~~How~~ do you call it in English?
> **What** do you call it in English?
> ~~How~~ is it called in English?
> **What** is it called in English?
> (= **What** is the English word for it?)

위 문장 모두 의미 차이는 거의 없지만 응답하는 방식에는 다소 차이가 있다. What을 쓴 질문에는 명사(구)를 써서 구체적으로 답하는 데 비해, How do you say it in English?라는 질문에는 단어나 문장 모두 가능하다.

> **What do you call** it in English? 그걸 영어로는 뭐라고 하나요?
> - We call it "the Merkel-Raute" in English. 메르켈 마름모라고 합니다.
>
> **What is it called** in English? 그걸 영어로는 뭐라고 하나요?
> - It is called "the Merkel-Raute" in English. 메르켈 마름모라고 합니다.

call은 구체적인 단어(명사)만 지칭하는 반면, say는 단어뿐 아니라 문장도 가리킬 수 있어 쓰임새가 더 폭넓다.

> **Say** you, **say** me; **say** it for always.
> 'you'라고 말해요, 'me'라고 말해요, 영원히 말해요.
> **Say** that you love me. 날 사랑한다고 말해 주세요.
>
> **How** do you **say** that in English? 그걸 영어로 뭐라고 하죠?
> - It's the "Merkel-Raute". 메르켈 마름모요.
>
> **How** do you **say** "그거 가격이 얼마죠?" in English?
> '그거 가격이 얼마죠?'를 영어로 뭐라고 하나요?
> - We say "how much does it cost?".
> How much does it cost?라고 합니다.

What is this cat called?

(= What do you call this cat?)

이 고양이는 뭐라고 부르나요? (고양이 이름이 뭔가요?)

- Bori. '보리'라고 해요.

How do you call this cat?

= How is this cat called?

= In what manner do you call this cat?

이 고양이는 어떻게 부르나요? (어떻게 해야 오나요?)

- Yelling "Bori". '보리야'라고 큰 소리로 부르죠.

call은 이처럼 give a name이름을 부르다, describe 묘사하다는 의미 외에 shout (오라고) 소리쳐 부르다는 뜻으로도 쓰인다.

Questions

영어로 하고 싶으면 그렇게 하세요.
You may speak/speak in[1] English if you want to.

그 사람 영어를 그렇게 유창하게 하는 줄은 몰랐네.
I didn't know he speaks/speak in[2] English so well.

'너 영어 할 줄 일아?'는 영어로 어떻게 표현하면 될까.

> 1 Can you speak English?
> 2 Do you speak English?
> 3 Can you speak in English?
> 4 Do you speak in English?

대략 위와 같은 문장들이 가능하다. 그런데 이들 문장은 의미상 전혀 차이가 없을까. 그렇다면 굳이 can과 in을 쓴 이유는 뭘까.

사실 이 질문의 열쇠는 동사 speak에 있다. 원어민이 1, 2로 물었다면 두 문장 모두 '영어를 할 줄 아느냐'라는 의미라는 점에서 차이가 없다. can speak가 엄밀히 말하면 '(언어를) 구사하는 능력이 있다'라는 뜻이지만 실제로 Can you speak English?/Do you speak English?는 의미상 차이가 없다.

> Can[Do] you **speak** English?
> = Are you able to **speak** English?
> = Are you able to **speak** the English language?
> = Do you have the ability to **speak** English?
> = Do you have the ability to **speak** the English language?

그런데 상황이 바뀌면 의미도 달라질 수 있다. 가령 한국인이 미국을 방문했다고 치자. 한국어를 할 줄 아는 사람이 주변에 아무도 없다면 I can speak Korean.은 '한국어를 구사할 줄 아는 능력이 있다'는 좁은 의미를 나타낸다.

I **can speak** Korean. But I **don't speak** Korean because there are no Korean speakers around.
난 한국어를 구사할 수 있지만 주변에 한국인이 없어서 한국어를 쓸 일이 없다.

이때 I speak Korean.을 쓰면 한국어가 모국어이며 한국어를 일상적으로 구사한다는 뜻이 된다. 현재시제가 반복되고 되풀이되는 행위를 나타내기 때문이다.

I **speak** Korean.
= I use Korean every day./I use the Korean language every day.
= Korean is my first language./The Korean language is my first language.
= Korean is my mother tongue./The Korean language is my mother tongue.
= I'm a native speaker of Korean. / I'm a native Korean speaker.

앞서 말했듯 문제는 동사 speak다. 전치사 in이 없는 1, 2는 speak가 목적어를 취하는 타동사로 쓰였지만 3, 4는 목적어가 필요 없는 자동사로 쓰였다.

Cambridge Dictionary에 따르면 자동사 speak는 say words 말을 하다라는 일반적인 의미를 나타내는데 비해 타동사 speak는 be able to talk in a language 어떤 언어를 구사할 줄 알다라는 비교적 특수한 뜻을 나타낸다. 이처럼 타동사로 쓰일 경우 목적어는 반드시 '언어'여야 한다.

I want to learn how to **speak** in English.
= I want to learn how to **speak** English.
영어를 배우고 싶어.

I know how to **speak** in English.
= I know how to **speak** English.
영어를 할 줄 알아.

speak in English도 틀린 말은 아니지만 언어 구사 능력을 표현하는 상황이라면 speak English가 더 적절하다. speak English가 '영어라는 언어를 구사하다'는 뜻이라면 speak in English는 '영어라는 수단을 이용해 대화를 나누다'는 점이 다르기 때문이다.

반면 자동사 speak는 '말을 내뱉다, 이야기를 나누다'는 뜻이므로 주로 말하는 방식을 설명해 주는 부사가 뒤따른다. '영어로in English'는 여러 방식 가운데 하나일 뿐이다.

I usually **speak in** a high voice.
난 큰 소리로 말하는 편이야.

Marie **speak in** a soft voice.
마리는 부드러운 목소리로 얘기한다.

John often **speak in** this manner.
존은 종종 이런 식으로 말을 한다.

Would you **speak in** plain English?
쉬운 영어로 말씀해 주실래요?

My mother would **speak** to me **in** English and my father would **speak** to me **in** Italian when I was a kid.
난 어릴 때 엄마랑은 영어로 얘기했고 아빠랑은 이탈리아어로 얘기했어.

Should we **speak in** English or Korean during the meeting?
회의 진행을 영어로 할까요 한국어로 할까요?

Participants were allowed to **speak** either **in** English or **in** their first language.
참석자들은 영어나 자국어 중 하나를 선택해 토론할 수 있었습니다.

Answers   1 speak in   2 speaks

Questions

전 매일 차를 몰고 출근할 필요는 없거든요.
I don't feel the need to go to work by my car/drive to work¹ on a daily basis.

이 도시에서는 지하철이 24시간 운행되기 때문에 돌아다니기 좋아요.
In this city, it's a good idea to get around by the subway/take the subway to get around² because it runs 24 hours a day.

의미가 비슷하다고 해서 쓰임새까지 비슷한 건 아니다. 가령 go on foot과 walk는 의미가 같다. Longman Dictionary에 따르면 walk는 move forward by putting one foot in front of the other발을 엇갈리게 내밀어 앞으로 이동하다라는 의미라 사실상 '걷다, 걸어가다'는 말이나 다름없다. 실제로 같은 사전에 따르면 (go) on foot의 뜻은 walk라고 제시돼 있다.

> John often **travels on foot**. (= John often **travels by walking**.)
> 존은 종종 도보로 여행한다.

그럼 '매일 걸어서 출근하다'는 영어로 어떻게 하면 될까.

> John **goes to work on foot** every day. 존은 매일 걸어서 출근한다.

문법이나 의미에 큰 문제는 없다. 그런데 일상적인 상황에서 쓰기에는 왠지 거창하고 어색하다. 원어민들은 보통 이렇게 표현한다.

> John **walks to work** every day.
> (= John walks to the office[his office] every day.)
> 존은 매일 걸어서 출근한다.

on foot 도보로, by car 자동차로, by bus 버스로, by train 기차로, by subway 지하철로, by plane 비행기로, by ship 배로 등은 교통수단을 강조하는 '교과서적인' 표현이다.

> They are coming **by car**. 그들은 차편으로 올 거야.
> He likes traveling **by train**. 그 친구는 기차 여행을 좋아해.
> I hate traveling **by plane**. 비행기로 이동하는 건 질색이야.

이때 by가 교통수단을 나타낼 때는 단수 명사와 함께 쓰이며 관사 같은 한정사를 쓸 수 없다. 영어 학습자들이 종종 실수를 범하는 것도 바로 이 때문이다.

> I usually travel **by ~~my~~ car**.
> I usually travel **by car**.
> 난 보통 차로 여행을 다녀.
>
> He likes traveling **by ~~a~~ train**.
> He likes traveling **by train**.
> 그 친구는 기차 여행을 좋아해.
>
> She hardly travels **by ~~the~~ plane**.
> She hardly travels **by plane**.
> 그녀는 비행기는 잘 안 타.

위 표현들도 흔히 쓰긴 하지만 사실 원어민들이 교통수단을 지칭할 때 일상적으로 사용하는 자연스러운idiomatic 표현은 따로 있다. 가령 다음 예문의 1이 교과서에나 나올 법한 고루한 표현이라면 2는 원어민들이 실생활에서 흔히 쓰는 표현이다. 참고로 go to work는 get to work로 바꿔 쓰기도 한다.

> 1 I **go to work by car**. (= I go to work in my own car.)
> 2 I **drive to work**. (= I drive my car to work./I drive to go to work./ I drive my car to go to work./I drive to get to work./I drive my car to get to work.) 나는 자동차로 출근해.

기타 교통수단도 마찬가지다. drive, ride, walk 등 이동 수단에 따라 어울려 쓰이는 동사를 다양하게 활용한다는 게 핵심이다. 좀 더 구체적으로 표현할 때는 다음 예문들 중 두 번째 문장을 쓴다.

> I **go to work by bus**. (=I go to work on the bus.)
> =I **take the bus to work**.
> (=I take the bus to go to work./I take the bus to get to work.)
> 난 버스로 출근해.
>
> I **go to work by train**. (=I go to work on the train.)
> =I **take the train to work**. (=I take the train to go to work.)
> 난 기차로 출근해,
>
> I **go to work by subway**. (=I go to work on the subway.)
> =I **take the subway to work**. (=I take the subway to go to work.)
> 난 지하철로 출근해.
>
> I **go to work by bike**. (=I go to work on my bike.)
> =I **ride to work**. (=I ride my bike to work.)
> 난 자전거로 출근해.

버스, 기차, 지하철 등 대중교통은 개인이 소유할 수 없으므로 on my bus, on your train, on their subway처럼 소유격을 쓸 수 없다.

또한 in the bus가 아닌 on the bus, in the train이 아닌 on the train, in the subway가 아닌 on the subway, in my bike가 아닌 on my bike로 쓰는 등 전치사 사용에도 유의해야 한다.

Answers   1 drive to work   2 take the subway to get around

#61 이동하는 travel 것과 다녀오는 trip 것은 다르다

Questions

서울에 사는 사람이 파리로 여행을 간다는 것은 서울에서 파리로 이동한 다음 파리에서 잠시 머문 뒤 다시 서울로 돌아온다는 의미다.
If you live in Seoul and go on a travel/trip[1] to Paris, you travel/trip[2] from Seoul to Paris, stay in Paris for a while and then travel/trip[3] back to Seoul.

〈걸리버 여행기〉는 여행기가 아니라 정치 풍자다.
Gulliver's Travel/Travels[4] is not a travel book, but a political satire.

'여행' 하면 대개 trip 또는 travel라고 옮길 것이다. 둘 다 '여행'을 뜻하지만 trip은 명사로만 쓰이는 반면 travel은 명사와 동사로 쓰인다는 점이 다르다. 따라서 다음처럼 동사를 써야 할 자리에 명사 trip을 쓰면 비문이 된다.

> I will ~~trip~~ to Germany for business. I will be back on Friday.
> I will **travel** to Germany for business. I will be back on Friday.
> 저는 사업차 독일에 갑니다. 금요일에 귀국할 예정입니다.

Cambridge Dictionary에 따르면 travel의 동사형은 move or go from one place to another 한 곳에서 다른 곳으로 이동하다, 명사형은 the activity of traveling 한 곳에서 다른 곳으로 이동하는 것을 뜻한다. 흔히 '여행하다', '여행'이라는 협소한 의미로만 알고 있지만 실제로는 한 위치에서 다른 위치로 이동하는 것, 즉 이동하는 과정 자체를 나타낸다. 사전적 정의로만 보면 여행도 이동에 포함되는 셈이다. 위 예문에서도 이동의 목적을 '사업'이라고 명시한 만큼 '여행'으로 옮기면 어색해진다. 이때는 여행이 아닌 이동으로 해석해야 한다. 같은 맥락에서 일터에 출퇴근할 때도 travel을 쓸 수 있으며, 마찬가지로 '여행을 하다'가 아닌 '이동을 하다'로 해석해야 한다.

> I use the bus to ~~trip~~ to work.
> I use the bus to **travel** to work.
> 난 버스로 출근한다.

반면 trip은 Cambridge Dictionary에 따르면 an occasion on which someone goes to a place and returns from it 어떤 곳에 갔다가 돌아오는 경우을 뜻하고 명사로만 쓰인다. 동사로 쓰일 때는 여행과는 아무런 상관이 없는 전혀 다른 뜻을 나타낸다.

'어떤 곳에 갔다가 돌아오는 경우'는 출발한 곳으로 돌아오는 계획이 있는 상황에서 목적지로 이동하고 다시 돌아오는 과정 the whole process of going somewhere and coming back or the whole time you are away을 말한다. 기간과 관계없이 결국 돌아온다는 의미를 나타내므로 trip은 일정 itinerary을 포함한다. 반면 travel은 귀환 계획 없이 단순히 특정 위치에서 다른 위치로 이동하는 것을 나타낸다.

'돌아오는 행위' 역시 귀환을 전제로 하는 trip으로 볼 수 있지만 이동하는 행위 자체만 보면 travel으로도 볼 수 있다. 다시 말해 한 차례의 trip은 최소한 두 차례의 travel을 전제한다.

travel은 명사로도 쓰이지만 주로 셀 수 없는 '추상명사'로 쓰인다. 추상적인 의미의 이동이나 여행은 구체적인 사건으로서의 여행, 즉 일정에 따라 물리적으로 움직이는 여행이 아니다. 출발하고 돌아오는 일정이 있는 물리적인 여행을 나타낼 때는 trip을 쓴다.

> ~~A travel~~ broadens the mind.
> **Travel** broadens the mind
> 여행은 생각의 폭을 넓힌다.

> How often do you take ~~a travel~~ to China?
> How often do you take **a trip** to China?
> (= How often do you travel to China? / How often do you visit China?)
> 중국에는 얼마나 자주 가나요?

그런 의미에서 time travel도 엄밀히 말하면 '시간 여행'이 아닌 '시간 이동'이다.

> Time ~~trip~~ may be possible, but it is not practical.
> Time **travel** may be possible, but it is not practical.
> 시간이동이 가능할지는 모르지만 현실성은 없다.

반대로 How was your travel to Italy?가 어색한 이유는 travel이 정해진 일정에 따라 목적지를 다녀오는 '여행'이 아니라 한 위치에서 다른 위치로의 '이동'을 뜻하는 추상적인 의미를 뜻하기 때문이다.

> How was your ~~travel~~ to Italy?
> How was your **trip** to Italy?
> 이탈리아 여행은 어땠어?

따라서 '여행을 가다'라고 할 때는 다음과 같은 표현이 가능하다.

> I'm planning ~~a travel~~ to Spain next year.
> I'm planning **a trip** to Spain next year.
> = I'm going to go on **a trip** to Spain next year.
> = I'm going to take **a trip** to Spain next year.
> = I'm going to **travel** to Spain next year.
> = I'm going to **visit** Spain next year.
> 내년에 스페인으로 여행을 떠날 생각이야.

단, 개인이 여러 차례 다녀온 여행을 집합적으로 일컫는다면 복수형 travels를 쓴다.

> *Gulliver's ~~Travel~~* is one of the best satirical novels of all time.
> *Gulliver's Travels* is one of the best satirical novels of all time.
> 〈걸리버 여행기〉는 역사상 최고의 풍자 소설이다.
> She's writing a book about ~~her travel~~ in Africa.
> She's writing a book about **her travels** in Africa.
> 그녀는 아프리카 여행기를 쓰고 있어.

Answers 1 trip 2 travel 3 travel 4 Travels

Questions

폴은 메리와 결혼한 사이다.
Paul is marrying with/married to[1] Mary.

부잣집 남자와 결혼하는 건 관심 없고 성격이 좋은 사람하고 결혼하고 싶어.
I don't care if the man I marry/marry with[2] is rich, but I want to marry a man with a good character.

'언젠간 그녀와 결혼할 거야'를 영어로 말해 보라고 하면 다음과 같이 두 문장으로 표현할 가능성이 크다.

> I will marry with her someday.
> I will marry her someday.

둘 중 어떤 표현이 옳을까. 우리말로도 '~와 결혼하다'라는 표현을 써서 결혼 상대자를 지칭하기 때문에 영어로 표현할 때도 '~와'라는 의미의 전치사 with를 쓰기 쉽다는 게 함정이다. marry는 전치사가 필요 없는 타동사이므로 전치사를 쓰면 틀린다.

> Will you marry ~~with~~ me?
> Will you marry ~~to~~ me?
> Will you marry me?
> 나와 결혼해 줄래?

결혼 상대자를 지칭하지 않고 marry를 쓸 때도 있다. 목적어(결혼 상대자)가 필요 없는 자동사로 쓰인 경우가 그렇다. 이때는 get married 결혼하다를 쓰기도 한다.

My parents **married** in Seoul.
= My parents **got married** in Seoul.
우리 부모님은 서울에서 결혼하셨어.

사실 get married는 구어체에서 많이 쓰는 표현이다. 이때 목적어를 써서 결혼 상대자를 나타내고 싶다면 반드시 전치사 to를 써야 한다.

My mother **married** ~~with~~ my father in 1996.
My mother **married** my father in 1996.
My mother **got married** ~~with~~ my father in 1996.
My mother **got married to** my father in 1996.
우리 어머니와 아버지는 1996년에 결혼하셨어.

향후 결혼 예정이라면 미래시제 또는 현재진행형을 써서 다음과 같이 표현한다.

John and Mary **will marry** next year.
= John **will marry** Mary next year.
= John **is marrying** Mary next year.

John and Mary **will get married** next year.
= John **will get married to** Mary next year.
= John **is getting married to** Mary next year.
존이 메리랑 내년에 결혼한대.

한편 marry/get married가 결혼이라는 '행위 action/event'를 강조한다면 be married/be married to는 결혼한 '상태 state'를 나타낸다. 이때도 be married with 라고 쓰면 틀린다.

John **is married**. (= John is a married man /John is not single.) 존은 기혼이다.

John **is married** ~~with~~ Mary.
John **is married to** Mary. 존의 배우자는 메리다.

Jane **is not married** yet. (= Jane is single.) 제인은 아직 미혼이다.

결혼 유무를 확인해야 하는 상황이라면 다음과 같이 표현할 수 있다. 다만 상대방이 초면인 경우 무례하게 들릴 수 있으니 주의해야 한다.

Are you **married**, single or divorced?
기혼이신가요, 미혼이신가요, 아니면 이혼하셨나요?

전치사 with를 쓸 때도 있다. 이때는 기혼인 경우 with 뒤에 자녀가 몇 명인지를 나타내거나 '~한 채로, ~하면서'라는 의미의 부대 상황을 나타낸다.

He **is married with** two children.
= He is married and he has two children.
그 사람은 기혼이고 자녀가 둘이다.

They **got married with** many people watching.
= They got married and many people watched them get married.
두 사람은 많은 사람이 지켜보는 가운데 결혼식을 올렸다.

Answers   1 married to   2 marry

#63 democracy는 민주주의, a democracy는 민주주의 국가

Questions

이라크는 2006년부터 의회 민주주의 국가로 운영되고 있다.
Iraq has been parliamentary democracy/a parliamentary democracy[1] since 2006.

싱가포르는 전 세계에서 가장 성공한 경제대국에 속한다.
Singapore is one of the most successful economic countries/economies[2] in the world.

'한국은 민주주의 국가다'는 영어로 어떻게 말하면 될까. 여기서는 '민주주의 국가'를 어떻게 표현하면 좋을지가 핵심이다. 원어민이 쓰는 자연스러운 표현을 모른다면 아마도 이렇게 답할 것이다.

▎ South Korea is a democratic country.

딱히 잘못된 곳은 없어 보인다. country 대신 nation, state를 쓴다면 모를까 그 외에 가능한 표현이 있을까 싶다. 그런데 원어민들이 즐겨 쓰는 표현은 따로 있다.

▎ South Korea is **a democracy**.

democracy가 셀 수 없는 명사로 쓰이면 흔히 '민주주의, 민주주의 체제'를 일컫는다. Cambridge Dictionary에 따르면 the belief in freedom and equality between people, or a system of government based on this belief, in which power is either held by elected representatives or directly by the people themselves 선거로 뽑은 대표나 국민이 직접적으로 권력을 행사하고 모든 국민이 자유롭고 평등해야 한다고 믿는 사상. 그러한 사상에 기초한 정부체제를 뜻한다. 그런데 셀 수 있는 명사로 쓰이면 이보다 구체적인 a country in which power is held by elected representatives 대의제로 권력이 운영되는 국가, 즉 민주주의 국가를 뜻한다.

2016년 기준으로 제헌절이 70주년을 맞았으니 한국의 민주주의 역사를 70년이라고 본다면 다음과 같은 표현이 가능하다.

> South Korea is a democratic country.
> = South Korea is a democracy.
> = South Korea has a democratic government.
> = South Korea has a democratic political system.
> = South Korea has been a democracy for 70 years.
> = South Korea has been a democratic country for 70 years.
> = South Korea has had a democratic government for 70 years.
> = South Korea has had a democratic political system for 70 years.

한눈에 봐도 South Korea is a democracy.가 가장 간결하다. 한편 a democracy가 대체로 민주주의 '체제'를 가리키긴 하지만 비유적인 표현으로 쓰일 때도 있다.

> English is **a democracy** because it is ruled by the majority.
> 다수 의견을 따르는 영어는 민주주의다.

절대다수결에 의한 지배 rule by omnipotent majority가 민주주의의 가장 큰 특징이다 보니 뿌리가 워낙 다양해 절대 원칙이 없이 언중 言衆의 다수 의견에 따라 쓰이는 영어도 이와 다르지 않다는 점에서 민주주의에 빗댄 표현이다.

정치와 더불어 사회를 움직이는 양축 중 하나인 economy도 이와 비슷한 용법으로 쓰인다. economy는 보통 '경제'라는 의미로 쓰이지만 Freedictionary.com에 따르면 a specific type of economic system 특정한 경제 체제을 뜻하며, 따라서 '경제 체제로서 국가'라는 의미로 쓰이는 경우가 많다.

> East Asia's emerging **economies**, beginning with Japan, looked to the U.S. **economy** to spur export led growth.
> 일본을 필두로 동아시아의 신흥 경제국들이 수출 주도 성장을 견인하기 위해 미국 경제에 눈을 돌렸다.

이런 중의적인 성격 때문에 a free market economy도 문맥에 따라 '자유시장경제 체제' 또는 '자유시장경제 국가'를 의미하기도 한다.

> South Korea has **a free market economy**.
> 한국은 자유시장경제 체제다.
> South Korea is **a free market economy**.
> 한국은 자유시장경제 국가다.

business가 셀 수 없는 명사로 쓰이면 '사업, 장사' 또는' 업무, 사무'를 나타내지만 셀 수 있는 명사 a business로 쓰이면 '사업체, 기업' 등을 나타내는 것도 이와 비슷한 맥락이다.

Answers 1 a parliamentary democracy   2 economies

#64 '내 집 마련'은 buy my house가 아닌 buy a house다

직장에서 (새로운) 친구를 사귀기란 힘들어.
It's so hard to find a friend/your friend[1] at work.

생애 처음으로 집을 마련한 기분이 어때요?
What does it feel like to own your house/a house[2] for the first time in your life?

'내 집을 마련하고 싶다'는 영어로 어떻게 말할까. '자가自家'에 초점을 두느냐 아니냐에 따라 다음과 같은 표현이 가능하다.

| I want to buy **a house**.
| I want to buy **my house**.

my와 a를 썼다는 점만 다른데, 영어에서는 이미 소유하고 있지 않은 것에 대해서는 소유격을 쓰지 않기 때문에 두 번째는 틀린 표현이다.

| This is why you should buy **my house**. 그래서 네가 우리집을 사야 된다는 거지.
| (자기 집을 매물로 내놓은 상황)
| This is why you should buy **a house**. 이래서 자가를 마련하셔야 하는 겁니다.
| (부동산 업자가 부동산 가격 하락을 이유로 주택 매입을 권유하는 상황)

명사 앞에 나오는 관사 a와 소유격은 둘 다 명사의 범위를 좁혀 더 구체화해 주는 한정사다. 특히 a/an은 이전에 한 번도 언급된 적이 없는 명사를 가리킬 때도 쓰지만 '하나'를 특정하지 않은 채 해당 명사의 부류를 한데 묶어 통칭할 때도 쓴다.

Buying ~~my~~ **house** in Korea is extremely difficult.
Buying **a house** in Korea is extremely difficult.
한국에서 집을 마련하기란 정말 어려운 일이야.

My husband and I bought ~~my~~ **house** when I was 30.
My husband and I bought **a house** when I was 30.
우리 부부는 제가 30살이던 무렵에 자가를 마련했죠.

We can answer any questions you may have on how to buy ~~your~~
house for the first time.
We can answer any questions you may have on how to buy **a house**
for the first time.
저희는 생애 최초 내 집 마련에 관한 고객님의 어떤 문의에도 답해 드릴 수 있습니다.

반면 말 그대로 이미 소유하고 있다면 소유격을 쓰면 된다.

I would like **a house** to look like this.
I would like **my house** to look like this.
우리 집을 이 집과 비슷하게 꾸며 주면 좋겠어요.

She wants **a house** to be recognized as a landmark.
She wants **her house** to be recognized as a landmark.
그녀는 자기 집이 명소로 알려졌으면 한다.

직장을 그만두는 경우 소유하던 것을 포기하는 것이므로 소유격을 쓴다.

John decided to quit **a job** to start something of his own.
John decided to quit **his job** to start something of his own.
존은 자기 사업체를 꾸리기 위해 직장을 그만두기로 작정했다.

I will tell you why quitting **a job** too soon is a bad idea.
I will tell you why quitting **your job** too soon is a bad idea.
일찌감치 일을 관두는 게 왜 현명한 처신이 아닌지 설명해 주지.

Answers   1 a friend   2 a house

#65 친구friend 사이는 두 명 이상make friends 이다

Questions

우리는 그 사람과 친구 사이야.
We are friends of/with[1] him.

어른이 돼서 친구를 사귀는 일은 쉽지 않다는 게 일반적인 인식이다.
Many people believe it is hard to make a friend/friends[2] as an adult.

다음 중 '존은 내 친구다'는 어떤 문장일까.

| 1 I am friendly with John.
| 2 I am friends with John.

1에 쓰인 be friendly with는 '~와 친분이 있다[가까운 사이다/친하게 지내다]'라는 뜻이다. 2에 쓰인 be friends with도 '~와 친하다/친구 사이다'라는 의미이지만 주어도 단수고 목적어도 단수인데 복수형인 friends가 쓰인 점이 뜻밖이다. 그러나 '친구 관계'가 둘 이상을 전제한다는 점을 감안하면 오히려 맞는 표현이다.

I am ~~friend with~~ John.
I am a friend ~~with~~ John.
I am **friends with** John.
= I am **a friend of** John.
= I am John's friend and John is my friend.

이와 유사하게 복수형을 사용하는 단어로 enemy 적, ally 동맹 등이 있다.

North Korea is ~~an enemy~~ with America.
North Korea is **enemies** with America.
북한은 미국의 적대국이다.

The US is ~~an ally~~ with South Korea.
The US is **allies** with South Korea.
미국은 한국의 우방국이다.

우리말도 '그 사람은 내 친구', '그 사람과 나는 친구', '그 사람과 나는 친구 사이', '그 사람과 나는 친구 관계', '그 사람과는 친한 사이' 등 표현은 조금씩 달라도 의미가 같은 것처럼 영어도 마찬가지다.

I am John's friend.
= John is my friend.
= John is a friend of mine.
= I have a friendship with John.
= I have a friendly relationship with John.
= John and I are friends.
= We are friends.

a friend of mine은 영어 특유의 이중소유격 double possessive 표현이다. 이중소유격은 소유를 나타내는 전치사 of와 소유격을 나란히 써서 말 그대로 소유격을 두 번 쓴 표현이다. 이때 of 앞에는 부정관사, 지시대명사 등의 한정사를 쓴다.

가령 '네 친구'라면 a friend of you가 아니라 a friend of yours, '그 사람의 친구'는 a friend of him/her이 아니라 a friend of his/hers, '그 사람들의 친구'는 a friend of them이 아니라 a friend of theirs, '우리 친구'는 a friend of us가 아니라 a friend of ours로 나타내는 등 of와 소유대명사를 나란히 쓴다.

이처럼 '친구 관계'임을 나타낼 때는 이중소유격을 비롯해 다양한 표현을 쓸 수 있다.

John wants to **be my friend.**
= John wants to **be a friend of mine.**
= John wants to **become a friend of mine.**
= John wants to **be friends with me.**
= John wants to **make friends with me.**
= John wants to **become friends with me.**
= John wants to **be friendly with me.**
= John wants to **become friendly with me.**
= John wants to **have a friendship with me.**
= John wants to **have a friendly relationship with me.**
존은 나와 친구로 지내고 싶어 한다.

한편 be friendly with와 be friendly to는 뜻이 조금 다르다. be friendly with가 have a friendly relationship with 누군가와 친하다/친해지다라는 뜻이라면, be friendly to는 behave in a friendly manner toward 누군가에게 친절하게 대하거나 행동하다라는 의미다.

She **is friendly with** everyone she meets.
그녀는 누굴 만나도 친하게 지낸다.
He **is friendly to** everyone he meets.
그는 누굴 만나도 친절하게 대한다.

#66 a friend of mine보다 my friend가 더 친밀하다

Questions

수업 시간에 한 학생이 '정의'가 뭐냐고 대뜸 물어봤을 때 당황했어요.
I was embarrassed when my student/a student of mine[1] unexpectedly asked me in class what justice is about.

이건 존이 가지고 있는 초상화 중 하나야.
This is a portrait of John's/John[2].

다음 중 '나는 존의 친구다'를 올바른 영어로 옮긴 것은 무엇일까.

1 I am John's friend.
2 I am a John's friend.
3 I am a friend of John's.
4 I am a friend of John.

2를 제외한 나머지 문장 모두 가능하다. my/your/his/he/their/our 등 소유격 인칭대명사(소유형용사)나 고유명사 앞에는 관사를 쓸 수 없으므로 2는 틀린 표현이다. 3의 a friend of John's는 이중소유격 표현으로, one of John's friends 존의 친구 중 한 명이라는 의미이며, 이를 더 짧게 표현하면 1이 된다.

my friend = a friend of mine = one of my friends
나의 친구(내 친구 중 한 명)

your friend = a friend of yours = one of your friends
너의 친구(네 친구 중 한 명)

his friend = a friend of his = one of his friends
그의 친구(그의 친구 중 한 명)

her friend = a friend of hers = one of her friends
그녀의 친구(그녀의 친구 중 한 명)

> their friend = a friend of theirs = one of their friends
> 그들의 친구(그들의 친구 중 한 명)
>
> our friend = a friend of ours = one of our friends
> 우리(들)의 친구(우리 친구 중 한 명)

따라서 3은 이렇게 풀어 쓸 수 있다.

> I am **a friend of John's.**
> = I am **one of John's friends.**
> (= John has several friends and I am one of them.)
> 나는 존의 친구다. (존의 친구는 여러 명인데 내가 그 중 한 명이다)
>
> John is **my friend**
> = John is **a friend of mine.**
> = John is **one of my friends.**
> (= I have many friends and John is one of them.)
> 존은 내 친구다. (내 친구는 여러 명인데 존이 그 중 한 명이다)

이번에는 3을 다른 두 문장과 비교하면서 의미 차이를 확인해 보자.

> 1 I am **John's friend.**
> (존의 친구가 몇 명인지는 알 수 없고 내가 존의 친구라는 사실이 중요함)
>
> 3 I am **a friend of John's.** (= I am one of John's friends.)
> (존의 친구는 여러 명이며 내가 그 중 한 명이다)

원어민이라면 '내 친구가 존'을 강조하는 1이 친밀한 사이임을 암시한다고 이해하는 반면, 3은 상대적으로 거리감이 있거나 친밀한 사이임을 드러내지 않으려는 뉘앙스가 깔린 말로 이해할 것이다.

> 3 I am **a friend of John's.** (= I am one of John's friends.)
> 나는 존의 친구 중 한 명이다. (존의 친구가 여러 명이며 내가 그 중 한 명이다)
>
> 4 I am **a friend of John.**
> 나는 존의 친구다. (존의 친구가 몇 명인지는 알 수 없다)

I am **a friend of John**.
= I am a friend of John, not of Peter. 나는 다른 사람(가령 피터)이 아닌 존의 친구다.
= I am a friend of John, not an enemy. 나는 존의 적이 아니라 친구다.

대다수 영어학자들은 3처럼 여러 친구 중 한 명이라는 점을 군이 밝힐 필요가 없다면 1처럼 간단히 표현하는 게 바람직하다고 본다. 다만 친구가 단 한 명이라면 다음처럼 표현한다.

I am **John's only friend**.
나는 존의 유일한 친구야.

이처럼 다른 해석의 여지가 있을 때도 있지만 대체로 이중소유격 표현은 상황에 따라 의미를 더 분명하게 전달하는 역할을 한다.

This is **John's photo**.
이건 존의 사진이다. (간결하긴 하지만 구체적인 사정은 알 수 없음)

This is **a photo of John**.
= This photo is taken of John.
(= The subject of this photo is John.)
(존의 모습을 찍은 사진이다)

This is **a photo of John's**.
= This is one of all of John's photos.
(= This is one of John's collection of photos.)
(존이 가진 사진 중 하나이지만 존을 찍은 사진인지는 분명하지 않음)

Answers 1 a student of mine 2 John's

#67 무인도 desert island와 사막 desert은 버려진 deserted 곳이다

Questions

음악이 없는 인생이란 사막을 여행하는 것이나 다름없다.
Without music, life is a journey through a dessert/desert[1].

이 일본 고도시에서는 도시재생 차원에서 빈집을 개량하는 사례가 늘고 있다.
A growing number of desert/deserted[2] houses in this old Japanese city are being renovated in an urban renewal project.

영어에는 발음은 같지만 철자나 의미가 다른 '동음이의어 homophone'가 꽤 많다. 예를 들어 affect 영향을 끼치다 - effect 영향를 비롯해 accept 수용하다 - except 제외하고, capital 수도 - capitol 미 국회 의사당, brake 브레이크 - break 부수다, complement 보완하다 - compliment 칭찬하다, principle 원칙 - principal 주요한, weather 날씨 - whether ~인지 아닌지 등 무수히 많지만 그중에서도 desert/deserted/dessert는 특히나 헷갈려 하는 단어 쌍이다. 원어민조차 이 세 단어를 '무인도 desert island'와 혼동해 잘못 이해할 정도다.

desert/deserted/dessert는 철자가 비슷해 헷갈리기도 하지만 '무인도 desert island'에 '사막 desert'을 뜻하는 철자가 포함된 이유를 명쾌하게 설명하기가 어려워 혼란스럽다는 이유도 있다. 그래서인지 영어권에서 권위를 인정받고 있는 Merriam-Webster Dictionary에서도 이 문제를 상세히 다루고 있다.

desert island는 Dictionary.com에 따르면 a remote uninhabited tropical island 아무도 살지 않는 외딴 열대섬, Cambridge Dictionary에 따르면 an island, especially in a warm region, where no people live 따뜻한 지역에 있는 무인도, Longman Dictionary에 따르면 a small tropical island that is far away from other places and has no people living on it 다른 장소들과 멀리 떨어져 있으면서 아무도 살

지 않는 작은 열대섬 등으로 풀이돼 있는데, 공통적으로 '사람이 살지 않는 섬'을 뜻한다. 그런데 특이하게도 desert사막에 대한 언급은 전혀 없다. desert island가 어떤 배경에서 등장한 말인지 아리송해 하는 이유다.

> They got lost in the **desert** with no water or food.
> 그들은 마실 물도 식량도 없이 사막에서 길을 잃었다.
> The Sahara is the world's largest hot **desert** and covers most of northern Africa.
> 사하라 사막은 세계 최대 열대사막으로 아프리카 대륙의 대부분을 차지한다.
> A camel is a ship on the **desert**.
> 낙타는 사막의 배다.

Merriam-Webster Dictionary에 따르면 desert island의 desert는 '사막'을 뜻할 것이라는 생각과는 달리 실제로는 동사 desert에서 파생한 형용사 deserted의 고어체archaic form다. 동사 desert는 Longman Dictionary에 따르면 leave a place so that it is completely empty어떤 장소를 떠나 텅 비게 하다라는 뜻이다. 쉽게 말해 unoccupied비어 있는, uninhibited사람이 살지 않는라는 의미다.

그런 점에서 비유적으로 leave someone or something and no longer help or support them누군가[무언가]에서 떠나 더는 도움을 주지 않다, 즉 '저버리다(등지다)'라는 의미로 쓰여 '관계의 단절'을 나타내기도 한다. 다만 desert와 deserted 모두 라틴어 desertus버려진, 황량한에서 연유한다는 게 Merriam-Webster Dictionary의 설명이라 두 단어가 전혀 무관하다고는 볼 수 없다.

> He was **deserted** by his friends.
> 그 사람은 친구들한테 버림받았다.
> John **deserted** his family and went abroad.
> 존은 가족을 저버리고 외국으로 떠났다.
> The town has been **deserted** following a series of murders.
> 살인 사건이 잇따라 발생하자 마을 주민들이 모두 떠나고 말았다.

참고로 '후식'을 뜻하는 dessert와 철자가 비슷해 헷갈리기 쉬워 주의해야 한다.

John doesn't usually eat **dessert**.

존은 후식을 먹지 않는 편이다.

What would you like for **dessert**?

후식은 뭘 드시겠습니까?

Answers 1 desert 2 deserted

Questions

그 가수가 발라드 히트곡을 부르려고 마이크를 잡자 로맨틱한 분위기가 연출됐다.
An air of romantic/romance[1] was created when the singer took the mic to sing one of his ballad hits.

로망스어는 서유럽과 남유럽은 물론 라틴 아메리카에서 주로 쓰이는 언어다.
Romantic/Romance[2] languages are mostly spoken in Latin America, as well as in western and southern parts of Europe.

외래어로 자리잡은 romance 로맨스는 우리말에서 대체로 좁은 의미로 쓰이고 있지만, 영어에서는 매우 폭넓은 뜻으로 사용되고 있다.

romance의 대표적인 의미는 Merriam-Webster Learner's Dictionary에 따르면 an exciting and usually short relationship between lovers 설레지만 단기간에 그치는 경우가 많은 연인 관계, the feeling of being in love 사랑에 빠졌을 때 느끼는 감정이다. 우리가 자주 쓰는 외래어인 '로맨스'도 바로 이를 의미한다. 쉽게 말해 '연인 간 사랑'이라는 의미로만 쓰이고 있는 것이다.

That does not mean **romance**.
그건 사랑이 아니야.

Their **romance** ended in marriage.
그들의 사랑은 결혼으로 귀결됐다.

Friendship sometimes blossoms into **romance**.
우정은 때로는 사랑을 꽃피운다.

It was not **romance** she was looking for.
그 여자가 필요로 했던 건 사랑이 아니었다.

After five years of **romance**, the couple eventually split earlier this year.
그 두 사람은 5년 연애 끝에 결국 올해 초 결별했다.

romance는 Dictionary.com에 따르면 a book or movie dealing with love in a sentimental way 사랑을 주제로 한 감상적인 소설이나 영화를 뜻하기도 한다.

> Mary likes reading paperback **romances**.
> 메리는 문고판 연애소설을 즐겨 읽는다.
> In an unexpected move, the science-fiction director is looking to publish a **romance** novel.
> 그 SF 감독은 이례적으로 연애소설 출간을 고려 중이다.
> The movie is based on classic Hollywood **romances** like Elizabeth Taylor and Richard Burton.
> 그 영화는 대표적인 할리우드 러브 스토리인 엘리자베스 테일러와 리처드 버튼의 이야기를 바탕으로 한다.

한편 대문자로 시작하는 Romance는 사랑이나 연애와는 무관하다. Romance는 a modern language developing from Latin 라틴어를 모어(母語)로 하는 근대어, 즉 인도유럽어족의 언어군 중 하나인 '로망스어(군) Romance language(s)'를 뜻하며 Neo-Latin language 신라틴어라고도 한다.

프랑스어 French, 이탈리아어 Italian, 스페인어 Spanish, 포르투갈어 Portuguese, 루마니아어 Romanian가 '5대 로망스어'에 해당하는데, 위키피디아에 따르면 아프리카, 아메리카, 유럽 등지에서 쓰이며 스페인어(약 4억 7천만 명), 포르투갈어(약 2억 5천만 명), 프랑스어(약 1억 5천만 명), 이탈리아어(약 6천만 명), 루마니아어(약 2천 5백만 명) 순으로 사용 인구가 많다.

> Most Europeans speak **Romance** languages.
> 유럽에서 가장 많이 사용되는 언어는 로망스어다.
> The most widely spoken **Romance** languages include Spanish, Portuguese, French, Italian and Romanian.
> 스페인어, 포르투갈어, 프랑스어, 이탈리아어, 루마니아어는 전 세계적으로 가장 많이 사용되는 로망스어에 해당한다.

한편 영어는 독일어 German, 네덜란드어 Dutch, 덴마크어 Danish, 스웨덴어 Swedish, 아이슬란드어 Icelandic, 노르웨이어 Norwegian 등과 함께 게르만어 Germanic language 계통에 속한다. 원어민 규모를 기준으로 볼 때 영어는 전 세계 언어 가운데 만다린어 (표준 중국어)와 스페인어에 이어 세 번째로 가장 많이 쓰이는 말이다.

Answers 1 romance 2 Romance

#69 사전 대비 in case와 사후 대응 in case of은 다르다

Questions

화재 시에는 엘리베이터를 타지 마시고 계단을 이용하십시오.
Do not use the elevator **in the case of/in case of**[1] fire. Use the stairs.

나중에 깜빡할 수도 있으니 지금 말할게요.
I will tell you **in the case of/in case**[2] I forget later.

우리는 말을 할 때 어떤 상황을 가정하는 경우가 많다. 혹시나 일어날지도 모를 상황에 대처하고 대비하려는 인간의 본능이 언어 생활에도 그대로 반영돼 관용 표현으로 나타나는 것이다. 그중 하나가 '~할 경우에'라는 말이다. 가령 '우천 시 이 우산을 쓰십시오'는 영어로 어떻게 말할까.

> Take this umbrella **in case of** rain.
> Take this umbrella **in case** it rains.

첫 번째 문장이 맞다. in case of는 if something happens by chance 혹시 어떤 일이 생기면라는 의미의 숙어 표현으로, '어떤 일이 일어난 후의 상황'을 가리킨다. in the event of 만약 ~하면, ~ 시/in the event that ~할 경우과 의미가 비슷하다.

> Take this umbrella **in case of** rain.
> = Take this umbrella **in the event of** rain.
> = Take this umbrella **in the event (that)** it rains.
> = Take this umbrella **if** it rains.
> 우천 시 이 우산을 쓰십시오.

In case of rain, the event will be cancelled.

= **In the event of** rain, the event will be cancelled.

= **In the event (that)** it rains, the event will be cancelled.

= **If** it rains, the event will be cancelled.

우천 시 행사는 취소됩니다.

Use these batteries and bottled water **if** there is an earthquake.

= Use the batteries and bottled water **in case of** an earthquake.

= Use the batteries and bottled water **in the event of** an earthquake.

= Use the batteries and bottled water **in the event (that)** there is an earthquake.

지진 발생 시 이 배터리와 생수를 쓰십시오.

반면 **in case**는 because something might happen later 나중에 어떤 일이 일어날지 모르기 때문에 라는 의미로, '어떤 일이 일어나기 전의 상황'을 강조한다는 점에서 in case of와 의미가 사뭇 다르다.

I always carry an umbrella in the summer **in case it rains**.

= I always carry an umbrella in the summer **because it might rain any time**.

여름에는 비가 올 경우에 대비해 항상 우산을 갖고 다녀.

I think we should prepare more food **in case more people come**.

= I think we should prepare more food **because more people might come**.

사람들이 더 올 수도 있으니 음식을 더 준비해야 할 거 같아.

I will bring a map **in case we get lost**.

= I will bring a map **because we might get lost**.

길을 잃을 수도 있으니까 지도를 챙겨 올게.

This is my phone number **in case you want to ask something**.

= This is my phone number **because you might want to ask something**.

나중에 궁금한 점이 생길지도 모르니 제 전화번호를 알려드리죠.

이처럼 in case는 훗날 일어날 수 있는 상황에 미리 대비한다는 의미에 가깝긴 하지만 다음과 같은 상황에는 어울리지 않는다.

> Call me ~~in case~~ you need me.
> Call me **if** you need help.
> = Call me **in the event (that)** you need help.
> 도움이 필요하면 연락해.

나중에 도움이 필요할 경우에 '대비해' 연락하라는 뜻이라기보다 도움이 필요한 '때' 연락하라는 의미이기 때문이다.

한편 in the case of는 in the matter of/in relation to/regarding~에 관해 말하자면 과 비슷한 의미로 쓰이는 경우가 있는데 이때는 어떤 인물이나 사안 등의 '입장'을 강조하므로 in case of와 바꿔 쓸 수 없다.

> John is doing well at school. But, **in the case of** Mary, I think we should find a private tutor for her.
> 존은 학업에 문제가 없는데 메리는 과외 선생님을 알아 봐야 할 것 같아.

Answers   1 in case of   2 in case

#70 영토를 가진 국가country와 사람이 모인 국가nation는 다르다

Questions

어느 나라에서 오셨어요?
What nation/country[1] are you from?

국가는 정부, 국민, 영토, 주권이라는 4개의 요소로 구성된다.
A country/state[2] is composed of four elements: government, population, territory and sovereignty.

대다수가 country, state, nation이 '국가'를 뜻한다고 알고 있다. 모두 국제법 상 국가를 구성하는 4대 요건, 즉 인구population/people, 국토land, 정부government, 주권 sovereignty을 충족하지만 엄밀히 말하면 country는 국토, nation은 인구, state는 정부나 주권의 개념을 담고 있다.

> The United Nations is composed of 193 member **countries[states/nations]** and two observer **countries[states/nations]**.
> 유엔은 193개의 회원국과 2개의 참관국으로 구성돼 있다.

상황에 따라 위처럼 혼용하는 것도 가능하지만 사실 본질적인 의미는 다르다. Cambridge Dictionary에 따르면 country는 an area of land that has its own government, army, etc. 독자적인 정부, 군대 등을 가진 국토를 가리킨다. 반면 nation은 a country, especially when thought of as a large group of people living in one area with their own government, language, and traditions 독자적인 정부와 언어, 전통을 공유하는 사람들의 집합으로 여겨지는 나라를 뜻한다. country는 '물리적·지리적' 개념이, nation은 '인적·문화적' 개념이 강한 셈이다. 따라서 '출신 국가'는 지리적 개념과 관련이 있으므로 country가 적절하다.

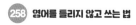

> What ~~nation~~ are you from?
> What **country** are you from?
> 어느 나라에서 오셨나요?

nation은 좁게는 '국민 the people of a particular country'을 뜻하기도 한다. 따라서 '대국민연설'도 country 국가가 아닌 nation 국민을 써서 an address to the nation이라고 한다.

> The President will speak to **the nation** tonight.
> 대통령이 오늘밤 대국민 담화를 발표할 예정이다.

아울러 Cambridge Dictionary에 따르면 nation은 a large group of people of the same race who share the same language, traditions, and history, but who might not all live in one area 한 영토 안에 함께 거주하지 않을 수도 있지만 언어, 전통, 역사를 공유하는 같은 종족으로 이루어진 대규모 집단(민족)를 뜻하기도 한다.

우리나라처럼 문화적 공동체로서의 민족 nation과 지리적 조건으로서의 국가 country가 일치하는 경우도 있지만 그렇지 않은 민족도 있다. 가령 유대인은 이스라엘을 건국하기 전까지 '국가'가 없었고 여러 나라에 흩어져 있는 쿠르드족 the Kurds은 지금도 '국가'가 없다. 이때는 nation과 country를 바꿔 쓰면 곤란하다.

> The Jews were a ~~country~~ without a ~~nation~~ until they created the ~~nation~~ of Israel in a land called Palestine in 1948.
> The Jews were a **nation** without a **country** until they created the **country** of Israel in a land called Palestine in 1948.
> 유대인은 1948년 팔레스타인이라는 땅에 이스라엘을 건국하기 전까지는 나라 없는 민족이었다.

반면 state는 The Free Dictionary에 따르면 a sovereign political power 주권을 지닌 정치적 권력(주권을 가진 국가)와 the government of a country 정부 자체를 의미한다. Cambridge Dictionary에 따르면 a part of a large country with its own government, such as in Germany, Australia, or the US 독일, 호주, 미국의 경우처럼 국토 면적이 큰 국가의 일부로서 독자 정부를 갖춘 행정구역(주(州))를 지칭하기도 한다. country는 '국가' 이외에 '전원(시골)'이라는 뜻도 있어 용법이 폭넓은 반면 state는 정치적·외

교적·법률적 맥락에서 주로 쓰이는 학문적인 표현이다.

> **State** is the scholarly term for **country**.
> state는 country의 학문 용어다.

독일 사회학자 막스 베버Max Weber가 국가의 요건statehood을 규정할 때 국가를 country/nation이 아니라 state로 표현한 것도 같은 이유다.

> A **state** is a political entity that has a monopoly over the use of legitimate violence within a specific territory.
> 국가란 특정 영토 내에서 합법적인 폭력을 독점 행사할 수 있는 정치적 주체다.

그럼 다음 문장은 어떤 의미일까.

> England is a **country** and a **nation**, but not a **state**. England belongs to the **state** of the United Kingdom.
> 잉글랜드는 country이자 nation이지만 state는 아니다. 잉글랜드는 '영국'이라는 국가에 속한다.

영국은 각자 다른 민족nation이면서 자치권autonomy을 가진 잉글랜드, 웨일즈, 스코틀랜드, 북아일랜드로 구성된 특이한 형태의 국가state다. 4개의 지역을 국가들이 모인 국가a country of countries로 볼 수는 있지만 state라고 하기는 어렵다. 국제사회에서 인정하는 국가란 '주권 국가sovereign state'를 의미하는데, 이는 영국만 해당하기 때문이다. state가 정부 자체를 가리킬 때는 country와 바꿔 쓰면 곤란하다.

> ~~country~~ school
> **state** school 공립학교
>
> ~~country~~ education
> **state** education 국가교육(공교육)
>
> ~~country~~ control
> **state** control 국가주도(국영)

Answers   1 country   2 state

Questions

목록에 나와 있는 과일류 상품에는 사과, 오렌지, 포도가 포함돼 있다.
The fruit products including/included[1] in the list include apples, oranges and grapes.

포용적 화장실은 누구나 사용할 수 있는 화장실이다.
An including/inclusive[2] restroom is one that anyone can use.

형태가 비슷한 including, inclusive, inclusion은 품사만 다르고 의미는 같은 말로 착각하기 쉽다. 모두 동사 include에서 파생한 말이니 뿌리는 같지만 의미는 조금씩 다르다. 특히 including, inclusive에 비해 최근 더 자주 등장한 inclusion은 낯설게 여기는 원어민도 있을 정도다.

먼저 include의 뜻부터 짚어보자. Cambridge Dictionary에 따르면 contain something as a part of something else, or to make something part of something else 어떤 것을 다른 무언가의 일부로 포함하다 또는 have something smaller as a part of it, or to make something smaller part of it 어떤 것을 일부분으로 갖거나 일부분으로 만들다을 의미한다.

> You should **include** a photograph with your application.
> 지원서에는 사진이 포함돼야 합니다.

따라서 동사 include의 현재분사형 including은 커다란 집합이 작은 구성 성분들을 포함하는 능동적인 의미를, 과거분사형 included는 커다란 집합에 작은 구성 성분들이 포함되는 수동적인 의미를 나타낸다.

₁ We are **included** in the guest list. 우리는 손님 명단에 포함됐다.

₂ The guest list **includes** us. 손님 명단에 우리가 포함돼 있다.

1은 명단에 포함된 일부인 we를 강조하는 수동태라면, 2는 주어 list를 강조하는 능동태라는 점이 다르다. 다만 2는 사물 주어에 익숙하지 않은 경우 쉽게 떠오르는 문장 형태는 아니다.

Those **included** in the guest list **include** us.

= Those who are **included** in the guest list **include** us.

손님 명단에 (포함돼) 있는 이들 중에는 우리도 있다.

따라서 including은 which includes[include]로 풀어 써도 의미는 같다.

The guest list, **including** us, has been announced.

= The guest list, **which includes** us, has been announced.

우리가 포함된 손님 명단이 발표됐다.

Most of his hobbies, **including** coding, video games and animation, are related to technology.

= Most of his hobbies, **which include** coding, video games and animation, are related to technology.

코딩, 비디오 게임, 애니메이션을 비롯한 그의 취미는 대부분 첨단기술과 관련이 있다.

전체 중 일부를 예로 든다면 including을 such as로 바꿔 쓸 수도 있다.

I have traveled to many wonderful countries, **including** Spain, Turkey and Argentina.

= I have traveled to many wonderful countries, **such as** Spain, Turkey and Argentina.

나는 스페인, 터키, 아르헨티나 등 멋진 나라에 많이 가 봤다.

한편 inclusive는 Cambridge Dictionary에 따르면 including the first and

last date or number stated 명시된 날짜나 수를 처음부터 끝까지 다 포함하는를 뜻하거나 including everything or all types of people 모든 것 또는 모든 유형의 사람을 포함하는이 라는 뜻을 나타낸다. '포함하다'라는 뜻만 보면 including과 비슷하지만 inclusive 는 언급된 범위 내에 해당하는 모든 것을 전부 포함하는 개념이라는 점이 다르다.

Our services are offered to those between the ages of 50 and 60 **inclusive**.
저희 서비스는 50세부터 60세(60세 포함)에 해당하는 분들께 제공됩니다.
Applicants must submit their application by no later than Friday **inclusive**.
신청자는 늦어도 금요일까지(금요일 포함) 지원서를 제출해야 합니다.
I'll be away from Monday to Wednesday **inclusive**
= I'll be out of the office from Monday to Wednesday **inclusive**.
월요일부터 수요일까지(수요일 포함) 자리를 비울 예정입니다.

반면 inclusive of는 including과 의미가 같다.

All ticket prices are **inclusive of** tax.
= All ticket prices are **including** tax.
= All ticket prices **include** tax.
모든 입장권은 세금 포함입니다.

최근에는 inclusive의 또 다른 의미도 새롭게 주목받고 있다. inclusive는 Macmillan Dictionary에 따르면 not excluding any particular groups of people 특정 부류의 집단을 배제하지 않는(모든 부류의 집단을 포용하는), Merriam-Webster Dictionary에 따르면 allowing and accommodating people who have historically been excluded as because of their race, gender, sexuality, or ability 인종, 성별, 성적 지향, 장애 여부 등으로 역사적으로 소외받아온 사람들을 수용하는라는 뜻도 지 닌다. 다양성을 존중하고 출신이나 배경을 이유로 차별하지 않는다는 의미를 나타 낸다는 점에서 diverse 다양한, accepting 구성원으로 받아들이는, welcoming 환대하는 등 과 의미가 비슷하다.

An **inclusive** school is one where all students are welcomed, regardless of gender, ethnicity or socio-economic background.
포용적 학교란 성별, 인종적 배경, 사회경제적 배경 등과 상관없이 모든 학생들이 다닐 수 있는 학교를 말한다.

Inclusive restrooms can benefit many different people, including parents with children.
포용적(남녀공용) 화장실은 아이를 동반한 부모를 비롯해 다양한 부류의 많은 사람들에게 유용하다.

다양성과 관련해 inclusion rider라는 신조어도 알아둘 만하다. 2018년 아카데미 시상식에서 배우 프랜시스 맥도먼드Frances McDormand가 수상소감 중 다음과 같이 외치면서 열렬한 지지를 받은 적이 있다.

I have two words to leave with you tonight, ladies and gentlemen: **inclusion rider**!
이제 두 마디만 하고 자리에서 물러나겠습니다. 포용 조항(을 요구하세요)!

inclusion rider란 a stipulation that actors and actresses can ask to have inserted into their contracts, which would require a certain level of diversity among a film's cast and crew 영화배우가 출연계약서를 작성할 때 출연진과 제작진의 다양성을 일정 수준 보장해줄 것을 요구할 수 있는 부칙라는 의미로, 배우와 제작진을 고용할 때 인종·성별·장애·성 정체성을 이유로 차별하지 않고 제작 과정에 모두 '포함시킬' 것을 요구하는 '포함(포용) 조항'을 뜻한다.

Questions

혹시 질문 있나요?
Do you have some/any[1] questions?

(문구점에서) 펜 좀 있나요?
Do you have any/some[2] pens?

수량을 구체적으로 특정하지 않고 두루뭉술하게 표현할 때는 some/any를 쓰고, 두 단어 모두 우리말로는 정도나 분량이 적음을 나타내는 '조금, 좀'으로 해석한다. 그럼 다음 두 문장은 같은 의미를 나타낼까.

> Do you have **any** pens?
> Do you have **some** pens?

some은 긍정문에, any는 의문문이나 부정문에 주로 쓰인다고 배웠겠지만 항상 그런 건 아니다. 가령 I have a pen.은 '펜이 하나 있다'라는 의미이며, I have some pens.는 '몇 개인지는 확실히 몰라도 하나 이상은 있다'라는 뜻이다. 두 문장을 의문문으로 바꿔도 마찬가지다. 각각 펜이 딱 하나만 있는지, 하나든 여러 개든 펜을 몇 개나 갖고 있는지를 묻는 말이 된다.

> 1 Do you have **a pen**? 펜 하나 있니?
> 2 Do you have **any pens**? 펜 좀 있니?.

1에는 보통 Yes, I do. (= Yes, I have a pen.) 또는 No, I don't. (= No, I don't have a pen.)라고 답할 것이다. 하나(a pen)라고 꼭 집어 묻고 있으니 Yes, I have some pens.나 No, I don't have any pens.처럼 여러 개를 암시하는 답을 하면 어색하다.

2에 답하는 경우 긍정문이면 some (pens), 부정문이면 any (pens)라고 말할 것이다. 복수형으로 물었으니 Yes, I have a pen. / No, I don't have a pen. 은 자연스럽지 않다.

> Do you have **any pens**? 펜 좀 있니?
> - Yes, I do. (= Yes, I have some pens.)
> - No, I don't. (= No, I don't have any pens.)

수량을 특정하지 않는 some을 긍정문/평서문이 아닌 의문문에 쓸 때도 있다.

> ₁ Do you have **any pens**?
> ₂ Do you have **some pens**?

1은 상대방이 펜이 있는지 없는지 여부를 전혀 모를 때 묻는 질문이라면, 2는 확실한 건 아니지만 갖고 있으리라고 예상될 때 묻는 질문이라는 뉘앙스 차이가 있다. 상대방에게 펜이 있을지도 모른다는 정보를 들었거나 그런 정황을 알게 된 뒤에 묻는 경우가 이에 해당한다.

> ₁ Do you have **any questions**? 혹시 질문 있나요?
> ₂ Do you have **some questions**? 질문 좀 있죠?

마찬가지로 1은 질문이 있을지 없을지 전혀 알 수 없는 상황에서 혹시 있다면 얼마든지 해도 좋다는 의미를 담고 있다면, 2는 질문이 충분히 예상되는 상황으로 볼 수 있다. 다시 말해 any는 불확실성이나 의구심을 내비칠 때, some은 어느 정도 예측 가능한 상황일 때 주로 쓰인다.

> Do you have **any pens**? 혹시 펜 좀 있나요?

위 질문은 수량이나 종류를 떠나 펜이 '혹시라도' 있는지 여부를 묻는 것이므로 펜을 찾아보기 어려운 곳에서 할 법한 질문이다. 가령 식료품점이라면 펜을 팔 것

이라고 기대하긴 어려울 테니 any가 자연스럽다. 한편 Do you have pens?는 의구심이나 기대와는 상관없이 막연하게 펜이 있는지를 묻는 표현이다.

> Do you have **some pens**? 펜 좀 있죠?

펜을 주로 취급하는 문구점이라면 위처럼 some을 쓰는 것이 자연스럽다.

> ₁ Do you have **a pen**?
> ₂ Do you have **a question**?

any/some 자리에 관사 a를 쓴 1, 2는 비문은 아니지만 일반적이지 않다. 펜이든 질문이는 흥성 아니기 아니 여러 개를 상정하는 것이 영어식 발상이기 때문이다. 물론 딱 하나만 예상되는 상황이라면 쓸 수 있다. '빌려줄 펜이 하나 있느냐(Do you have a pen that I can borrow?)'라는 의미의 1은 개인끼리 주고받는 경우에 쓸 수 있는 말이므로 가게에서 '펜이 있느냐(Do you have any[some] pens?)', 즉 펜을 판매하느냐고 묻는 맥락과는 쓰임이 다르다.

Answers 1 any 2 some

#73 구체적인 계획 a plan과 막연한 계획 plans은 다르다

Questions

주말에 무슨 계획(일정)이라도 있어요?
Do you have any plan/plans¹ for the weekend?

걱정 마. 나한테 계획(생각)이 있으니까.
Don't worry. I have a plan/plans².

미리 잡아 놓은 약속이나 이미 잡힌 일정을 물을 때 '약속'이라는 우리말을 그대로 영어로 옮겨 promise라고 하면 원어민이 오해하기 쉽다. 이 문맥에서 '약속'은 맹세나 다짐이 아닌 '선약'을 나타내며, 이럴 때는 plan을 써야 한다.

그럼 다음 중 자연스러운 문장은 뭘까.

1 Do you have **a plan** for tomorrow?
2 Do you have **(any) plans** for tomorrow?

2는 내일 바쁜지 아닌지 whether or not someone is busy tomorrow, 즉 선약이나 따로 일정이 있는지를 묻는 일반적인 표현이다. 하지만 1은 '내일을 위한 계획을 세웠느냐'라는 의미에 가까운 표현이다. 이처럼 정해진 일정이 있는지 물을 때는 다음과 같은 다양한 표현이 가능하다.

Do you have (any) plans for tomorrow?
= Do you have (any) plans to do anything tomorrow?
= Are you planning[scheduled] to do anything tomorrow?
= Do you have anything planned[scheduled] for tomorrow?
= Do you have free time tomorrow?
= Are you free[available/busy] tomorrow?

위 질문에 상대방이 I have plans.라고 답한다면 '선약이나 정해진 일정이 있다'를 뜻한다.

▌ I have **plans**. 약속(일정) 있어.

그럼 왜 a plan이라고 단수형으로 표현하지 않을까. plans는 '두루뭉술하고 막연한 계획'을 말한다면 a plan은 '무엇인가를 실현하거나 어떤 문제를 해결하기 위한 구체적인 계획'이라는 차이점이 있기 때문이다.

▌ Son, you've got **a plan**. 아들아, 넌 계획이 다 있구나.

영화 〈기생충〉에 나온 이 명대사는 극중 아버지인 기택이 아들 기우가 마치 사전에 치밀하게 준비한 것처럼 일을 착착 진행하는 모습을 보고 만족스러워하는 장면에서 등장한다. 여기서 a plan은 '일정'이 아닌 '생각, 방안, 방법, 대책'을 뜻한다. 따라서 '혹시 내일 일정이나 선약이 있느냐'라고 묻고 싶다면 복수형 plans를 써야 한다.

▌ 1 Do you have **any plans** for tomorrow?
▌ 2 Do you have **a plan** for tomorrow?

하지만 2처럼 앞으로 무언가를 하기로 이미 결정한 상태, 가령 나들이를 하기로 계획한 상태라면 선약 여부가 궁금해서 묻는 말이 아니라 '내일 나들이를 가기로 했는데 구체적인 계획을 좀 짜 봤느냐'라는 의미로 이해해야 한다.

▌ What are we gonna do about it? Do you have **a plan**?
이 일을 어쩌면 좋지? 무슨 계획(방도)이 없겠어?
- Don't worry. I **have a plan**. 걱정 마. 나한테 계획(대책)이 있으니까.

여기서 have a plan은 '해결할 수 있는 계획, 대책, 방법이 마련돼 있다'라는 의미를 나타낸다.

Answers 1 plans 2 a plan

Questions

아프리카에서는 아직 이 질병에 걸린 사람이 단 한 명도 없다.
There isn't any confirmed case/aren't any confirmed cases[1] of the disease in Africa yet.

아무거나 네 맘에 드는 책으로 골라.
You can choose any book/any books[2] you like.

Cambridge Dictionary에 따르면 any는 used before nouns to refer to indefinite or unknown quantities or an unlimited entity 특정할 수 없거나 수량을 알 수 없거나 한정할 수 없는 명사임을 나타내기 위해 명사 앞에 쓰이는 말라고 정의돼 있고 Longman Dictionary에 따르면 some or even the smallest amount or number 약간의 또는 최소한의 양이나 수를 뜻한다. 수량을 명확히 밝히지 않고 명사를 꾸미는 말이라는 점에서 우리말의 '좀'과 비슷하고 의문문이나 부정문에서는 even one 혹시, 조금이라도, 하나라도을 뜻하기도 한다.

> Do you have **any pens**? 펜 좀 있나요? (펜 혹시 있나요?)
> I don't have **any pens**.
> = I have **no pens**. 하나도 없는데요.

any와 달리 a/an은 명사의 수량을 '하나'로 특정한다. 가령 Do you have a pen?은 단순히 펜이 있는지 여부를 묻는 말이 아니라 펜이 있을 것이라 짐작하고 그중에 빌려줄 펜이 있는지를 묻는 말이다. 애초에 빌릴 목적으로 하는 질문이란 얘기다.

> Do you have a pen??

펜이 있는지 없는지 단순히 궁금할 때는 Do you have any pens?라고 해야 한다. 이때 복수형 pens가 아닌 단수형 pen을 써서 Do you have any pen?이라고 하거나 I don't have any pen.이라고 하면 안 된다.

> 1 Do you have ~~any pen~~?
> 2 Do you have **any pens**?
>
> 3 I don't have ~~any pen~~.
> 4 I don't have **any pens**.

1, 3 모두 비문은 아니지만 '펜을 갖고 있지 않은 상태'를 표현하고 싶다면 부자연스럽게 들릴 수 있다. 수량을 두루뭉술하게 표현하는 '좀, 조금'이라는 말이 셀 수 있는 명사를 수식할 때 명사를 단수가 아닌 복수로 상정하는 게 영어식 사고방식이기 때문이다.

Dictionary.com에 따르면 any는 one or more without specification or identification 특정하거나 규정하지 않은 하나 또는 그 이상을 뜻한다. 다시 말해 any는 '하나 이상'이기 때문에 복수형이 뒤따라야 한다. 쉽게 말해 뒤따르는 명사가 셀 수 없는 것(물질명사, 추상명사)이 아니라면 복수형을 쓴다. 셀 수 있는 명사라면 일반적으로 여러 개가 존재하는 게 당연하다고 생각하는 것이다. 반대말인 not any 역시 뒤따르는 명사는 복수형을 쓴다.

그렇다면 탁자 위에 사과가 있는지 여부를 묻는다면 뭐라고 해야 할까.

> 1 Is there **an apple** on the table?
> 2 Are there **any apples** on the table?

2가 '수량과는 상관없이 사과가 있는지 없는지 여부'를 묻는 일반적인 표현이다. 1은 틀린 문장은 아니지만 '사과가 딱 하나 있는지'를 묻는 말이어서 뉘앙스가 다르다. 이때는 답변 역시 복수형을 써야 자연스럽다.

> Are there **any apples** on the table? 탁자에 (혹시) 사과 좀 있니?
> - No, there **aren't**. 아니, 사과 하나도 없는데.

= No, there aren't any apples on the table.
= No, there are no apples on the table.
= No apples are on the table.
= The table has no apples on it.

물론 셀 수 없는 명사라면 복수형을 쓰지 않는다.

There aren't ~~any rooms~~ for apples on the table.
There isn't any room for apples on the table.
탁자에 사과를 둘 자리가 없어.

We don't have ~~any milks~~ in the fridge.
We don't have any milk in the fridge.
냉장고에 우유가 하나도 없어.

물건은 아니지만 셀 수 있는 명사도 있다.

Do you have ~~any question~~?
Do you have any questions?
혹시 질문 있나요?

question이 셀 수 있는 명사라는 이유도 있지만 보통 질문이 있다면 하나가 아닌 여러 개를 상정하는 게 일반적이므로 복수형인 any questions가 자연스럽다. Do you have a question?은 질문이 하나만 있을 것으로 예상되는 문맥에서나 가능하다.

한편 단수형 any question을 쓰는 경우에는 question을 구체적으로 수식하는 말이 이어지며, 이때는 '의문(의 여지), 의심 doubt'을 뜻한다.

Is there **any question that the attack was launched from Iran**?
이란이 공격을 감행했다는 데 의문의 여지가 있나요?

마찬가지로 복수형 any boys 같은 경우도 막연한 사내아이들, 즉 복수의 불특정 남자아이들을 가리키는 두루뭉술한 표현인 데 반해, 단수형 any boy with a

fever는 '발열 증상이 있는 사내아이', 즉 특정한 사람을 지칭한다.

any는 Cambridge Dictionary에 따르면 used when it does not matter which or what 뭐가 됐든 상관없을 때 쓰는 말에 해당할 때도 있다. 이때는 단수형 명사만 가능하다.

> ~~Any questions~~ is better than no question at all.
> **Any question** is better than no question at all.
> 질문이 전혀 없는 것보다 아무 질문이라도 던지는 게 낫다.
>
> It can be found in ~~any dictionaries~~.
> It can be found in **any dictionary**.
> 그건 어떤 사전을 봐도 나오는 내용이야.

Questions

남편과 자녀가 있으신가요?
Do you have any husband and kid/a husband and kids¹ ?

뭐 불만이라도 있니?
Do you have any problem/problems² with that?

영어에는 규칙보다 예외가 많다는 우스갯소리가 있다. 모든 상황에 똑같이 적용되는 절대원칙은 없다는 말이다. 앞서 any 뒤에 나오는 셀 수 있는 명사는 주로 복수형으로 나타낸다고 했지만 이 원칙이 항상 통하는 건 아니다. 규칙 못지않게 중요한 게 바로 문맥과 상황이다. 문법이라는 규칙이 큰 물고기를 잡는 데 쓰는 큰 그물이라면 문맥과 상황은 작은 물고기까지 낚을 수 있게 해주는 촘촘한 그물이다.

any도 규칙에서 벗어나는 예외가 있다. 가령 상대방에게 자녀가 있는지 묻는 경우 어떤 문장이 자연스러울까.

> Do you have **any kid**?
> Do you have **any kids**?

이때는 복수형 any kids를 써야 한다. 셀 수 있는 명사를 수식하면 복수형을 써야 한다는 원칙 때문이기도 하지만 보통은 자녀가 여러 명 있으리라 상정하고 묻는 게 일반적이기 때문이다.

다만 다음 예문처럼 any kid를 구체적으로 설명하는 말이 수식하는 구조라면 한 사람을 특정하는 셈이므로 단수형이 자연스럽다.

> Do you have **any kid with special needs**?
> = Do you have **a kid with special needs**?
> 장애를 가진 자녀가 있으신가요?

한편 대상이 '자녀'가 아닌 '부인이나 남편'이라면 사정이 달라진다. 대다수 문화권에서는 부인이나 남편은 한 명이므로 any wives나 any husbands는 어색하다. Do you any wife[husband]? 역시 '부인[남편]이 한 명이라도 있느냐'라는 이상한 소리로 들리기 쉽다. 따라서 부인과 남편이 있는지를 물을 때는 a wife/a husband를 쓰는 게 일반적이다.

하지만 주의해야 할 표현도 있다. have any ideas는 '어떤 의견을 갖고 있다'라는 뜻이며 suggestion과 이미가 비슷하다. 반면 have any idea는 '안다(know)'라는 뜻과 '어떤 의견을 갖고 있다'라는 두 가지 의미를 모두 지닌다.

> Do you have **any ideas on how to fix this**?
> 이거 어떻게 고치면 좋을지 아이디어 좀 있어?
> Do you have **any idea how to fix this**?
> = Do you know how to fix this?
> 이거 어떻게 고치는지 알아?
>
> I don't have **any ideas** yet.
> 아직 아무 아이디어도 없어.
> I don't have **any idea**.
> = I have no idea. / I don't know.
> 난 모르겠는데.
>
> I don't **have any idea about repairing computers**.
> 난 컴퓨터 수리는 전혀 몰라.

가령 Do you have any idea what he's talking about?은 '그 사람이 하는 얘기를 나는 잘 모르겠는데 너는 혹시 이해하느냐'를 뜻할 수도 있고, '나와 달리 너는 그 사람이 하는 얘기를 조금도 못 알아듣는구나'를 뜻할 수도 있다. 후자는 상대방의 감정을 상하게 할 수 있는 말이라 오해가 생기지 않도록 주의해서 써야 한다.

Are there any problems?/Is there any problem?도 마찬가지다. Are there any problems?는 가게 종업원이 손님에게 불편한 점이 있는지를 묻거나 해결해야 할 문제가 있느냐고 묻는 상황에 어울린다. 이때 복수형 명사 problems는 불편한 점, 어려운 점, 애로 사항 등으로 두루 이해할 수 있다.

> 1 Are there **any problems**?
> = Do you have **any problems**?
> 혹시 무슨 문제[불편한 점]가 있으신가요?
> 2 Is there **a[any] problem**?
> = Do you have **a[any] problem**?
> 무슨 문제[불만]라도 있나요?

2는 '내가 보기에는 문제가 없어 보이는데 무슨 불만이라도 있는 것이냐'라는 의미의 도발적인 뉘앙스로 들릴 수 있기 때문에 주의해야 한다. 실제로 Longman Dictionary에 따르면 단수형을 쓴 Do you have a problem?은 used to ask someone why they seem to disagree with you, in a way that shows that you are annoyed 뭐가 마음에 들지 않는지 상대에게 불쾌감을 드러내면서 묻는 경우에 쓰는 말에 해당된다.

> Do you have ~~any problems~~ with something I said?
> Do you have **any problem** with something I said?
> 내 말에 혹시 불만이 있니?
> Do you have **a problem** with something I said?
> 내 말에 불만이라도 있니?

Answers 1 a husband and kids 2 problem

#76 거주 주택이 없는 것no house과 주택 매물이 없는 것no houses은 다르다

탁자에 사과가 하나도 없어.
There is no apple/are no apples[1] on the table.

지금은 판매할 차가 없습니다.
We have no car/cars[2] available at the moment.

앞서 살펴본 대로 any 뒤에 셀 수 있는 명사가 오면 복수형으로 나타내므로 '펜이 하나도 없다'는 I don't have any pens.라고 옮긴다. 이때 부정 형태인 not any 대신 no를 써도 된다. 다만 no는 한층 더 강한 부정을 나타낸다는 뉘앙스 차이가 있다. no 뒤에도 마찬가지로 셀 수 있는 명사가 오면 복수형을 쓴다.

> I don't have **any** pens.
> = I have **no** pens.
> 펜이 하나도 없어요.

no는 zero를 뜻한다. 즉, nothing not anything 아무것도 아님[없음] 또는 수 0을 의미하는데, 이때 뒤에 셀 수 있는 명사가 오면 복수형을 써야 한다.

수량이 0인데 왜 복수형을 쓸까. 영어는 우리말과 달리 '하나one(1)를 제외한 나머지'는 모두 복수로 취급하기 Anything that is not one is pluralized. 때문이다. 하나 또는 숫자 1만 단수이고, 0을 포함한 나머지는 복수라는 말이다. 즉 not any는 '하나도 없는, 아무것도 없는'을 뜻하고 하나조차 없다는 건 '있다면 원래 여러 개일 가능성이 있지만 현재는 하나도 없는'이라는 뜻을 함축한다. 이를테면 zero gram이 아니라 zero grams라고 한다. one gram 이외에는 모두 grams를 써야 한다는 얘기다.

0(zero) **grams**
1(one) **gram**
0.5 **grams**
20 **grams**

이처럼 둘 이상이 군집을 이루는 상태를 일반적이라고 보기 때문에 '없음'은 '여러 명[개]'이 없는 상태, 반대로 '있음'은 '여러 명[개]'이 있는 상태로 생각하고 복수형을 쓴다.

There aren't **any students** in the classroom.
= There are **no students** in the classroom.
= There are **zero students** in the classroom.
교실에 학생이 한 명도 없다.

He doesn't have **any friends** at work
= He has **no friends** at work.
= He has **zero friends** at work.
그는 회사에 친구가 한 명도 없다.

It was December and there was ~~no leaf~~ on the trees.
It was December and there weren**'t any leaves** on the trees.
= It was December and there were **no leaves** on the trees.
= It was December and there were **zero leaves** on the trees.
때는 겨울이었고 나무에는 잎사귀 하나 달려 있지 않았다.

다만 하나의 대상(student)을 특정하는 구체적이고 제한적인 상황일 때는 복수형(students)을 쓰면 어색하다.

Who's that student in the classroom?
교실에 있는 저 학생은 누구지?
- There are ~~no students~~ in the classroom.
- There's no student in the classroom.
교실에 아무도 없는데.

하지만 문맥에 따라 no 뒤에 복수형을 쓰지 않을 때도 있다. 이때 no는 not a_{not} a single를 나타내며, not a는 '원래 하나였지만 지금은 그 하나조차 없는'을 의미한다. 따라서 not a를 뜻하는 no 뒤에는 단수명사를 써야 한다.

> I have **no wife[husband]**.
> = I don't have **a wife[husband]**.
> 저는 부인[남편]이 없어요.

no wife/not a wife 둘 다 한 사람을 가리키지만 not have any wife[husband]로 쓰면 어색하다. not any는 zero를 의미하므로 복수를 상정하기 때문이다. 같은 맥락에서 일반적으로 배우자는 한 명이므로 not have any wives[husbands]도 부자연스럽다. 다만 배우자와 자녀가 모두 없다면 다음처럼 단수형과 복수형을 구별해야 한다.

> He has ~~no wives~~ and ~~no kids~~.
> He has **no wife** and **no kids**.

마찬가지로 I have no house. 라고 하면 거주할 수 있는 집 한 채가 없다_{no house to live in}는 뜻인 반면, I have no houses. 는 부동산 중개업자가 매매할 주택이 없다_{no houses for sale}는 뜻으로 이해할 수 있다.

> I have **no house**. (= I don't have **a house**.)
> 저는 살 집이 없어요.
> I have **no houses**. (= I don't have **any houses**.)
> 저희는 팔 주택이 없습니다.
>
> This hotel has **no restaurant**.
> (= This hotel does**n't have a restaurant**.)
> This hotel has **no restaurants**.
> (= This hotel does**n't have any restaurants**.)
> 이 호텔에는 식당이 없어요.

호텔에 식당이 하나만 있으리라고 예상했다면 no restaurant를 쓸 수 있고, 여러 개를 예상했다면 no restaurants를 쓸 수 있다. 마찬가지로 마을의 규모가 작아서 도서관이 하나만 있으리라고 짐작한다면 no library를 쓰고, 규모가 커서 도서관이 하나 이상이라고 생각한다면 no libraries가 자연스럽다.

There is **no library** in this town.
(= There is**n't a library** in this town.)
There are **no libraries** in this town.
(= There are**n't any libraries** in this town.)
이 마을에는 도서관이 없어.

한편 다음과 같은 문맥에서 불특정 다수가 대상이라면 복수형이 자연스럽고 단하나도 없다, 즉 하나조차 없다는 데 초점을 둔다면 단수형 not a single이 자연스럽다.

No dogs are allowed here.
개는 출입불가입니다.
Not a single dog has ever returned.
개는 단 한 마리도 돌아오지 않았다.

Answers　1 are no apples　2 cars

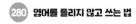

#77 진술 not good과 주관 no good은 다르다

그 사람은 성직자가 아냐.
He's not a/no priest[1].

내 아들은 그럴 사람 아냐. 만약 유죄로 밝혀지면 아들이 없는 셈 치겠어.
My son would never do that. If he's found guilty, then I don't have a son/
I have no son[2].

not과 no 둘 다 반대말을 만드는 말이지만 차이점도 있다. no는 관사 a/an, the가 붙지 않는 명사를 수식해 '강한' 부정문을 만드는 반면, not은 관사가 붙은 명사나 동사 앞에 위치해 일반적인 부정문을 만든다.

1 I have children. 저는 자녀가 있습니다.
　I have **no** children.
　= I don't have any children. 저는 자녀가 하나도 없습니다.

2 It's a problem. 그게 문제입니다.
　It's **not** a problem. 그건 문제가 아닙니다.

3 It's **no** problem. 그건 전혀 문제가 안 됩니다.
　= No problem. 물론이죠./별말씀을요.

no는 1에서 children을, 3에서는 problem을 부정하고, not은 1에서 동사 have 와 2에서 「관사+명사」 형태의 a problem을 부정한다.

그럼 not a problem과 no problem은 어떻게 다를까. not을 쓴 경우 긍정문의 반대말이면서 주관적인 의견이나 감정이 개입되지 않은 객관적이고 중립적인 진술로 볼 수 있지만, no를 쓴 경우 단순한 진술이 아니라 개인적인 주관이나 감정, 자유 의지가 담긴 표현으로 볼 수 있다. 그런 의미에서 도움이나 부탁에 대한 감사 인사를 들었을 때 답하는 인사말로도 흔히 쓰인다.

> No problem.
> = Of course./Sure./Certainly./Sure thing./Don't mention it./No sweat./
> My pleasure./Anytime./It was nothing./Not at all./No worries.
> 그럼요.(괜찮아요/고맙긴요/되고말고요/물론이죠)

다음 사례를 보면 not/no의 의미 차이는 더 분명하게 드러난다.

> She's **not** a teacher. 그녀는 교사가 아니다.(그녀의 직업은 교사가 아니다)
> She's **no** teacher.(= She can't call herself a teacher.)
> 그녀는 교사라고 할 수도 없어.(그러고도 자칭 교사라고 하다니.)
>
> They're **not** diplomats. 그들은 외교관이 아니야.(그들의 직업은 외교관이 아니다)
> They're **no** diplomats.(= They can't call themselves diplomats.)
> 그들은 외교관이라고 할 수도 없다.(그러고도 자칭 외교관이라고 하다니.)
>
> He's **not** a fool. 그는 바보가 아냐.
> He's **no** fool.(= He's very intelligent.)
> 그는 바보라고 할 수 없어.(아주 똑똑한 사람이야.)
>
> I **don't** have a son. 제겐 아들이 없어요.
> I have **no** son. 내겐 아들 따윈 없어.

가령 I don't have a son.은 생물학적 아들이 없다는 사실을 나타내는 객관적인 진술이라면 I have no son.은 아들이 있긴 하지만 무슨 사연이 있는지는 몰라도 아들에 대한 반감을 드러내는 주관적인 부정의 표현이다.

한편 not good과 관용적으로 쓰이는 no good을 혼동할 때가 많은데, not good의 good은 형용사이지만 no good의 good은 명사라는 데 주의해야 한다.

Do **good** and **good** will come to you.
좋은 일을 하면 네게도 좋은 일이 생기리라.

It doesn't do any **good** to argue.
= It's no **good** arguing. 다퉈 봐야 소용없다.

not good은 good의 반대말, 즉 bad 또는 mediocre나쁘거나 그저 그런와 비슷한 의미이지만 no good은 Cambridge Dictionary에 따르면 not very useful or effective쓸모가 없거나 소용이 없는, 또는 morally bad못된. 인성이 잘못된라는 의미를 나타낸다.

This milk is **not good**. (= This milk is not tasty.)
이 우유는 맛이 없어.
This milk is **no good**. (= This milk has gone bad.)
이 우유는 상했어.

The tire is **not good**. (= The tire is not in good shape.)
이 타이어는 상태가 별로야.
The tire is **no good**. (= The tire won't work./The tire is useless.)
이 타이어는 못 쓰겠어.

Your idea is **not good**. (= I don't like your idea.)
네 아이디어는 별로야.
Your idea is **no good**. (= Your idea won't work.)
네 아이디어는 안 통할 거야.

Even a good idea is **no good** if you can't execute it.
아무리 좋은 아이디어라도 실행하지 않으면 소용없다.

He's **no good**. You should stay away from him.
그는 정말 저질이야. 멀리하는 게 좋을 거야.

Answers　1 not a　2 I have no son

Questions

전일 근무, 시간제 근무, 재택근무 중에서 선택할 수 있어요.
You can work full-time, part-time or remote/remotely[1].

집에서 일한다고 해서 상사가 네가 뭘 하는지 모르는 건 아니야.
Just because you're working from house/home[2] doesn't mean your boss isn't watching you.

지구촌을 엄습한 신종 감염병으로 근무 방식도 덩달아 변화하면서 '재택근무'가 보편화됐다. 멀리 떨어진 거리를 강조하는 뜻에서 '원격근무'라고도 부르는 재택근무는 국립국어원에 따르면 '집에 회사와 통신 회선으로 연결된 정보 통신 기기를 설치해 놓고 집에서 회사의 업무를 보는 일'이다.

우리말과는 달리 영어 표현은 다양한 편인데, 주로 work from home, work at home, work remotely라고 하고 뜻풀이에서도 볼 수 있듯 재택근무의 핵심은 work from home, work at home이다.

재택근무 특성상 원격 통신을 이용하기 때문에 '멀리, 원거리(통신)의'라는 의미의 접두사 tele-를 써서 동사 telecommute(컴퓨터 등의) 통신 시설을 이용해 재택 근무하다. 컴퓨터로 재택 근무하다. (컴퓨터로) 집에서 회사일을 보다나 명사 telework 사무실에서 떨어진 장소나 자택에서 하는 작업를 쓰기도 한다. The Free Dictionary에 따르면 telecommute는 work from home by using a computer terminal that is linked to one's place of employment 직장과 연결된 컴퓨터 터미널을 이용해 집에서 근무하다 또는 work at home using a computer connected to the network of one's employer 고용주의 네트워크에 접속된 컴퓨터를 이용해 집에서 근무하다를 뜻한다.

I **work from[at]** home two days a week.

= I **work remotely** two days a week.

= I **telecommute** two days a week.

= I **telework** two days a week.

난 일주일에 이틀은 재택근무야.

Merriam-Webster Dictionary에 따르면 work from home, work at home 둘
다 do one's job in one's house and not in an office building 사무실 건물이 아니라
자신의 집에서 일하다을 뜻한다. 하지만 빈도는 work from home이 훨씬 높다.

work from home은 회사 업무를 집으로 가져와 처리한다는 의미를 나타낸다.
회사일이라는 성격이 핵심인 만큼 일시적으로 재택근무를 하는 경우와 장기간 회
사에서 벗어나 일하는 업무 형태가 모두 해당된다. 이와 유사하게 home을 명시하
지 않은 work remotely도 집뿐 아니라 회사, 사무실 이외의 장소나 환경에서 일
하는 경우까지 포괄한다.

반면 work at home은 일상적으로 집에서 하는 일, 즉 집안일을 뜻하기도 하므
로 의미가 중의적이다. 특히 개인적인 일이나 간헐적 또는 단기적으로 집에서 일
하는 경우에 더 어울리는 표현이다. 따라서 원어민은 일반적인 의미의 '재택근무'
라는 의미를 분명하게 전달하고 싶은 경우 work from home을 더 선호한다. 하지
만 언어에 한 가지 정답만 있는 건 아니다 보니 명확하게 구분하기가 어려운 경우
도 있다. 이를테면 전업 작가처럼 근무처를 따로 두지 않고 집에서 일할 때는 work
at home이라고 표현할 수 있다.

I **work from home**.

= I **work remotely from home**.

= I **do my job from home**.

= I **telecommute**.

저는 재택근무를 합니다. (저는 집에서 회사일을 합니다.)

I **work from home** instead of office.

= I **work from home** instead of working in[at] an office (building).

= I**work from home** instead of travelling to an office building.

저는 회사가 아니라[사무실로 출근하지 않고] 집에서 근무합니다.

> I **work** at home.
> 저는 재택근무를 합니다.(전업 작가여서 집에서 일합니다/집에서 집안일을 합니다 등)

work는 '일[업무] 또는 회사[직장]'을 뜻하는 추상명사로도 쓰인다.

> I have **work** at home.
> 집에 일이 좀 있어.

> He often takes (his) **work** home (with him).
> 그는 회사 일을 집으로 가져갈 때가 많아.

재택근무를 하더라도 꼭 책상에 앉아서 하라는 법은 없다. 책상이 아닌 그 밖의 장소나 자리를 구체적으로 나타낼 수도 있다.

> **Working from home** doesn't mean **working from your bed or couch.**
> 집에서 일한다고 해서 침대나 소파에서 일한다는 건 아니다.

> I'm not working at my desk. I'm **working from my couch with my laptop on my lap.**
> 나 지금 책상에 앉아서 일하는 거 아냐. 무릎에 노트북 놓고 소파에서 앉아서 하고 있어.

업무 및 고용 형태가 물리적인 사무실을 벗어나는 경향이 강해지고 있어 재택근무과 관련된 다양한 표현을 알아두면 유용하다.

> Are you looking for a **work-from-home** job?
> 재택근무할 수 있는 일자리를 찾나요?

> Our company operates **on a work-from-home basis.**
> 저희 회사는 재택근무 체제로 운영됩니다.

> A growing number of businesses provide **remote work**[work-from-home] options to employees.
> 재택근무 옵션을 제공하는 업체가 갈수록 늘고 있다.

There is already a measurable spike in the number of **at-home** workers.

이미 재택근무를 하는 근로자 수가 급격히 늘었다.

at-home workers
= **home-based** employees
재택근무 근로자[직원]

home-based positions[jobs]
= **work-from-home** positions[jobs]
= jobs **from home**
= positions that are **remote**[home-based]
= positions **on a work-from-home basis**
재택근무하는 일자리

people with **work-from-home** jobs
재택근무하는 사람들

people with **work-from-home** options[opportunities/schemes]
재택근무 옵션이 있는 사람들

Answers 1 remotely 2 home

#79 they는 복수와 단수, 제3의 성별을 가리킨다

Questions

모든 부모는 자식이 행복하고 건강하길 바란다.
Every parent wants our/their[1] child to be happy and healthy.

모든 사람에게는 개성이 있다. 모두 저마다의 장단점이 결합된 결과다.
Every individual is unique. They is/are[2] a combination of strengths and weaknesses.

Oxford Dictionary에 따르면 they는 used to refer to two or more people or things previously mentioned 앞서 거론된 둘 이상의 사람이나 사물을 가리킬 때 쓰는 말를 뜻한다. 하지만 격식을 갖추지 않아도 되는 구어체에서는 he or she 또는 단수 선행사를 대신하는 말로도 쓰이고 있으며, 최근에는 단수 대명사로서의 용법이 공식적으로 인정되기에 이르렀다.

Merriam-Webster Dictionary, Cambridge Dictionary를 비롯한 유수의 영어사전은 물론, 〈AP 스타일북〉과 〈시카고 매뉴얼〉 등 권위를 인정받는 영어 사용 지침서들은 단수 대명사로서의 they의 쓰임을 공식 등재했다. 이제 they는 Cambridge Dictionary에 따르면 used to avoid saying "he or she" he or she 대신 사용하는 말, Merriam-Webster Dictionary에 따르면 used with a singular indefinite pronoun antecedent 불특정 단수 선행 대명사 대신 쓰는 말로도 정의된다. he or she를 놔두고 군이 they를 쓰는 이유는 물론 더 간결하기 때문이다.

> Every citizen is encouraged to be active in **their[his or her]** liberty, active in **their[his or her]** leisure, **their[his or her]** education and **their[his or her]** culture.
> 모든 시민이 각자의 자유를 적극적으로 누리고 자신의 여가 활동과 교육, 문화도 적극 향유할 것을 권장합니다.

Each person has **their[his or her]** own ways of doing things.
모든 사람에게는 각자 나름의 일처리 방식이 있다.

Every employee is supposed be at **their[his or her]** desk by 9 o'clock
in the morning. 모든 직원은 오전 9시까지 출근해야 한다.

Anyone interested in applying should submit **their[his or her]** application
by Friday. 신청할 의향이 있으신 분은 금요일까지 신청서를 제출해야 합니다.

The government has extended **their[its]** risk warning to pregnant women.
정부는 위기 경보 대상을 임산부로 확대했다.

전통 문법에 따르면 the government, Congress 등은 단수명사이므로 다시 언급할 때는 it으로 지칭해야 하지만 they를 써도 무방하다. 단, they가 단수대명사로 쓰였더라도 동사는 단수형이 아닌 복수형을 써야 한다.

Ask each student what **he or she wants** for lunch.
= Ask each student what **they want** for lunch.
점심 식사로 뭐가 좋을지 전 학생에게 물어보세요.

No one has to go if **he or she doesn't** want to.
= No one has to go if **they don't** want to.
원치 않으면 안 가도 됩니다.

복수명사를 지칭할 경우 themselves를 쓰는 게 원칙이지만 단수명사라면 themself / themselves 둘 다 쓸 수 있다.

A private person usually keeps to **himself or herself**.
= A private person usually keeps to **themselves[themself]**.
= Private people usually keep to **themselves**.
고독을 즐기는 사람은 주로 혼자 지낸다.

한편 they는 '제3의 성을 지칭하는 대명사nonbinary pronoun'라는 새로운 개념으로도 통용되고 있다. 이 용법을 공식 등재한 Merriam-Webster Dictionary에 따르면 they는 a pronoun of choice for someone who doesn't identify as either male or female자신의 정체성을 남성으로도, 여성으로도 여기지 않는 사람이 쓰는 인칭대명사을 뜻한다. 남성 또는 여성으로 성별을 구분하는 이분법적 사고방식을 거부하고 자신의 성 정체성을 '제3의 성nonbinary'으로 인식하는 사람들이 스스로를 지칭하는 대명사로 부상한 것이다. Merriam-Webster Dictionary는 '제3의 성'을 지칭하는 말로 they를 쓰는 사례가 구어체와 문어체를 가리지 않고 최근 수십 년간 크게 증가했다고 밝히고 있다.

가령 남성이나 여성이 아닌 중립적인 성으로 누군가를 소개하는 자리라면 This is my friend, John. I met him at work.라고 하지 않고 This is my friend, John. I met them at work.라고 표현할 수 있다.

> This is my friend, John. I met **him** at work.
> = This is my friend, John. I met **them** at work.
> 여기는 내 친구 존이야. 회사에서 알게 된 사이야.

2인칭 대명사 you가 여러 사람이 아닌 한 사람을 가리킬 때도 동사는 are를 비롯한 복수형 동사를 쓰는 것이 원칙이듯 they도 복수동사를 쓴다.

> Mary is a nonbinary person. **They attend** university in California and **are** majoring in English.
> 메리는 제3의 성별이야. 캘리포니아에 있는 대학에 재학 중이고 영어를 전공해.

한편 원어민들 사이에서는 남성을 가리키는 Mr.나 여성을 가리키는 Miss 대신 성중립적인 호칭으로 Mx[miks, mʌks]라는 신조어를 사용하기도 하지만 표준영어로 인정될 만큼 보편화되지는 않았다.

Answers 1 their 2 are

#80 예를 드는 것e.g.과 바꿔 말하는 것i.g.은 다르다

Questions

바이러스로 인한 피해는 남유럽 국가에서, 이를테면 스페인과 이탈리아에서 가장 컸다.
Southern European countries, i.e./e.g.,[1] Spain and Italy, were hardest hit by the virus.

그는 캡틴 아메리카의 친구들, 말하자면 윈터 솔져, 토르, 팔콘, 호크아이를 좋아해.
He loves Captain America's friends, i.e./e.g.,[2] the Winter Soldier, Thor, Falcon and Hawkeye.

영문에서 다반사로 등장하는 줄임말이 i.e.와 e.g.이다. 사실 이 두 약자는 원래 영어가 아니라 이탈리아어의 조상뻘인 라틴어에서 유래한 표현이다. 많은 라틴어 어휘들이 고대 영어에 유입됐는데 그중에서도 i.e.와 e.g.만큼 사용 빈도가 높은 말은 없을 듯하다.

i.e.는 라틴어 id est, 영어로 옮기면 that is를 뜻한다. that is는 namely[that is to say] 말하자면 또는 in other words 바꿔 말하면를 의미하며, 앞서 거론한 것을 부연하거나 다른 말로 바꾸어 표현할 때 쓰는 문어체 표현으로, 주로 '즉'으로 해석한다. 구어체에서는 that is, that is to say, in other words로 바꾸어 표현할 때가 많다. 약자가 더 간결하다 보니 구어에서 i.e.라고 그대로 발음하는 경우도 곧잘 있지만 문어체에서 선호하는 경향이 더 강하다.

e.g.는 라틴어 exempli gratia의 줄임말로, 격식체로 옮기면 for the sake of example 예를 들기 위해서 또는 구어체로 옮기면 for example 예를 들면을 뜻한다. 마찬가지로 문어체에서 주로 쓰이고 구어에서는 보통 for example라고 바꿔 말한다. e.g.는 여러 사례 가운데 일부만 열거할 때 쓰인다. 문장 중간에 삽입할 경우 앞뒤로 쉼표를 찍어야 의미를 더 분명히 전달할 수 있다.

I love to eat vegetables, **e.g.**, carrots and spinach.
= I love to eat vegetables (**e.g.**, carrots and spinach).
난 채소를 좋아해. 당근이랑 시금치 같은 거 말이야.

I'm a vegetarian, **i.e.**, I don't eat meat.
= I'm a vegetarian (**i.e.**, I don't eat meat).
난 채식주의자야. 말하자면 고기를 안 먹는다는 말이지.

She likes citrus fruits, **e.g.**, oranges, lemons and limes.
= She likes citrus fruits (**e.g.**, oranges, lemons and limes).
그녀는 오렌지, 레몬, 포도 같은 감귤류 과일을 좋아해.

She likes citrus fruits, **i.e.**, oranges, lemons and limes.
= She likes fruits (**i.e.**, oranges, lemons and limes).
그녀는 감귤류 과일을 좋아해. 말하자면 오렌지, 레몬, 라임을 좋아하지.

위처럼 i.e. 뒤에는 부연하는 말이, e.g. 뒤에는 구체적인 예가 이어진다.

I like sports, **e.g.**, basketball and soccer.
= I like sports, **for example**, basketball and soccer.
난 스포츠를 좋아해. 농구나 축구 같은 거 말이야.

I like to play sports, **i.e.**, basketball and soccer.
= I like to play sports, **namely** basketball and soccer.
난 스포츠를 좋아해. 말하자면 농구하고 축구를 좋아해.

e.g.에 뒤따르는 '농구와 축구'는 화자가 좋아하는 스포츠 가운데 두어 개의 예를 든 것이고, i.e.에 뒤따르는 '농구와 축구'는 화자가 좋아하는 스포츠만 꼭 집어 말한다는 점이 다르다.

Answers   1 e.g.   2 i.e.